Richard Schulz

# Mein geliebtes Esperanto

*Mia amata Esperanto*

Wege zum Verständnis und zur Praxis
der Internationalen Sprache

Bleicher Verlag

Oft
Schulz

7613641

© 1976 bei Bleicher Verlags-KG, 7016 Gerlingen-Stuttgart
1. Auflage
Umschlag: Hans Schultz-Severin, Stuttgart
Satz und Druck: Maisch + Queck, 7016 Gerlingen
Bindearbeiten: Sigloch GmbH, 7000 Stuttgart
ISBN: 3-921097-14-2

*GEWIDMET*

*in großer Dankbarkeit für die Förderung und Bereicherung, die mit mir Tausende anderer Esperantisten durch die Lektüre seiner Bücher und durch die persönliche Begegnung mit ihm erfahren haben*

*HERRN DR. IVO LAPENNA*

*nicht dem Professor für vergleichendes sowjetisches und osteuropäisches Recht an der Universität London, nicht dem verdienstvollen Vorkämpfer für die Überwindung sprachlicher Diskriminierung und nicht dem seinerzeit unermüdlichen jahrzehntelangen Förderer des Esperanto-Weltbundes als Vorstandsmitglied, Generalsekretär, Präsident, sondern*

*DEM MENSCHEN.*

Erstes Kapitel / *Unua ĉapitro*

# Ein Zahlenkode / *Numerala kodo*

Sie lesen in der Zeitung den Namen des birmanischen Politikers U Nu. Vermutlich kennen Sie die einsilbige Sprache der Birmanen mit ihren vielen Dialekten genau so wenig wie ich. Was werden wir also tun? Wir sprechen diesen Namen so aus, wie uns der Schnabel gewachsen ist. Wir sprechen also den Vokal „U" und dann die Silbe „Nu", als sagten wir „im Nu" im Sinne von „blitzschnell". Wahrscheinlich ist das sogar richtig. Aber ich weiß es nicht. Wohl aber weiß ich, daß wir *„unu"*, als ein Wort und kleingeschrieben, richtig aussprechen, wenn wir das Esperantowort für „eins" meinen. Haben wir uns bei U Nu einer gewissen schwebenden Betonung bedient, indem wir beide Silben mit etwa dem gleichen Nachdruck und einer kleinen Pause zwischen ihnen sprachen, so werden wir „unu" kaum bewußt und wie selbstverständlich, und damit sogar richtig, auf der ersten oder, wie wir lieber sagen wollen, auf der vorletzten Silbe betont und, ohne zwischen den Silben abzusetzen, ausgesprochen haben. So einfach ist *Esperanto*. Wir haben bereits eine Menge gelernt. Wiederholen wir: Das Zahlwort „ein, eins" heißt auf Esperanto *unu,* und dieses Wort wird wie a l l e Esperantowörter auf der vorletzten Silbe betont.

Es mag vorkommen, daß wir gelegentlich allen Verkehrsmitteln, einschließlich dem eigenen PKW, entronnen, munter ausholend, unsere Straße ziehen und, uns selbst anfeuernd, uns innerlich zurufen: „Links-rechts, links-rechts, eins-zwei, eins-zwei, *unu-du, unu-du, ...*" Ja, da bin ich, sehr zielstrebig, nicht nolens, sondern volens, wieder ins *Esperanto* geraten. „Zwei" heißt auf Esperanto *du,* geradeso wie wir unsern Duzbruder anreden, mit dem wir ein Duett singen wollen, was zu einem höchst vergnüglichen Zweikampf, einem Duell nämlich, ausarten kann.

Aller guten Dinge aber sind drei, *unu – du – tri* und keine Hexerei. Das schlucken Sie wahrscheinlich schon widerstandslos. Sei es, daß ein Trifolium, dazu müßte es allerdings ein überzähliges Blatt gehabt haben, Ihnen schon einmal Glück gebracht hat, sei es, daß Sie als Geologe schon einmal in die unterste Formation des Mesozoikums, in die Trias, hinabgestiegen sind oder daß Sie als Musiker an einer Trias Gefallen gefunden oder ein Triangel bedient haben, sei es, daß Sie vor einem Triennium, vor drei Jahren also, in einem Museum eine Triere, ein Schiff mit drei übereinanderliegenden Ruderbänken bewundert haben. Sie brauchen nicht einmal ein Trinitarier zu sein, um in dieser Silbe „tri" eine alte Bekannte wiederzufinden, denn sie kommt in zahlreichen Fremdwörtern unserer Sprache vor. Aller guten Dinge sind drei, *unu - du - tri* und keine Hexerei!

Das Quartett, welches Wort, Sie wissen es, ein Musikstück für vier Stimmen oder vier Instrumente bezeichnet, liefert uns das Esperantowort für „vier", nämlich *kvar*. Sprechen Sie dieses Wort trotz der anderen Schreibweise getrost so aus wie die erste Silbe in Quartett. *Unu - du - tri - kvar.* Die historisch zwar erklärlichen und in ihrer orthographischen Entwicklung verständlichen, aber doch in der Praxis des täglichen Lebens unbequemen, verschiedenen Schreibweisen für den Laut „k" (man vergleiche etwa Kranich, Hack, Chlor, Computer, Quartett, Achse, Xanten) läßt das Esperanto als lästige Pütschereien fallen. Wenn „k" gesprochen wird, wird auch „k" geschrieben. Es ist ein durchgehendes Prinzip des *Esperanto,* daß ein jeder Laut nur durch ein einziges graphisches Zeichen wiedergegeben wird, und jedes graphische Zeichen (Buchstabe) als immer der gleiche Laut zu lesen ist. Das *Esperanto* hat eine phonetische Orthographie. So deutet das *kvar* zugleich darauf hin, daß der Laut „w" (wie in Welt, Valuta) i m m e r durch den Buchstaben „v" wiedergegeben wird. Wir wiederholen: *unu - du - tri - kvar.*

Wer fechtet oder musiziert, weiß, was eine Quint oder Quinte ist. Und die Älteren unter uns wissen, falls sie ein Gymnasium besucht haben, spätestens seit der Quinta, was es mit ihr auf sich hat. Und selbst „the man in the street" dürfte wissen, daß ein Quintett ein Musikstück für fünf Stimmen oder fünf Instrumente ist und daß auch die fünf Leute, die dieses Musikstück vortragen, so genannt werden. Jetzt zählen wir bereits bis fünf, *unu - du - tri - kvar - kvin,* und sprechen dabei *kvin* genau so wie die erste Silbe in Quintett. Bis fünf zu zählen ist eine ganz tüchtige kulturelle Leistung. Zu ihr haben es, wenn ich richtig unterrichtet bin, einige primitive Völker nicht gebracht. Wir aber vermögen es sogar auf Esperanto: *unu - du - tri - kvar - kvin ... unu - du - tri - kvar - kvin ...*

Basteln Sie nun bitte nicht als Anfänger und ohne Führung

allein am *Esperanto* weiter! Kommen Sie mir, der ich Ihnen mit Quartett und Quintett gekommen bin, nun bitte nicht mit Sextett! So sexbesessen ist das *Esperanto* nicht! Zwar kennt es für Geschlecht das Wort *sekso* (alle Substantive des *Esperanto* haben die Endung *-o;* das ist ihr Kennzeichen), denn es vermeidet den Buchstaben „x", der ja durch *k+s* seine genaue Entsprechung findet, aber für das Zahlwort „sechs" begnügt es sich mit der Vereinfachung zu *ses.* Dabei müssen wir aber hinsichtlich der Aussprache sehr achthaben. Hier wird zum erstenmal etwas von uns verlangt, das uns sehr gegen den Strich und die Gewohnheit geht. Das anlautende *s* in *ses* wird nämlich genauso scharf (stimmlos) gezischt wie das auslautende. Im *Esperanto* ist *s* immer, gleichviel, ob es am Anfang, im Innern oder am Ende eines Wortes steht, zu sprechen wie unser „ß" oder „ss". Wir ergänzen und wiederholen: *unu - du - tri - kvar - kvin - ses ...* und rückwärts: *ses - kvin - kvar - tri - du - unu.*

Das römische Jahr begann mit dem Monat März. Der von den Römern als September bezeichnete Monat war für sie somit nicht der neunte, sondern der siebente, gemäß der lateinischen Zahl „septem" für „sieben". Das *Esperanto* läßt die zweite Silbe einfach weg und begnügt sich für das Zahlwort „sieben" mit *sep.* Diese Einsilbigkeit, die ja bis auf *unu,* wie wir gesehen haben, auch die anderen Grundzahlen aufweisen, tut der Verständlichkeit keinen Abbruch. Auch das Französische begnügt sich für „sieben" mit dem einsilbigen Zahlwort „sept", in dem obendrein das „p" verstummt ist. Wem sie bekannt sind, der mag an folgenden Fremdwörtern eine Gedächtnisstütze finden: Septim oder Septime, Septimenakkord, Septima, Septuagesima, Septuaginta. In ihnen ist immer irgendein Zusammenhang mit „sieben" gegeben. Wir beachten wieder die stimmlose (scharfe) Aussprache des *s* und klettern unsere Zahlenleiter nochmals zurück und wieder aufwärts: *sep - ses - kvin - kvar - tri - du - unu ... unu - du - tri - kvar - kvin - ses - sep.*

War der September einst der siebente, so war folgerichtig der Oktober einst der achte Monat des Jahres. Aber nicht nur er, sondern auch die Oktave, die den achten Ton vom Grundton an bedeutet, und eine große Reihe anderer Fremdwörter, unter ihnen nicht zuletzt der Oktopode, der achtfüßige Tintenfisch, liefern uns die Silbe *ok* und damit das Esperantowort für „acht". Haben Sie sie noch alle im Kopf? *ok - sep - ses - kvin -*

*kvar – tri – du – unu . . .* und wieder aufwärts: *unu – du – tri – kvar – kvin – ses – sep – ok.* Haben Sie *s* von *sep* und *ses* auch nicht etwa sanft gesäuselt, sondern vielmehr wie im Potzdamer Schloß „Sanssouci" scharf gezischt?

Große Hemmungen habe ich, Sie mit der Vokabel für „neun" bekannt zu machen. Sie lautet weder „nov" noch „non", wie man von November oder von der None her erwarten könnte, und keinerlei Fremdwort bietet sich an als Eselsbrücke für das ungewöhnliche *naŭ.* Wir sprechen das Wörtchen wie die erste Silbe in den Wörtern „Nautik" oder „(Bad) Nauheim" und rekapitulieren gleich anschließend: *naŭ – ok – sep – ses – kvin – kvar – tri – du – unu . . .* und *. . . unu – du – tri – kvar – kvin – ses – sep – ok – naŭ.* Der U-Haken bedeutet, daß das Wort nicht zweisilbig (na-u) zu sprechen ist, sondern daß sich das *ŭ* an das *a* anlehnt.

Die jungen Gardeoffiziere, die 1825 in Petersburg im Dezember einen Aufstand anzettelten, werden nach diesem Monat, der russisch „dekabr" heißt, Dekabristen genannt, und daß der Dezember im römischen Jahr der zehnte Monat war, überrascht uns schon nicht mehr. Wir können also mit dem Zahlwort *dek* für „zehn" die erste Dekade unserer Esperantozahlen abschließen, werden als gute Christen den Dekalog, nämlich die zehn Gebote, beachten und nebenbei, falls wir es nicht schon wußten, zur Kenntnis nehmen, daß ein Dekapode ein Zehnfußkrebs ist. Auch gilt (wie beruhigend!) auch für *Esperanto* das Dezimalsystem, wie wir gleich sehen werden. Vorerst aber zählen wir (nun endlich!) bis zehn: *unu – du – tri – kvar – kvin – ses – sep – ok – naŭ – dek . . .* und rückwärts: *dek – naŭ – ok – sep – ses – kvin – kvar – tri – du – unu.*

Wir beherrschen *dek* Esperantovokabeln. Wir können bis *dek* zählen. Und jetzt werden wir unseren neuerworbenen Sprachschatz im Handumdrehen auf neunundneunzig Vokabeln erweitern. Wenn wir zu *dek unu* dazusetzen, haben wir *dek-unu* (11), setzen wir *du* dazu, gibt es *dek-du* (12). Und so geht es weiter: *dek-tri, dek-kvar, dek-kvin, dek-ses, dek-sep, dek-ok, dek-naŭ* (13 bis 19). Zehn und zehn aber ist doch soviel wie zwei Zehn, auch wenn wir es vorziehen, „zwanzig" dafür zu sagen: *dek + dek = dudek.* Und so geht es weiter zum andernmal: *dek + dek + dek* oder *dudek + dek = tridek* (30). Die folgenden Zehner können Sie sich bereits unschwer selber bilden: *kvardek* (40), *kvindek* (50), *sesdek* (60), *sepdek* (70), *okdek* (80) und *naŭdek* (90). So wie wir zwischen *dek* und *dudek* verfahren sind, verfahren wir auch zwischen den anderen Zehnern, z. B. *dudek-unu* (21), *tridek-du* (32), *kvardek-tri* (43), *kvindek-kvar* (54), *sesdek-kvin* (65), *sepdek-ses* (76), *okdek-sep* (87), *naŭdek-ok* (98) und *naŭdek-naŭ* (99).

Ist Ihnen aufgefallen, daß sich das *Esperanto* bei der Zahlenbildung an die Reihenfolge der geschriebenen Ziffern hält? Wir schreiben z. B. bei dreiundzwanzig erst die 2 (für 20) und dann die 3, also 23, lesen aber erst die 3 und dann die 2. Das ist im Deutschen unstreitig eine Schwierigkeit, für manche Ausländer verwirrend. Wir selbst bemerken sie kaum, da wir uns an sie gewöhnt haben. Sie ist aber dennoch die Ursache mancher Mißverständnisse, nicht zuletzt beim Bedienen der Lochscheibe des Telefons, wo sie leicht zum „Sichverdrehen" und falschen Verbindungen führt. Andere Sprachen, denen das *Esperanto* hierin folgt, z. B. das Englische (twenty-three), kennen diese Schwierigkeit nicht. Beim Diktat lassen sich aus diesem Grunde Zahlen des *Esperanto* oder des Englischen leichter aufnehmen als die des Deutschen. Auch stehen sich im Deutschen die Endungen -zehn und -zig akustisch sehr nahe. Vergleichen Sie etwa für die Aufnahme durchs Ohr dreizehn und dreißig einerseits mit *dek-tri* und *tridek* andererseits!

Vom lateinischen centum = hundert leitet sich in einer Reihe von Ländern die Bezeichnung für den hundertsten Teil der Währungseinheit ab (cent, centavo, centesimo, centésimo, centime, céntimo). Im Deutschen schreiben wir den gleichen Wortbestandteil mit „z", so z. B. in den Wörtern Zentimeter, Zentner, Zentenar und Zentifolie, welch letzteres eine hundertblättrige Rose bezeichnet. So wie in diesen Wörtern sprechen wir auch das *c* in dem Esperantowort *cent* für hundert. Im *Esperanto* wird der Buchstabe *c* i m m e r gelesen wie ein deutsches „z", „tz" oder „ts" (Zahl, Latz, Lotse).

So ausgerüstet, können wir nunmehr in der bereits bekannten Verfahrensweise unseren *Esperanto*-Zahlenraum mehr als verzehnfachen und bis *naŭcent-naŭdek-naŭ* erweitern. Hier sind ein paar Geschichtszahlen. Bitte, bedienen Sie sich! Alarichs Tod: *kvarcent-dek*. Die Angeln und Sachsen erobern Südbritannien: *kvarcent-kvardek-naŭ*. Ulfilas übersetzt die Bibel: *tricent-kvindek*. Mohammed tritt als Prophet auf: *sescent-dek-unu*. Mohammeds Flucht, Anfang der mohammedanischen Zeitrechnung: *sescent-dudek-du*. Pippin der Kurze entthront

mit Zustimmung des Papstes den letzten Merowinger-König: *sepcent-kvindek-unu.* Pippin legt den Grund zum Kirchenstaat: *sepcent-kvindek-kvin.* Gründung Hamburgs: *okcent-kvar.* Schlacht auf dem Lügenfelde: *okcent-tridek-tri.* Und zur weiteren Festigung: *cent-dek-unu* (111), *ducent-dudek-du* (222), *tricent-tridek-tri* (333), *kvarcent-kvardek-kvar* (444), *kvincent-kvindek-kvin* (555), *sescent-sesdek-ses* (666), *sepcent-sepdek-sep* (777), *okcent-okdek-ok* (888), und nochmals *naŭcent-naŭdek-naŭ.*
Jetzt fehlt uns zum ersten Tausend nur noch das Wort *mil,* das ich Ihnen hiermit kommentarlos übermittele. Die beiden nächsten hierher gehörigen Begriffe *miliono* und *miliardo,* die Sie zwar ohne Schwierigkeit verstehen, kann ich indessen nicht ohne Kommentar an Sie weiterreichen. Es handelt sich bei ihnen nicht um Zahlwörter im eigentlichen Sinne, sondern, wie ihr Endungs-*o* verrät, um Substantive, die, sobald von ihnen mehrere gemeint sind, auch in der Form der Mehrzahl verwendet werden müssen. Den Plural bildet das *Esperanto* a u s n a h m s l o s durch Anhängen eines -*j*. Millionen sind *milionoj* und Milliarden sind *miliardoj.* Sprechen Sie dieses -*oj* wie den Diphtong in Heu, Äuglein, Lloyd, (David) Oistrach oder toi, toi, toi! Jetzt aber sind wir, falls die Inflation nicht galoppierende Formen annimmt, bis an die untere Grenze astronomischer Bereiche mit sprachlichen Zahlungsmitteln versehen. Auch das Zahlwort *mil* kann ich im *Esperanto* zu einem Zahlsubstantiv machen, wie übrigens im Deutschen auch. Packt man tausend Zigarren in eine Kiste, so hat man eine Kiste mit einem Tausend Zigarren. Auch können aus einem Vielfachen von tausend „Tausende" werden. *Mil miloj* (tausend Tausende) ergeben *miliono,* und *mil milionoj* (tausend Millionen) ergeben *miliardo.* „Zehn Milliarden, neunhundertsiebenundachtzig Millionen, sechshundertundvierundfünfzigtausend, dreihunderteinundzwanzig" sieht auf Esperanto so aus: *Dek miliardoj naŭcent-okdek-sep milionoj sescent-kvindek-kvar-mil tricent-dudek-unu.* In Ziffern: 10 987 654 321.
Noch ein Wort gehört zur Ergänzung hierher. Es ist die Null, die wir zwar als Ziffer nicht entbehren können, die wir aber, wenn wir mit ihr gebildete Zahlen nennen, nur indirekt ausdrücken. Wir schreiben eine 1 und eine 0, sagen aber „zehn". Wir schreiben eine 3 und zweimal 0, sagen aber „dreihundert". „Null" heißt auf Esperanto *nulo,* „zwei Nullen" also *du nuloj.*

Wir haben es geschafft, wir beherrschen das System der Grundzahlen des *Esperanto*. Aber indem wir dieses geleistet haben, haben wir bezüglich der Rechtschreibung, Aussprache und Grammatik ganz nebenbei noch einiges dazugelernt, das über diesen engen Bezirk der Grundzahlen hinausgeht, und haben uns damit einen Zutritt verschafft in ein, ich möchte sagen verblüffendes Gebiet vergleichender Sprachbetrachtung, zu der die Beschäftigung mit *Esperanto* meines Erachtens weit mehr anregt als die mit irgend einer anderen Sprache.

Dennoch: *Esperanto* hin! *Esperanto* her! Welthilfssprache hin! Welthilfssprache her! Stellen wir einmal alle derartigen und, wie ich allerdings glaube, erstrebenswerten Ziele beiseite und fragen wir uns, ob es wohl wünschenswert wäre, daß wir im internationalen Verkehr, wo immer es sei, Handel, Touristik, Wissenschaft, über eine allgemein eingeführte Zahlen-Nomenklatur wie die, die wir hier kennen gelernt haben, verfügten. Die Antwort würde wohl allgemein lauten, ja, es wäre wünschenswert. Die Geister scheiden sich erst bei der Frage, ob es denn nun ausgerechnet *Esperanto* sein müsse, ob man nicht besser täte, auf das Lateinische, das einst eine internationale Sprache von Rang darstellte und noch viel von seinem einstigen Glanz bewahrt hat, zurückgreifen solle, oder auf das Französische, das Jahrhunderte hindurch sich als Diplomatensprache internationaler Beliebtheit erfreute, oder auf das Englische, das seiner großen Verbreitung wegen schon heute eine Art, ich möchte sagen „behelfsmäßiger" internationaler Hilfssprache ist. Nun, wer je sich mit dem Französischen beschäftigt hat, der weiß, daß das französische Zahlensystem seiner Umständlichkeiten wegen als internationaler Zahlen-Kode nicht in Frage kommt. Da gibt es solche Zahlenmonstren wie „soixante-treize" (73) oder „quatre-vingt-dix-sept" (97), ganz abgesehen von den Ausspracheschwierigkeiten. Das Lateinische scheidet hauptsächlich seiner grammatischen Schwierigkeiten wegen aus. Man denke nur an die ersten drei Zahlen unus, una, unum, duo, duae, duo und tres, tres, tria und ihre obliquen Kasus.

Der einzige wirkliche Konkurrent ist das Englische. Seine weltweite Verbreitung und die Tatsache, daß es in vielen Ländern Unterrichtsfach ist, gibt ihm einen schwer einzuholenden Vorsprung. Wer die Zahlwörter „one, two, three, four, five, six, seven, eight, nine, ten, hundred, thousand, million, milliard, zero" einmal erlernt hat, der mag ihren Gebrauch bequem und angenehm finden. Hat man es hinter sich, so vergißt man alsbald, wie absurd die Orthographie der meisten dieser Wörter eigentlich ist und wie man sich vielleicht bei der Erlernung ihrer Aussprache abgequält hat. Handelte es sich wirklich nur darum, diesen Zahlen-Kode allgemein verbindlich anzuerkennen, so möchte es wohl noch hingehen. Denkt man aber ein wenig weiter und an die Nutzbarmachung des *Esperanto* auch für andere Bezirke internationaler Verständigung, so besteht kein Zweifel, daß das *Esperanto* dem Englischen trotz dessen Verbreitung überlegen ist. Darüber wird an geeigneter Stelle noch ein Wort zu sagen sein.

Es gilt, das bisher immer nur sporadische Interesse für *Esperanto* zu einer intensiven weltweiten Bewegung anzufachen. Was ist zu tun? Wo immer Geld eingezahlt, ausgezahlt oder gewechselt wird, an einem jeden Schalter, an einer jeden Kasse, an einem jeden Wechseltisch, in den Geschäften, in den Banken, in den Postämtern, auf den Bahnhöfen, in den Reisebüros, in den Hotels und wo immer es sonst zweckmäßig sein mag, müßten deutlich lesbare Tabellen, ja große Plakate ausgehängt werden mit einer Aufstellung wie etwa dieser:

| | | | | | | |
|---|---|---|---|---|---|---|
| *1* | *unu* | *10* | *dek* | *19* | *dek-naŭ* | *80* | *okdek* |
| *2* | *du* | *11* | *dek-unu* | *20* | *dudek* | *90* | *naŭdek* |
| *3* | *tri* | *12* | *dek-du* | *21* | *dudek-unu* | *100* | *cent* |
| *4* | *kvar* | *13* | *dek-tri* | *22* | *dudek-du* | *110* | *cent dek* |
| *5* | *kvin* | *14* | *dek-kvar* | *30* | *tridek* | *200* | *ducent* |
| *6* | *ses* | *15* | *dek-kvin* | *40* | *kvardek* | *1 000* | *mil* |
| *7* | *sep* | *16* | *dek-ses* | *50* | *kvindek* | *2 000* | *dumil* |
| *8* | *ok* | *17* | *dek-sep* | *60* | *sesdek* | *10 000* | *dekmil* |
| *9* | *naŭ* | *18* | *dek-ok* | *70* | *sepdek* | *100 000* | *centmil* |

*1976 mil-naŭcent-sepdek-ses*

Post, Banken und Bundesbahn müßten im eigensten Interesse von neu einzustellenden Mitarbeitern die Kenntnis dieses Zahlensystems verlangen, es ihren bisherigen Mitarbeitern zur Aneignung empfehlen, einen Teil ihres Werbeetats für seine Einführung zur Verfügung stellen.

Es genügte zunächst völlig, daß in dieser Weise in einem einzelnen Lande, in der Bundesrepublik also, da wir in ihr leben, so verfahren würde. Die Tabelle wäre eine unverbindliche Einladung an den fremdsprachlichen Kunden, sich zur Verdeutlichung seiner Wünsche im Bedarfsfalle der angebotenen Ausdrücke zu bedienen. Geschäftsreisende, Touristen und Gastarbeiter (man denke nur an die vielen Spanier, Italiener, Griechen, Türken und andere) würden schnell die Vorzüge einer solchen Einrichtung erfassen und sie über die Grenzen ins Ausland tragen. Presse und Fernsehen würden es an Kommentaren, zustimmenden, kritischen oder spöttischen nicht fehlen lassen. Sie könnten nicht anders, als zur Popularisierung dieser Neuerung beitragen. Ich gebe dazu diese Ausführungen zu beliebigem Abdruck frei. Das sei mein Beitrag. FIAT!

Zweites Kapitel / *Dua ĉapitro*

# Beim Anblick moderner Hieroglyphen
*Rigardante modernajn hieroglifojn*

Die Betrachtung des Zahlensystems hat uns nicht nur mit den *dek-kvin* Vokabeln, die von *nulo* über *dek* bis *miliardo* reichen, bekannt gemacht, es hat uns auch gezeigt, wie leicht assimilierbar *Esperanto*-Wörter sind, hat uns mit dem durchgehenden orthographischen Prinzip, immer nur je einen Laut je einem Buchstaben zuzuordnen, und darüber hinaus auch noch mit dem durchgehenden Betonungsgesetz (der Akzent liegt immer auf der vorletzten Silbe des Wortes) und mit der Pluralbildung (-j) vertraut gemacht. Sie haben gewiß schon irgendeine fremde Sprache gelernt oder wenigstens angefangen, sie zu erlernen, im Zweifelsfalle das Englische. Erinnern Sie sich noch, wieviel Mühe Sie gehabt haben, auch nur die Pluralbildung des Englischen in den Griff zu bekommen, und wieviel Zeit das gekostet hat? (dog/dogs lady/ladies man/men house/houses life/lives mouse/mice u. a.) Das *Esperanto* wird uns nicht davor bewahren, noch weiterhin fremde Sprachen, alte und moderne, zu lernen. Dafür gibt es die mannigfaltigsten Anreize und Nötigungen, aber es bietet sich für zahllose Gelegenheiten praktischer, wissenschaftlicher und schöngeistiger Art an als ein verhältnismäßig leicht erlernbares geschmeidiges Werkzeug internationaler Kommunikation. Doch dieses Werkzeug liegt unbenutzt herum. Man hebt es nicht auf. Man kennt es nicht. Man kennt nur den Namen *Esperanto* und glaubt sich berechtigt, ihn herablassend oder spöttisch zu verwenden, um damit eine komische Art idealistischen, weltfremden oder unzulänglichen Kauderwelsches zu bezeichnen. Der Fehler liegt nicht daran, daß *Esperanto* etwa unzulänglich sei, er liegt an der Unzulänglichkeit der menschlichen Natur. Sich einer neuen technischen Erfindung zu bedienen, die kaum mehr verlangt, als die Kenntnis einiger Handgriffe oder das Betätigen einiger Knöpfe, ja, dazu bequemt man sich, aber eine geistige Anstrengung auf sich zu nehmen, die keinen Nutzen bringt, denn die a n d e r e n können ja kein *Esperanto,* wer wäre dazu wohl bereit? Immerhin hat es seit 1887, dem Erscheinungsjahr der unter dem Pseudonym eines Dr. Esperanto herausgegebenen internationalen Sprache immer und immer wieder genug „idea-

listische Narren" gegeben, die Zeit, Geld und Mühe auf die Verwirklichung der *Esperanto*-Idee verwandt haben, die oftmals Hohn und Spott, zumindest ein mitleidiges Lächeln ihrer Zeitgenossen einstecken, manchmal sogar Beleidigungen und Verfolgungen ertragen mußten. Sie haben, oft ohne daß es ein anderes sprachliches Verbindungsmittel zwischen ihnen gab, über Grenzen hinweg miteinander korrespondiert, sind einander auf internationalen Kongressen begegnet, haben in Überwindung der babylonischen Sprachverwirrung so etwas wie ein Pfingstwunder erlebt, haben wissenschaftliche und literarische Texte übersetzt, Sprachkurse eingerichtet, Lehr- und Wörterbücher herausgegeben und unermüdlich Öffentlichkeitsarbeit geleistet. Vergebens, in der Hoffnung auf eine baldige Realisierung ihres Traumes von einer sprachlich geeinten und dadurch befriedeten Menschheit sahen sie sich getäuscht. Dennoch bin ich überzeugt, daß ihr Leben erfüllter verlaufen ist und sie mehr beglückende Stunden erlebt haben, als die meisten ihrer nur auf materiellen Erwerb oder auf seichte Genüsse und Vergnügungen ausgehende Zeitgenossen.
Im KULTURFAHRPLAN von Werner Stein (Verlag von F. A. Herbig, Berlin-Grunewald 1954) lese ich, daß der Weltesperantobund um 1950 etwa 100 000 organisierte Mitglieder, davon etwa 4000 in Deutschland, zählte. Hunderttausend in einer Weltorganisation zusammengeschlossene Esperantisten! Das ist ein Faktum, das zu denken gibt. Wie unvollkommen auch immer viele von ihnen die Sprache beherrscht haben mögen, so haben sie sich doch immerhin offen zu dieser Idee bekannt, und selbst die Passivsten unter ihnen haben Mitgliedsbeiträge dafür bezahlt. Aber dennoch, wie gering ist noch nach 63 Jahren Esperantismus angesichts einer nach Milliarden zählenden Erdbevölkerung dieses Ergebnis, für das sich der Ausdruck „Erfolg" verbietet. Und heute, ein Vierteljahrhundert weiter, wie steht es damit? Mag die Zahl der Esperantisten inzwischen auch beträchtlich zugenommen haben, die Bevölkerung der Erde, fürchte ich, wird in einem viel höheren Prozentsatz zugenommen haben, so daß sich die Relation der Esperantisten zu der übrigen Menschheit vermutlich zuungunsten jener verschoben hat. Daß sein Hoffen an diesem Problem der Bevölkerungsexplosion zuschanden werden könnte, wird den guten Dr. Lazaro Ludoviko Zamenhof, das nämlich ist der Mann, der sich des Pseudonyms *D-ro Esperanto* be-

diente, welches soviel wie der Hoffende bedeutet, kaum geschreckt haben. Andererseits ist es aber gerade dieses heute vielleicht brennendste aller Probleme, das eine schnelle, gründliche und zielstrebige Regelung der Sprachenfrage erfordert, und das vielleicht zum Anstoß wird, die Sprachenschranken zwischen den Menschen auf dieser immer enger werdenden Erde zu überwinden.

Der Appell an den guten Willen und die Einsicht einzelner wird nach wie vor nützlich sein, denn die Esperanto-Bewegung bedarf der Führer. Gründung von Vereinen, gut und schön, Bildung von Gruppen, die miteinander korrespondieren, vortrefflich, Veranstaltung von Kongressen, die Resonanz in der Presse und Anteilnahme in der Öffentlichkeit provozieren, hervorragend! Die bisherige Geschichte der Bewegung hat aber gezeigt, daß alle diese Bemühungen die Esperantisten nicht aus ihrem Sektiererdasein erlösen. *Cent mil Esperantistoj* verzischen in der Menschheit wie ein Wassertropfen auf dem heißen Herd. Erst wenn uns das Esperanto auf Schritt und Tritt und Tag für Tag begegnet, kann das Interesse für diese Sprache so groß werden, daß ihr Sieg gesichert ist. Den ersten Schritt dazu meine ich im ersten Kapitel aufgezeigt zu haben: die Einführung des auf *Esperanto* basierenden Zahlen-Kodes. Dabei handelt es sich ohne Frage um einen lächerlich kleinen Bezirk internationaler Kommunikation. Diese Beschränkung ist aber praktisch ohne Risiko und wird sich dennoch außerordentlich nützlich erweisen. Die Einführung des Zahlen-Kodes ist gewissermaßen als Köder gedacht. Macht er die Nützlichkeit des *Esperanto* in seinem Bereich sichtbar, so wird das Interesse für diese Sprache geweckt werden oder sich erhöhen, Zurückhaltende werden ermutigt werden, und weitere Versuche werden folgen.

Welches etwa könnte der nächste Schritt sein? Unlängst befand ich mich in einem Lande, dessen Sprache mir nicht geläufig ist, auf einem großen Bahnhof, wo ich den Zug wechseln mußte. Da wurde mir, als ich mich in der großen menschenerfüllten Halle umsah, plötzlich bewußt, daß wir ja, gleichsam Jahrtausende zurückversetzt, in einem Zeitalter von Hieroglyphen leben, durch die den Ausländern, die durch Unkenntnis der Landessprache in der fremden Umgebung wie zu Analphabeten geworden waren, erste Orientierungshilfen gegeben wurden. Das ist bei uns in der Bundesrepublik auf unseren Bahnhöfen genauso, nur bei dieser Gelegenheit, als ich selbst so ganz darauf angewiesen war, trat mir dieser Umstand in seiner Drolligkeit und mit allen Konsequenzen klar vor die Augen. Hier sollte man energisch ansetzen und die den Reisenden isolierende Bildkommunikation als Vorstufe zur sprachlichen und eigentlich erst richtig menschlichen Kommunikation ausnutzen. Es ist nichts einzuwenden gegen solche Schilder, die einem zeigen, wo man Geld wechseln, austreten, Gepäck zur Aufbewahrung geben, etwas essen, Blumen kaufen oder einen Brief einstecken kann, aber ihr Anwendungsbereich ist beschränkt, und sie sind kostspieliger und umständlicher als einfache Beschriftung. Auch ist es durchaus denkbar, daß unsere Lebensumstände noch komplizierter und die erforderlichen Hilfestellungen immer verwirrendere Formen annehmen werden.

Nehmen wir einmal an, die Deutschen und die in deutschen Eisenbahnwagen reisenden Ausländer sähen neben der durchgekreuzten Zigarette nicht nur das Wort NICHTRAUCHER, sondern auch noch, vielleicht in etwas kleinerer Schrift, das Wort *nefumantoj,* dann kann es eigentlich gar nicht ausbleiben, daß davon etwas in ihren Gehirnen hängen bleibt, besonders, wenn bei wiederholten Reisen sich dieser Eindruck vertieft. Sie haben, selbst wenn sie gar nicht wissen, um welche Sprache es sich handelt, nicht nur dieses eine Wort, sondern darüber hinaus an diesem einen Wort die im *Esperanto* allgemein verwendbare Negation und Vorsilbe *ne-,* den nicht nur in diesem Wort vorkommenden Wortstamm *fum,* die für alle Verben geltende Endung des Präsens-Aktiv-Partizips *-ant-,* die (wir wissen es bereits) alle Substantive kennzeichnende Endung *-o* und das Pluralzeichen *-j* kennengelernt oder wenigstens, vorsichtiger ausgedrückt, „erfahren". Sie haben, wie mit einer Bilderfibel, einen ersten Anfängerschritt ins *Esperanto* gemacht.

Nehmen wir einmal weiterhin an, dieses vorbildliche Beispiel der Deutschen Bundesbahn habe ansteckend gewirkt – und ich bin überzeugt, daß es bei dem großen Bedürfnis nach einem praktikablen internationalen Verständigungsmittel gar nicht anders als ansteckend wirken könnte – und die Franzosen, deren Interesse für Esperanto von jeher groß ist, wären diesem Beispiel gefolgt, da sähen unsere Reisenden aus Deutschland auch in französischen Wagen dieses seltsame, ihnen aber immerhin schon vertraute Wort *nefumantoj* und daneben das französische non-fumeurs, so wüßten sie erstens schon, daß sie hier nicht rauchen dürfen, und könnten zweitens ihre französischen Sprachkenntnisse daran festigen oder erweitern, ob ihnen daran nun gelegen ist oder nicht. Die Franzosen aber gewönnen durch ihre Hilfsbereitschaft zu internationaler Verständigung eine Möglichkeit, ihre Sprache zu propagieren.

Sie werden verstanden haben, daß ich mich des Wortes *nefumantoj* nur als eines Beispieles bedient habe, und daß man von ihm allein nicht erwarten darf, daß „alle Menschen Brüder werden". Ich gebe nunmehr eine ganze Reihe von Wörtern, die für die Verwendung als Hilfsinschriften auf Bahnhöfen in Frage kommen, und zwar in alphabetischer Folge und zunächst ohne Übersetzung oder weitere Erklärungen. Stellen Sie einmal für sich selbst fest, ob welche darunter sind, die Ihnen unmittelbar verständlich sind:

*alveno, atendejo, banko, bilet-aŭtomato, biletejo, bilet-giĉeto, biletisto, bilet-kost-repago, busoj, ĉef-stacio, centrala stacio, eksterlando, elirejo, enirejo, enlando, fermata, fervoja horaro, fervoj-busoj, fervoj-polico, flor-vendejo, forveturo, frizisto, fumantoj, hotel-perejo, informejo, konduktoro, lav-ĉambreto, leter-kesto, lit-vagono, malproksima veturado, malvarma, monŝanĝejo, mon-ŝanĝo, necesejo, netrinkebla akvo, pakaĵ-deponejo, pakaĵ-ekspedejo, posta bilet-aĉetado, poŝt-busoj, poŝtejo, proksima veturado, rel-paro, restoracio, restoraci-vagono, sinjorinoj, sinjoroj, ŝlos-fakoj, staci-direktejo, staci-direkto, staci-domestro, staci-misio, stacio, taksi-haltejo, taksio, telefonejo, telefono, trajn-alirejo, trink-akvo, trovaĵoj, trovejo, tualetejo, turisma oficejo, urbo-plano, valiz-deponejo, valizo, varma, varmigado, ventolado, virinoj, viroj, vojaĝ-pakaĵoj, vojaĝ-valizoj.*

Ich fürchte, es war eine starke Zumutung an Ihre Geduld, Ihnen eine solche Reihe nur äußerlich geordneter Vokabeln vorgesetzt zu haben. Manche davon werden Ihnen vertraut, manche merkwürdig verfremdet vorgekommen sein, und über manche werden Sie verwundert, hoffentlich nicht gar verärgert, dann schon lieber belustigt, den Kopf geschüttelt haben.

Versuchen wir also, mit dieser Vokabelreihe näher bekannt zu werden, und alles, was uns an ihr seltsam und unverständlich vorkommt, restlos zu erhellen! Beginnen wir mit der Aussprache! Erinnern wir uns des darüber bereits Gelernten! *v* sprechen wir immer wie den Anlaut in „Welt" oder „Vase", *c* wie den

– *dudek-unu* –

Anlaut in „Zentner" oder „Circus", *s* immer stimmlos wie in „laß!" oder „lassen", auch wenn es am Wortanfang steht, *oj* wie „eu" in „Heu", *aŭ* wie „au" in „Haus", und den Wortakzent legen wir auf die vorletzte Silbe. Diese Angaben genügen, um zunächst folgende Wörter unserer Reihe richtig aussprechen zu können:

*alveno* Ankunft, *atendejo* Wartesaal, *banko* Bank als Geldinstitut; eine Bank zum Sitzen ist „benko"; *biletejo* Schalter, *biletisto* Schalterbeamter, *busoj* Omnibusse, *eksterlando* Ausland, *elirejo* Ausgang, *enirejo* Eingang, *enlando* Inland, *fermata* geschlossen, *forveturo* Abfahrt, *fumantoj* Raucher, *informejo* Auskunftsstelle, *konduktoro* Schaffner, *malproksima veturado* Fernverkehr, *malvarma* kalt, *necesejo* Bedürfnisanstalt, *netrinkebla akvo* kein Trinkwasser, *proksima veturado* Nahverkehr, *sinjorinoj* Damen, *sinjoroj* Herren, *telefonejo* Telefonzelle, *telefono* Telefon, *trovejo* Fundbüro, *tualetejo* Toiletten, *varma* warm, *varmigado* Heizung, *ventolado* Lüftung, *virinoj* Frauen, *viroj* Männer.

Im *Esperanto* besteht dieselbe angenehme Möglichkeit, durch Wortzusammensetzung neue Begriffe zu bilden wie im Deutschen. So wird aus *bileto* (Fahrschein) und *aŭtomato* (Automat) ein *bilet-aŭtomato* (Fahrkartenautomat). Das *-o* von *bileto* ist also ausgefallen und zwar unter Beibehaltung der ursprünglichen Betonung. Das *-o* von *aŭtomato* bezeichnet die Zusammensetzung hinlänglich als Substantiv. Ein weiteres Beispiel dieser Art ist *bilet-kost-repago* (Fahrgelderstattung) aus *bileto, kosti* (kosten; alle Infinitive haben die Endung *-i),* der Vorsilbe *re-* (zurück) und *pagi* (bezahlen). In der Zusammensetzung *urbo-plano* (Stadtplan) aus *urbo* (Stadt) und *plano* (Plan) ist das *-o* von *urbo* des Wohlklanges und der angenehmeren Aussprache wegen stehen geblieben. *Urb-plano* wäre aber nicht falsch. *Fervoj-busoj* (Bahnbusse) ist zusammengesetzt aus *fero* (Eisen), *vojo* (Weg) und *buso,* entsprechend *fervoj-polico* (Bahnpolizei), *flor-vendejo* (Blumenladen) aus *floro* (Blume), *vendi* (verkaufen) und einem Wort *ejo,* welches ganz allgemein den Ort, die Stätte, die Stelle, den Platz bezeichnet, wo sich etwas befindet oder begibt, und das in zahlreichen Zusammensetzungen als Suffix verwendet wird, *hotel-perejo* (Hotelnachweis) aus *hotelo* (Hotel), dem Verb *peri* (vermitteln), das seinerseits auf die Präposition *per* (durch, mit) zurückgeführt werden kann, und dem eben besprochenen *ejo, leter-kesto* (Briefkasten), *lit-vagono* (Schlafwagen, wörtlich Bettwagen), *rel-paroj* (Gleis) aus *relo* (Schiene) und *paro* (Paar), *trink-akvo* (Trinkwasser), *trovejo* (Fundbüro) aus *trovi* (finden) und *ejo, tualetejo* (Toiletten) aus *tualeto* und *ejo*.

Der Buchstabe s wird, wir wissen es bereits, immer stimmlos gesprochen, für das stimmhafte, weiche „s" wie in „säuseln" bedient sich das Esperanto des Buchstabens z. Das bedeutet für uns Deutsche freilich eine Umgewöhnung, die allerdings für den, der französische oder englische Sprachkenntnisse hat, weniger überraschend kommt. Unsere Liste enthält zwei Beispiele: *frizisto* (Friseur) aus *frizi* (frisieren) und *-isto,* das ist die Person, die einen Beruf ausübt, und *valizo* (Handkoffer); damit sind gebildet *valiz-deponejo* (Handgepäckaufbewahrung) mit dem Verbum *deponi* (verwahren) und *valiz-ekspedejo* (Handgepäckaufgabe) mit dem Verbum *ekspedi* (aufgeben).

Über das Plural-j wissen wir schon Bescheid, und wo das *j* sonst noch vorkommt, machen wir uns weiter keine Gedanken darüber und sprechen es, wie wir es vom Deutschen her gewohnt sind. Das „j", das die Phonetiker wohl auch als Halbkonsonant oder Halbvokal bezeichnen, steht dem reinen Vokal *i* nahe, nur ist es sehr anlehnungsbedürftig und tritt immer in Verbindung mit Vokalen auf, so z. B. auch in dem Worte *trajnalirejo* (Zugang zu den Zügen) aus *trajno* (Zug), dem Verhältniswort *al* (zu, nach, an), dem Verbum *iri* (gehen) und der Bildungssilbe *ejo*. Wir sprechen den Diphtong *aj* entsprechend dem *oj*, nur daß der erste Bestandteil eben *a* und nicht *o* ist, also wie in „Kaiser" oder „keiner". Das *i* dagegen behauptet sich anderen Vokalen gegenüber und lehnt sich nicht an sie an, so besteht das Wort *stacio* (Bahnhof) aus den drei Silben *sta-ci-o* und wird gemäß der allgemeinen Betonungsregel auf der Silbe *ci* betont und nicht etwa „stacjo" gesprochen. Dasselbe gilt entsprechend für *misio* (Mission). Beides zusammen ergibt *staci-misio* (Bahnhofsmission), ähnlich *staci-direkto* (Bahnhofsverwaltung) oder *staci-direktejo* (Bahnhofsverwaltung), wenn der dafür vorgesehene Raum gemeint ist. Steht das Wort aber an der Tür des betreffenden Dienstraumes, so ist das *ejo* ja damit schon gegeben, und wir könnten es auch wiederum weglassen. Eine Sprache ist ja schließlich keine Mathematik, und trotz seiner klaren Regelungen ist es das *Esperanto* eben auch nicht. Der Bahnhofsvorsteher ist der *staci-domestro,* zusammengesetzt aus *stacio, domo* (Haus, Gebäude) und *estro* (Leiter, Vorsteher). Auf dem *i* betonen wir auch das Wort *taksio* (Taxi).

Ein *taksio* finden wir im Bedarfsfalle hoffentlich auf dem *taksihaltejo,* darin das Verb *halti* (halten). Von *restoracio* (Restaurant) kommt her der *restoraci-vagono* (Speisewagen).

Nun bleiben nur noch wenige Wörter, die wir noch nicht richtig auszusprechen wissen. Da gibt es nämlich einige Buchstaben, die mit einem Zirkumflex versehen sind: *ŝ, ĉ, ĵ* und *ĝ*. Das mit einem Zirkumflex versehene *s (ŝ)* entspricht dem Laut, den wir im Deutschen recht umständlich „sch" schreiben. Das Postamt ist *poŝtejo* und die Postbusse sind *poŝt-busoj*. Wir müssen diese Wörter also sprechen, als hätten wir es mit der „Poscht" zu tun. Schließfächer sind *ŝlos-fakoj*. Der Buchstabe *ĉ* bezeichnet einen Laut, der in der deutschen Sprache im Anlaut eigentlich nicht vorkommt, der uns aber dennoch aus beispielsweise „Quatsch" oder „Latschenkiefer" und einigen Fremdwörtern ganz geläufig ist. Wir haben ihn in Tschako, Tschaikowski, Tschardasch (ungarisch Csárdás), Tscheche u. a. Nach diesem Vorbild sprechen wir *bilet-giĉeto* (Fahrkartenschalter), *ĉef-stacio* (Hauptbahnhof) und *lav-ĉambreto* (Waschraum) aus dem Verbum *lavi* (waschen), dem Substantiv *ĉambro* (Zimmer) und der Verkleinerungssilbe *-et-,* die aus dem Zimmer eine Kammer, Zelle oder Kabine macht. Für den Philologen oder Phonetiker würde jetzt die Mitteilung genügen, daß *ĵ* und *ĝ* die entsprechenden stimmhaften Laute zu *ŝ* und *ĉ* sind. Wir müssen das *ĵ* also recht weich sprechen wie das g oder j in Etage, Genie und Journal oder in dem französischen persönlichen Fürwort „je". Das *ĝ* sprechen wir richtig, wenn wir dem *ĵ* einen weichen d-Vorschlag geben, so wie wenn wir die Wörter „gentleman" oder „Djakarta" oder „Dschungel" (aus dem kein Tschungel werden darf) recht weich und sanft aussprechen. Nun sind wir für die Aussprache auch der letzten Wörter unserer Liste gerüstet. *Mon-ŝanĝo* (Geldwechsel), *mon-ŝanĝejo* (Wechselstube), *trovaĵoj* (Fundsachen) aus dem Verbum *trovi* (finden) und der Nachsilbe *-aĵ-,* die ein Ding, eine Sache, etwas Greifbares, etwas Konkretes bezeichnet und auch als selbständiges Hauptwort *la ajo* (das Ding) vorkommt. *Pakaĵ-deponejo* (Gepäckaufbewahrung) und *pakaĵ-ekspedejo* Gepäckaufgabe) gehen zurück auf die Wurzelwörter *paki* (packen), *deponi* (aufbewahren), *ekspedi* (aufgeben) und die eben besprochene Endung *-aĵ-*. Mit *vojaĝo* (Reise) bilden wir *vojaĝ-pakaĵoj* (Reisegepäck) und *vojaĝ-valizoj* (auch Reisegepäck, wenn es sich nur um Handkoffer handelt).

Mit diesen Anleitungen zur Aussprache sind wir nunmehr in der Lage, nicht nur alle Wörter unserer „Bahnhofsliste", sondern, von einem einzigen Buchstaben abgesehen, überhaupt j e d e s Esperantowort richtig auszusprechen. Um nun diesen Abschnitt gleich abzurunden und damit zur vollständigen Beherrschung der Esperanto-Aussprache zu kommen, sei dieser fehlende Buchstabe hier ergänzend angeführt. Es ist das mit einem Zirkumflex versehene h *(ĥ),* das den ch-Laut, wie wir ihn z. B. in den deutschen Wörtern „ach" und „doch" haben, bezeichnet. Merken wir uns nur die esperantisierte Tschechoslowakei *Ĉeĥoslovakio,* und wir haben es geschafft.

Um Gottes willen! werden Sie jetzt vielleicht ausrufen, das alles sollen wir dem ratlosen türkischen Gastarbeiter, der ganz andere Sorgen hat, zumuten, wenn er auf einem deutschen Bahnhof eintrifft? Nun, ich würde sagen, wir muten ihm gar nichts zu. Er brauchte sich um diese Esperanto-Wörter gar nicht zu kümmern und wäre damit nicht schlechter daran, als wir jetzt ohne sie. Wer immer aber unter den Reisenden auf sie aufmerksam wird, wird bald dahinterkommen, daß er an ihnen eine Hilfe hat. Dabei ist es zunächst völlig nebensächlich, ob er sie richtig oder falsch oder gar nicht ausspricht, sondern es handelt sich darum, daß er mit der betreffenden Sache das dazu gehörige Schriftbild in sich aufnimmt. Hat er oft genug in seiner Heimat die Verbindung AUSGANG = *elirejo* in sich aufgenommen, so wird er sich im Ausland daran erinnern, wenn er dort SORTIE = *elirejo* oder EXIT = *elirejo* oder UITGANG = *elirejo* oder SALIDA = *elirejo* oder USCITA = *elirejo* und so durch alle Bahnhöfe der Welt hindurch liest. Außerdem könnte die Bundesbahn ein übriges tun. Sie legt seit langem in den Abteilen Handzettel aus, die den Schaffnern manche Erleichterung bringen und manche lästige Fragebeantwortung ersparen. „Ihr Zug-Begleiter" weist die Abfahrts- und Ankunftszeiten und Anschlußverbindungen der betreffenden Züge aus. Auf einer Seite eines solchen Handzettels könnten dann die von der Bundesbahn verwendeten Esperanto-Inschriften in der Sprache des betreffenden Landes, aus dem der Zug nach Deutschland einfährt, erläutert sein. Ausländische Reisebüros würden sehr schnell anfangen, auf eine solche Verwendung von Hinweisen in *Esperanto* aufmerksam zu machen.

Oder aber noch besser: Die Bundesbahn läßt sich ja Erleichterung des Reiseverkehrs manches Geld kosten. Neuerdings hat sie sogar schon Komputer aufgestellt, aus denen der Reisende kostenlos seine Zugverbindungen erfahren kann. Da könnte sie doch z. B., unbekümmert darum, ob es außerhalb ihres Bereiches überhaupt so etwas wie *Esperanto* gibt, es dennoch konsequent für sich in Benutzung nehmen: Alle ihre öffentlichen Beschriftungen, ihre Erläuterungstexte, ihre Anweisungen, ihre Fahrscheine erscheinen künftig zweisprachig, in der Landessprache und (möglichst in grüner Schrift oder auf grünem Papier) auf *Esperanto*. Daneben werden auf allen größeren Bahnhöfen Automaten aufgestellt, aus denen sich die Reisenden in allen möglichen Sprachen (die Tasten werden in alphabetischer Folge durch den *Esperanto*-Namen des betreffenden Landes und farbig durch die dazugehörenden Landesfarben gekennzeichnet) den Schlüssel für alle verwendeten Beschriftungen und Texte, und sei es auch gegen Gebühr, ziehen können. Damit können sie dann herausfinden, daß *elirejo* Ausgang heißt. Eines guten Tages werden dann diese Automaten nicht mehr leer werden, weil sie sich erübrigt haben. Möchten Sie das noch erleben? Nun, der Weg dahin ist einfach, man muß nur den Mut haben, ihn zu beschreiten: *Esperanto* s o f o r t in Benutzung nehmen.

Man kann internationale Probleme, und das Sprachenproblem ist eines der brennendsten, nicht auf sich beruhen lassen, weil sie international sind. Nationale Administrationen sind aber aufgerufen, sie in Angriff zu nehmen, wenn solche Probleme überhaupt je an eine Lösung herangeführt werden sollen. Man kann nicht das Ziel einer internationalen Hilfssprache erst als Utopie abwerten, um dann um so beruhigter in aller Bequemlichkeit die Hände in den Schoß legen zu können. Will ich die Verbindung zum andern Ufer, muß ich die Brücke bauen, auch wenn sich mir von drüben kein Brückenschlag entgegenbewegt. Ist die Brücke aber gebaut, wird sie auch von der andern Seite her benutzt werden. Man muß das sinnvolle Fernziel einer internationalen Sprache in behutsamen Einzelschritten auf nationaler Basis unbeirrt in Angriff nehmen, auch wenn jeder einzelne dieser Schritte, an dem Ganzen gemessen, kümmerlich ist. Nicht darauf kommt es an, daß plötzlich in einem großartigen Werbungsanlauf 1000 oder 10 000 oder gar 100 000 Idealisten zum Erlernen des *Esperanto* veranlaßt werden, wenn das auch sehr nützlich wäre, sondern es kommt darauf an, möglichst viele Menschen möglichst oft mit *Esperanto* in lebendige Berührung zu bringen. Sie müssen sehen, daß *Esperanto* nützlich ist und daß das Erlernen dieser Sprache nicht weltfremde Narretei, sondern für sie von Vorteil ist. Eine internationale Notwendigkeit ist *Esperanto* schon lange. Es ist höchste Zeit, daß es in Gebrauch genommen wird. Das allgemeine Bedürfnis muß zum Bedürfnis der einzelnen werden. Hier liegt ein bedeutsames Feld für alle Werbungspsychologen! Es ist besser, eine möglichst große Anzahl Menschen erkennt die Nützlichkeit des *Esperanto* und bedient sich seiner in primitiver und unbeholfener Weise, als daß eine kleine isolierte Elite bei ihren Zusammenkünften ein vorbildliches Esperanto spricht. Ist das Bedürfnis einmal geweckt, so werden wie von selbst die nötigen Lehr- und Wörterbücher auftauchen und Kurse angeboten werden. Für einen geschulten Philologen, der eine oder mehrere Fremdsprachen studiert hat, ist es keine Schwierigkeit, sich in wenigen Tagen *Esperanto* soweit anzueignen, daß er es im Unterricht weitergeben und sich lehrend selbst darin vervollkommnen kann.

Drittes Kapitel / *Tria ĉapitro*

# Wie man neue Wörter bildet
*Kiel oni formas novajn vortojn*

Eigentlich könnten wir jetzt von der Zusammenstellung von Wörtern, die ich als „Bahnhofsliste" bezeichnet habe, Abschied nehmen. Wir wissen, was die einzelnen Wörter bedeuten, und wir können sie richtig aussprechen, was die Reisenden, denen wir sie vorsetzten wollen, einstweilen noch nicht können. Wir wollen diese Wörter aber noch einmal durchgehen und sehen, ob wir ihnen nicht vielleicht noch andere Reize abgewinnen können, und sie dabei, das gehört nun einmal zu einem vernünftigen Lernprozeß dazu, durch diese Wiederholung in unserem Bewußtsein ein wenig fester verankern.
*Atendejo, biletejo, elirejo, enirejo, flor-vendejo, hotel-perejo, informejo, necesejo, pakaĵ-deponejo, pakaĵ-ekspedejo, poŝtejo, staci-direktejo, taksi-haltejo, telefonejo, trajn-alirejo, trovejo, tualetejo, turisma oficejo, valiz-deponejo.* Alle diese Wörter weisen die Wortbildungssilbe *„-ej"* auf, die sich zwischen dem Stamm und dem Endungs-*o* des Substantivs einschiebt. *La ejo* (der Ort, die Stelle, der Platz, der Raum) ist das zugrundeliegende Wort, das sich großartig als wortbildendes Suffix verwenden läßt. Es gibt nun im Esperanto eine ansehnliche Reihe solcher als Wortbildungssilben verwendbarer Wörter. Diese gestatten, mit Hilfe eines relativ kleinen Basisvokabulars eine schier unabsehbare Menge von Begriffen zu bilden.
So können wir aus dem vorliegenden Wortmaterial mit Hilfe von -ej- noch etwa folgende Wörter bilden: *alvenejo* Ankunftshalle, *giĉetejo* Schalterhalle, *pagejo* Zahlstelle, *busejo* Garage für Omnibusse, *policejo* Polizeidienststelle, *florejo* Blumenbeet, *forveturejo* Abfahrtshalle, *frizejo* Frisiersalon, *fumejo* Rauchsalon, *lavejo* Waschanstalt, *litejo* Schlafsaal, *pakejo* Packraum, *pakaĵejo* Gepäckraum, *aĉetejo* Kaufhaus, Kiosk, *relparejo* Gleisanlage, *misiejo* Missionsstation, *trinkejo* Trinkhalle, Tränke, *valizejo* Kofferraum, Gepäcknetz. Auch im Esperanto kann man sehr genau die Begriffe Pfütze, Lache, Pfuhl, Sumpf, Teich, See, Born, Brunnen, Quelle, Wasserader, Oase von einander unterscheiden, allen gemeinsam aber ist, daß es sich bei ihnen um Stellen handelt, wo Wasser vorkommt. Alle sind

sie *akvejoj,* und der Kontext wird im allgemeinen klar erkennen lassen, welche Art von *akvejo* gemeint ist. Erfordert er aber eine Verdeutlichung, so verfügt das Esperanto über Mittel genug, diese Verdeutlichung zu leisten. Ich will es Ihnen an einem anderen Beispiel zeigen. Uns war das Wort *lav-ĉambreto* begegnet, und wir hatten es als Waschraum übersetzt, und eben gab ich Ihnen das Wort *lavejo* und übersetzte es als „Waschanstalt". Das ist eine sehr spezielle Übersetzung, denn zunächst bedeutet *lavejo* ja doch nur eine Stelle, wo gewaschen wird oder gewaschen werden kann. Fänden wir das Wort an einer kleinen Tür am Ende eines D-Zug-Wagens, nie kämen wir auf die Idee, es solle Waschanstalt bedeuten, es könnte durchaus das umständlichere, aber genauere *lav-ĉambreto* ersetzen. Umgekehrt, sähe ich mich genötigt, zu verdeutlichen, daß ich eben kein *lav-ĉambreto,* sondern ein ganzes Haus meine, in dem gewaschen wird, so würde ich *lav-domo* sagen. Der menschliche Geist ist so beschaffen, daß er von sich aus die richtigen Zusammenhänge herstellt. Davon leben alle Sprachen, und das Esperanto eben auch. Nur ein Eulenspiegel „wirft" die Ärmel an die Jacke, statt sie anzunähen.

Neben den Schwierigkeiten, die die Grammatik beim Erlernen fremder Sprachen bietet, ist eine der größten die gewaltige Menge an Vokabeln, die sich vor dem Schüler auftürmt und die bewältigt werden muß. Kaum ein Mensch kann den gesamten Vokabelschatz seiner Muttersprache verkraften, geschweige denn, aktiv über ihn verfügen. Der große Duden bringt in seiner 17. Auflage von 1973 über 160 000 *(cent-sesdek-mil!)* Stichwörter. Wir mögen uns einbilden, wir könnten eine fremde Sprache je ganz erlernen, unser Leben reicht für die eigene nicht aus. Der Engländer wird uns, bei annähernd gleicher Begabung, wenn wir uns mit ihm auf das ihm von Kindesbeinen an *gewohnte,* uns dagegen erst mühsam *angewöhnte* englische Terrain begeben, immer um mehr als nur eine Nasenlänge voraus sein. Ich greife die Zahl aus dem Duden auf: 160 000 Stichwörter. Das Esperanto begnügt sich mit einem Hundertstel davon, also 1600, und das ist noch hoch gegriffen, und es hat die Möglichkeit, damit, und das wiederum halte ich nicht für übertrieben, wohl 1 600 000 *(miliono-sescentmil)* Begriffe zu bilden. Aber lassen wir diese Zahlenspekulation, die nicht genau genommen sein, sondern nur veranschaulichen will, und kehren wir zu unserer „Bahnhofsliste" zurück.

Als Berufsbezeichnung dient die Nachsilbe -ist-. An Beispielen dazu hatten wir *biletisto* (der Mann, der beruflich mit Fahrkarten zu tun hat: Fahrkartenverkäufer, Schalterbeamter, Schaffner, Kontrolleur) und *frizisto* (Friseur). Dazu ließen sich mit unserer Liste etwa noch bilden: *bankisto* Bankier, *busisto* Busfahrer, *fermisto* Schließer, *kondukisto* Leiter, Fahrer, *policisto* Polizist, *flor-vendisto* Blumenverkäufer, *vendisto* Verkäufer, *hotelisto* Hotelier, *peristo* Vermittler, *lavisto* Wäscher, *cambristo* Kammerdiener, *leter-kestisto* Briefkastenleerer, *litvagonisto* Schlafwagenschaffner, *mon-ŝanĝisto* Geldwechsler, *necesejisto* Toilettenwärter, *pakisto* Packer, *pakaĵ-deponejisto* der Mann bei der Gepäckaufbewahrung, *pakaĵ-ekspedisto* der Mann bei der Gepäckaufgabe, *aĉetisto* Einkäufer, *poŝtisto* Postbeamter, *restoraciisto* Restaurateur, *ŝlosisto* Schlosser, *misiisto* Missionar, *taksiisto* Taxifahrer, *telefonisto* Fernsprechbeamter, *tualetejisto* Toilettenwärter, *oficisto* Beamter, *varmigisto* Heizer, *vojaĝisto* Reisender.

Durch die Endung -in machen wir im Deutschen aus dem Schneider eine Schneiderin und in Esperanto auf die gleiche Weise aus dem Herrn eine Dame: *sinjoro / sinjorino,* aus dem Mann eine Frau: *viro / virino,* aus dem Blumenverkäufer eine Blumenverkäuferin: *flor-vendisto / flor-vendistino,* aus dem Friseur eine Friseuse: *frizisto / frizistino,* und so nach Belieben durch alle obigen Berufsbezeichnungen hindurch bis zur *vojaĝistino,* der Reisenden, womit keine sich zufällig oder gelegentlich auf der Reise befindliche Dame gemeint ist (die wäre eine *vojaĝantino),* sondern eine solche, die aus beruflichen Gründen reist. *La ino* wäre etwa das weibliche Wesen an sich, das Weib.

*La aĵo* ist das Ding, die stoffliche, greifbare Sache, ein Wort, das sich zur Verwendung als Bildungssilbe geradezu anbietet. Unsere Liste enthält die Beispiele *pakaĵo* Gepäckstück und *trovaĵo* Fundsache. Weitere Möglichkeiten wären: *feraĵo* Gegenstand aus Eisen, *frizaĵo* Frisur, *litaĵo* Bettzeug, *trinkaĵo* Getränk und *poŝtaĵoj* was uns der Briefträger bringt.

Mit -et- verkleinern oder verniedlichen wir, wo immer es uns angebracht erscheint: *buseto* Kleinbus, *landeto* Ländchen, *vojeto* Pfad, *horeto* Stündchen, *floreto* Blümchen, *vendejeto* Lädchen, *ĉambreto* Zimmerchen, Kammer, Zelle, Kabine, *letereto* Briefchen, *kesteto* Schachtel, *malvarmeta* kühl, *akveto* Wässerchen, *pakaĵeto* Päckchen, *pareto* Pärchen, *restoracieto*

Imbißstube, *sinjoreto* Herrchen, *sinjorineto* Frauchen, *dometo* Häuschen, Hütte, Laube, *trajneto* Zügelchen, *trinketi* nippen, *urbeto* Städtchen, *valizeto* Handköfferchen, *varmeta* lau, *vireto* Männchen, *virineto* Weibchen, *vojaĝeto* Ausflug.

So wie die Endung für Substantive immer -o- ist, ist die für Adjektive immer -a: *centrala stacio* Zentralbahnhof, *fervoja horaro* Fahrplan, *malproksima veturado* Fernverkehr, *malvarma* kalt, *netrinkebla akvo* kein Trinkwasser, *posta bilet-aĉetado* Nachlösung, *proksima veturado* Nahverkehr, *turisma oficejo* Reisebüro, *varma* warm. Die Vorsilbe *ne-* verneint: *trinkebla / netrinkebla* trinkbar / nicht trinkbar, *fumanto / nefumanto* Raucher / Nichtraucher. Die Vorsilbe *mal* wendet das Wort in sein Gegenteil: *proksima / malproksima* nah / fern, *varma / malvarma* warm / kalt. Adjektive bilden den Plural in derselben Weise wie die Substantive: *centralaj stacioj* Zentralbahnhöfe, *fervojaj horaroj* Eisenbahnfahrpläne, *malproksimaj landoj* ferne Länder, *malvarmaj landoj* kalte Länder, *postaj pagoj* Nachzahlungen, *proksimaj hoteloj* nahegelegene Hotels, *turismaj oficejoj* Reisebüros. Das Passiv-Partizip *fermata* ist ja halbwegs auch ein Adjektiv, eben ein Mittelwort zwischen Verb und Adjektiv. Sehr ärgerlich sind manchmal *fermataj giĉetoj* geschlossene Schalter. Andere solche Partizipien wären: *atendata* erwartet, *pagata* bezahlt, *vendata* verkauft, *veturata* gefahren, *frizata* frisiert, *fumata* geraucht, *perata* vermittelt, *informata* benachrichtigt, informiert, *lavata* gewaschen, *varmata* gewärmt, *ŝanĝata* gewechselt, *trinkata* getrunken, *pakata* gepackt, *aĉetata* gekauft, *ŝlosata* abgeschlossen, *direktata* geleitet, *misiata* missioniert, *haltata* gehalten, *trovata* gefunden, *deponata* deponiert, zur Aufbewahrung gegeben, *varmigata* gewärmt, geheizt, *ventolata* gelüftet und *vojaĝata* gereist.

Erinnern wir uns noch einmal unserer Nichtraucher, der *nefumantoj!* Ganz abgesehen davon, daß wir mit der verneinenden Vorsilbe *ne-* zahlreiche weitere Wörter aus unserer Liste ableiten könnten, gibt uns das *fumanto* (Raucher) ein durch -o- substantiviertes Präsens-Aktiv-Partizip. Das eigentlich diesbezügliche Partizip ist *fumanta* (rauchend), und in Analogie dazu können wir zu den obigen passiven Partizipien jetzt auch noch die aktiven bilden: venanta (kommend), atendanta (erwartend), paganta (bezahlend), iranta (gehend), vendanta (verkaufend), usw. die Reihe durch.

Jetzt sind Sie reif für eine weitere Überraschung, die das Esperanto für Sie bereit hält. Eine Überraschung, die vielleicht aber auch wiederum nicht besonders groß ist, falls Sie die Bezifferung der Kapitel genauer beachtet haben. Haben Sie die Grundzahlen noch im Kopf? *unu, du, tri, kvar, kvin, ses, sep, ok, naŭ, dek, cent* und *mil?* Mit unserer Adjektiv-Endung *-a* verwandeln wir sie in Ordnungszahlen: *unua giĉeto* erster Schalter, *dua vendejo* zweiter Laden, *tria valizo* dritter Handkoffer, *kvara floro* vierte Blume, *kvina rel-paro* fünftes Geleis, *sesa ĉambro* sechstes Zimmer, *sepa vagono* siebter Wagen, *oka taksio* achtes Taxi, *naŭa domo* neuntes Haus, *deka buso* zehnter Bus, *centa bileto* hundertster Fahrschein, *mila viro* tausendster Mann. Das läßt sich selbstverständlich auf die bekannte Weise auch in die Mehrzahl setzen, etwa die *sesaj ĉambroj* (sechsten Zimmer) auf jedem Hotelflur oder die *naŭaj domoj* (neunten Häuser) in jeder Straße z. B. einer Siedlung.

Vielfach verwendbar ist die Vorsilbe *re-* (zurück, wieder), die uns in *repago* (Zurückzahlung) begegnet ist: *reveni* zurückkommen, wiederkommen, *reiri* zurückgehen, *revendi* wiederverkaufen, *repaki* zurückpacken, *redeponi* wieder in Verwahrung geben, *reekspedi* zurückexpedieren, *reaĉeti* zurückkaufen, *reveturi* zurückfahren, *reŝlosi* wieder abschließen, *refermi* wieder zumachen, *redirecti* zurückleiten, *retrovi* wiederfinden, *revojaĝi* zurückreisen, usw. Ähnlich vielfach verwendbar ist die Vorsilbe *for-* (fort, weg): *foriri* weggehen, *forveturi* wegfahren, abfahren, *forpaki* wegpacken, *fordirekti* wegleiten, *forvojaĝi* fortreisen, wegreisen ...

Die Nachsilbe *-ad-* bezeichnet das Andauern einer Handlung, den anhaltenden Zustand: *la bilet-aĉetado* das Kaufen von Fahrkarten, *la ventolado* das Lüften, *la varmigado* das Wärmen, das Heizen, *la veturado* das Fahren, *fumi* rauchen und *fumadi* anhaltend rauchen, gewohnheitsmäßig rauchen, *informi* benachrichtigen und *informadi* auf dem Laufenden halten, *telefoni* telefonieren und *telefonadi* ununterbrochen telefonieren, ein Gespräch nach dem andern führen ...

Die Nachsilbe *-ar-* bezeichnet gleichartige, zusammengehörige Dinge, die eine Einheit bilden: *horo* Stunde, *horaro* Stundenplan, *ĉambraro* Zimmerflucht, *policistaro* ein Trupp Polizisten ...

Die Nachsilbe *-ebl-* dient zur Bezeichnung der Möglichkeit: *trinkebla* trinkbar, *enirebla* betretbar, *vendebla* verkäuflich, *fumebla* rauchbar, *lavebla* waschbar ...

Die Nachsilbe -*estr*- bezeichnet das Oberhaupt, den Vorsteher: *domestro* Hausmeister, *staciestro* Stationsvorsteher, *poŝtestro* Postmeister, *oficejestro* Bürovorsteher ... *la estro* ist dann der Meister, der Chef.
Unsere anfangs sich so bescheiden ausnehmende Bahnhofsliste erweist sich also bei näherem Zusehen als eine schier unerschöpfliche Quelle von Esperanto-Ausdrucksmöglichkeiten. Wer diese Wörter lernt, hat weit mehr gelernt als nur eine Handvoll von Vokabeln. Die Reisenden, denen die Bundesbahn auf die vorgeschlagene Weise ein paar Dutzend *Esperanto*-Wörter vermittelt, hat sie damit bereits ganz tief in diese Sprache hineingeführt. Keine andere Sprache als gerade *Esperanto* eignet sich besser für ein solches unmittelbares, ungrammatisches Verfahren. Ich habe es hier versucht, Sie zum vollen Verständnis der dargebotenen Esperantoproben zu bringen, und bin deswegen ausführlicher geworden, als Ihnen vielleicht recht und als vielleicht nötig war. Für unsere Reisenden genügt es zunächst, die Vokabeln ganz naiv, wie Kinder es mit ihrer Muttersprache tun, aufzunehmen.

Viertes Kapitel / *Kvara ĉapitro*

# Ein Vaterunser für Esperanto
*Patro-nia por Esperanto*

Sollte es mir geglückt sein, Sie bis hierhin zu interessieren, und sollten Sie dies Buch nicht schon längst in die Ecke geworfen haben, so werden Sie doch wohl leise grollen und denken: Wörter, Wörter, nichts als Wörter, Wörter sind doch noch lange keine Sprache. Gibt es denn im *Esperanto* eigentlich nicht auch so etwas wie einen Satz? Natürlich gibt es das. *Lazaro Ludoviko Zamenhof* hat sogar das ganze Alte Testament übersetzt. Seine vorzüglichen Kenntnisse des Hebräischen und seine sprachliche Genialität befähigten ihn, diese gewaltige Textsammlung so meisterhaft zu übersetzen, daß diese Übersetzung an Klarheit, Genauigkeit und Schönheit den nationalsprachlichen Übersetzungen keineswegs nachsteht, sie eher noch übertrifft. Das Zamenhofsche Alte Testament wurde später von anderer Seite durch eine Übersetzung des Neuen Testaments ergänzt, so daß es die ganze Bibel auf *Esperanto* gibt. Sie liegt mir vor, und ich gebe Ihnen hier den Wortlaut des Titelblattes vollständig wieder:

*LA / SANKTA BIBLIO / MALNOVA KAJ NOVA TESTAMENTOJ / TRADUKITAJ EL LA ORIGINALAJ LINGVOJ / LONDONO / BRITA KAJ ALILANDA BIBLIA SOCIETO / EDINBURGO KAJ GLASGOVO / NACIA BIBLIA SOCIETO DE SKOTLANDO / 1947*

Ein Blatt weiter steht dann:

*LA MALNOVA TESTAMENTO / EL LA HEBREA ORIGINALO TRADUKIS / LAZARO LUDOVIKO ZAMENHOF*

Das sind zwar auch noch keine Sätze, aber die werden schon noch kommen. Haben Sie noch etwas Geduld und sehen Sie sich dieses Titelblatt mit mir zusammen erst einmal etwas genauer an! Das erste Wörtchen *la* ist bestimmter Artikel, es gilt für alle Geschlechter, Fälle und Zahlen und ist unveränderlich. Können Sie eigentlich mehr verlangen? Eigentlich nicht, und doch sind Sie unzufrieden. Ich sehe es Ihrer Nasenspitze an. Sie haben Französisch gelernt, vielleicht auch Spanisch oder Italienisch, und verbinden mit dem Artikel *la* die Vorstellung von etwas Weiblichem, aber bedenken Sie, erstens schreibe ich dies im Jahr der Frau, und zweitens sollten Sie froh sein, daß

Sie nicht Holländisch lernen müssen, da würde man Ihnen beibringen, daß „jemand, der..." auf Holländisch „iemand, die..." heißt. Vermerken wir bei dieser Gelegenheit, daß es einen unbestimmten Artikel im Esperanto nicht gibt. „Ein Haus" heißt *domo,* nur wenn ich ausdrücken will „1 Haus" (und nicht mehrere), sage ich *unu domo.*

Die persönlichen und geographischen Eigennamen und von ihnen abgeleiteten Adjektive werden einfach dem Lautsystem des Esperanto angepaßt und in seiner Orthographie wiedergegeben: London *Londono,* britisch *brita,* Edinburgh *Edinburgo,* Glasgow *Glasgovo,* Scotland *Skotlando,* hebräisch *hebrea,* Lazarus *Lazaro,* Ludwig *Ludoviko.*

Über das Wörtchen *kaj* werden Sie vermutlich stolpern, es sei denn, Sie sind mit humanistischer Bildung versehen. Es heißt, Sie haben es schon erraten, „und". Die Adjektive *Sankta, nova* neu, *malnova, originala, brita, alilanda* aus *ali* anderer und *landa,* also auf andere Länder bezogen, ausländisch, *biblia (biblia societo* Bibelgesellschaft), *nacia* national und *hebrea* bieten Ihnen kaum noch Schwierigkeiten. *Tradukita* ist ein Mittelwort, sowohl Verb als Adjektiv, abgeleitet von *traduki* übersetzen, *tradukitaj testamentoj* übersetzte Testamente. Nach unseren bisherigen *Esperanto*-Kenntnissen hätten wir dafür *tradukataj testamentoj* erwartet. Jetzt muß ich einmal sehr grammatisch werden, aber wie schlimm es sich auch anhören mag, die *Esperanto*-Praxis ist viel einfacher. Im Deutschen unterscheiden wir ein Perfekt-Passiv-Partizip „übersetzt" und ein Präsens-Aktiv-Partizip „übersetzend". Nun, es gibt Sprachen, die mehr als nur diese zwei Partizipien haben. Auch, wenn Ihnen solche noch nicht begegnet sind, könnten Sie sich doch vielleicht vorstellen, daß es neben dem Perfekt-Passiv-Partizip auch ein Passiv-Partizip der Gegenwart, und neben dem Präsens-Aktiv-Partizip auch ein Aktiv-Partizip der Vergangenheit geben könnte. Ja, und was der Vergangenheit und Gegenwart recht ist, sollte das nicht auch der Zukunft billig sein? In der Tat, das Esperanto weist alle sechs dieser möglichen Partizipien auf:

| | | |
|---|---|---|
| übersetzt | in der Vergangenheit | ist *tradukita* |
| übersetzt | in der Gegenwart | ist *tradukata* |
| übersetzt | in der Zukunft | ist *tradukota* |
| übersetzend | in der Vergangenheit | ist *tradukinta* |
| übersetzend | in der Gegenwart | ist *tradukanta* |
| übersetzend | in der Zukunft | ist *tradukonta* |

Mit Hilfe dieses simplen Schemas *i* für die Vergangenheit, *a* für die Gegenwart und *o* für die Zukunft, aus dem dann die Partizipial-Bildungssilben für das Passiv *-it-*, *-at-* und *-ot-* und für das Aktiv *-int-*, *-ant-* und *-ont-* entwickelt werden, verfügt das Esperanto über die Möglichkeit genauester und nuanciertester verbaler Aussagen. Im vorliegenden Fall drückt das Partizip *tradukita* aus, daß das Übersetzen in der Vergangenheit vor sich gegangen und abgeschlossen ist. – *Zamenhof tradukis* (Zamenhof übersetzte), eben haben wir das *i* in den Partizipial-Bildungssilben *-it-* und *-int-* als Vergangenheitszeichen kennengelernt, so werden wir es jetzt gelassen hinnehmen, wenn wir erfahren, daß *-is-* die Endung für die einfache Vergangenheit des Verbums ist.

Das Verhältniswort *el* „aus" ist uns in *elirejo* Ausgang schon als Vorsilbe begegnet, *el la originalaj lingvoj* heißt also „aus den ursprünglichen Sprachen (Originalsprachen, Ursprachen)". Das Verhältniswort *de* „von" wird, genau in derselben Weise wie im Englischen die Präposition „of", mit oder ohne Artikel, zur Bildung des Genitivs verwandt: *de Skotlando* Schottlands, von Schottland, *de la lando* des Landes, *de la landoj* der Länder. Außerdem steht es als „von" beim Passiv: *la de Zamenhof tradukita biblio, la biblio de Zamenhof tradukita, la biblio tradukita de Zamenhof*. Sie haben im Esperanto eine große Freiheit der Wortstellung. Wie man es macht, ist weitgehend eine Frage des Stiles, und der kann gut oder schlecht sein. Und wenn er schlecht ist, darf man das nicht der *Esperanto*-Sprache, sondern muß es demjenigen anlasten, der sich ihrer bedient. *De Zamenhof tradukita la biblio* dürfte kaum mehr angemessen sein. Wollen Sie verstanden werden, müssen Sie sich jedenfalls um Klarheit bemühen.

Noch eine letzte Bemerkung zu diesem Titelblatt. Im Deutschen sagen wir „das Alte und Neue Testament", als handele es sich um ein einziges Testament, das zugleich alt und neu ist. Auf dem Titelblatt aber steht *testamentoj,* also die Mehrzahl. Ich glaube, man kann dem nur zustimmen, denn es sind ja schließlich zwei Testamente, und das Esperanto gestattet diese im Deutschen nur umständlicher wiederzugebende Genauigkeit.

Nicht von ungefähr bin ich auf die Bibel zu sprechen gekommen. Auf der Suche nach einem Text, der möglichst vielen Menschen geläufig ist, fiel mir das Vaterunser ein. Die Christen, gleichviel welcher Konfession, kennen es, und selbst die Nichtchristen unseres abendländischen Lebensraumes werden kaum umhinkönnen, es mehr oder weniger auch zu kennen. Mit dem Vaterunser begegnen wir nun endlich auch richtigen *Esperanto*-Sätzen, und da es Ihnen vom Deutschen her bekannt ist, werden Sie die Esperanto-Fassung auch ohne genaue sprachliche Analyse, die ich Ihnen aber trotzdem nicht vorenthalten will, verstehen.

*Patro nia, kiu estas en la ĉielo, Via nomo estu sanktigita. Venu Via regno, plenumiĝu Via volo, kiel en la ĉielo, tiel ankaŭ sur la tero. Nian panon ĉiutagan donu al ni hodiaŭ. Kaj pardonu al ni niajn ŝuldojn, kiel ankaŭ ni pardonas al niaj ŝuldantoj. Kaj ne konduku nin en tenton, sed liberigu nin de la malbono.* Hier endet bei der mir vorliegenden Bibelübersetzung, gemäß der für sie benutzten Handschriftentradition, die auch die der Katholischen Kirche ist, das Vaterunser. Es fehlt die sogenannte Doxologie, die Lobpreisung Gottes, die ich hier nach der Luther-Bibel in eigener Übersetzung anfüge: *Ĉar via estas la regno kaj la forto kaj la gloro en eterneco.* (Mateo, 6.9-13).

Der Sinn ist Ihnen geläufig, machen wir uns nun daran, die einzelnen sprachlichen Erscheinungen zu erfassen. Man spricht vom Vaterunser wohl auch als von den sieben Bitten. Was Ihnen bei der Durchsicht des Textes am meisten aufgefallen ist, sind vermutlich die sieben auf „-u" ausgehenden, von Ihnen unschwer als Verben identifizierten Wörter. Das *-u* ist die Verb-Endung für Bitte, Aufforderung und Befehl. *Estu* heißt also „sei, seid, seien Sie!", *venu* entsprechend „komm, komme, kommt, kommen Sie!" usw. Die Infinitive sämtlicher Verben des Textes lauten: *esti, veni, plenumiĝi, doni, pardoni, konduki* und *liberigi*. *Plenumiĝi* setzt sich zusammen aus *plena* (voll), *-um-* (dies ist eine Nachsilbe, die ausdrückt, daß der damit beabsichtigte Begriff irgendwie „um" das Wurzelwort her- „um" gebildet ist) und *-iĝ-*, welches ausdrückt, daß etwas in einen Zustand gelangt. *Plenumiĝi* bedeutet also irgendwie voll werden, sich erfüllen, geschehen. Die Bildungssilbe *-ig-* in *liberigi* bedeutet soviel wie bewirkendes, veranlassendes Tun oder Machen. *Liberigi* ist soviel wie *igi libera* (frei machen, befreien), *sanktigi* folglich *igi sankta* (heilig machen, heili*gen*), *sanktigita* (gehei*ligt*). Vergleichen Sie bitte auch *purigi* aus *pura* + *igi* (reinmachen, rei*nigen*). Das Verbum *esti* (sein) kommt hier nicht nur im Imperativ, sondern auch noch in der Form

*estas* vor. Die Endung *-as* ist die Form für die Tätigkeit in der Gegenwart, für das Präsens, in Ein- und Mehrzahl, entsprechend der Endung *-is* (z. B. *tradukis* übersetzte) für die Vergangenheit.
*Ni estas* (wir sind) und *vi estas* (du bist, ihr seid, Sie sind), *ni estis* (wir waren) und *vi estis* (du warst, ihr wart, Sie waren), *ni venas kaj vi venas, ni venis kaj vi venis, ni donas kaj vi donas, ni donis kaj vi donis, ni pardonas kaj vi pardonas, ni pardonis kaj vi pardonis, ni kondukas kaj vi kondukas, ni kondukis kaj vi kondukis, ni liberigas kaj vi liberigas, ni liberigis kaj vi liberigis,* leichter geht es nimmer!
So wie wir durch die Adjektiv-Endung *-a* aus den Grundzahlen Ordnungszahlen gewonnen haben *(unua, dua, tria, . . .),* so gewinnen wir jetzt aus den Personalpronomina Possessivpronomina: *nia* unser und *niaj* unsere, *via* dein, euer, Ihr und *viaj* deine, eure, Ihre: *nia patro* unser Vater, *via nomo* dein Name, euer Name, Ihr Name, *niaj patroj* unsere Väter, *viaj nomoj* deine Namen, eure Namen, Ihre Namen.
Picken wir uns einmal, von der Präposition *en* (in) abgesehen, aus dem Text alle Wörter heraus, die auf *-n* endigen. Das ist nämlich die Art, wie im Esperanto der Akkusativ gebildet wird: *nian panon ĉiutagan, niajn ŝuldojn, nin, en tenton* und nochmals *nin. Nin* ist der Akkusativ zu *ni* (wir) und heißt „uns". Entsprechend bilden wir *vin* (dich, euch, Sie). *Ni kondukas vin* (wir führen euch) und *vi kondukas nin* (du führst uns, ihr führt uns, Sie führen uns). *Donu nian ĉiutagan panon!* (gib - wen oder was? unser tägliches Brot! Gebt unser tägliches Brot! Geben Sie unser tägliches Brot!), *pardonu niajn ŝuldojn!* (vergib - wen oder was? - unsere Schulden! Vergebt unsere Schulden! Vergeben Sie unsere Schulden!). In dem Ausdruck *en tenton* hat der Akkusativ noch eine andere Funktion. Er zeigt die Richtung an. *Ne konduko nin en tenton!* (Führe uns nicht - wohin? - in Versuchung!). Vergleichen Sie bitte noch folgende Beispiele: *ni estas en la domo* (wir sind in dem Hause) und *ni iras en la doman* (wir gehen in das Haus), *vi kondukas nin en la stacio* (Ihr führt uns im Bahnhof) und *vi kondukas nin en la stacion* (Ihr führt uns in den Bahnhof). Streng genommen kennt das Esperanto nur den Nominativ und den durch *-n* gekennzeichneten Akkusativ. Beide aber können mit Präpositionen verbunden werden. Ist die Präposition *de* (von), so sprechen wir wohl vom Genitiv, ist sie *al* (zu, nach, an) vom Dativ, bei Prä-

positionen, die für Ort (wo?) und Richtung (wohin?) gebraucht werden können, dient das Akkusativ-*n* als das die Richtung angebende Unterscheidungszeichen. Noch ein Beispiel: *ni veturas en la trajno, la trajno veturas en la stacion*.
Jetzt verstehen wir auch klarer *donu* (wem?) *al ni, pardonu al ni* und *ni pardonas al niaj ŝuldantoj*. *En la ĉielo* (im Himmel), aber *en la ĉielon* (in den Himmel), *sur la tero* auf der Erde, auf Erden), aber *sur la teron* (auf die Erde), *en eterneco* (in Ewigkeit), aber *konduki* (wohin?) *en tenton* (in Versuchung führen), *de la malbono* (von dem Übel, aber auch: des Übels, z. B. *la ejo de la malbono* der Ort des Übels).
*Kiu* ist Relativpronomen. *La patro, kiu estas en la domo* der Vater, der im Haus ist, *la patroj, kiuj iras en la domon* die Väter, die in das Haus gehen, *la patrino, kiu donas la panon al la patro* die Mutter, die dem Vater das Brot gibt, *la patrinoj, kiuj donas la panon al la patroj* die Mütter, die den Vätern das Brot geben. *Kiel ... tiel* sind korrespondierende Partikel (wie ... so ...). *Ankaŭ* auch, *ĉiutaga* ist zusammengesetzt aus dem verallgemeinernden *ĉiu* (jeder) und dem von *tago* (Tag) abgeleiteten Adjektiv *taga* (täglich), also etwa „alltäglich", *hodiaŭ* heute, dazu *hieraŭ* gestern und *morgaŭ* morgen, *ĉar* denn, weil, *sed* sondern, aber, *eterneco* Ewigkeit aus *eterna* ewig und der Bildungssilbe *-ec-*, die für abstrakte Begriffe verwandt wird, z. B. *proksimeco* Nähe, *varmeco* Wärme, *sankteco* Heiligkeit *originaleco* Originalität, *nacieco* Nationalität, *pleneco* Fülle, *libereco* Freiheit, *boneco* Güte, *longeco* Länge, *facileco* Leichtigkeit, *malfacileco* Schwierigkeit, *vireco* Männlichkeit, *virineco* Weiblichkeit und viele andere.
Ich hoffe sehr, ich bin erschöpfend gewesen, in dem Sinne, daß ich unseren *Esperanto*-Text voll ausgeschöpft, nicht aber in dem Sinne, daß ich Sie erschöpft habe. Jetzt wäre die didaktische Frage fällig: „Haben Sie noch eine Frage?" Aber sie ist hier wenig sinnvoll, da wir einander nicht gegenwärtig sind. Auch pflegen Schüler in solchen Fällen vorsichtshalber keine Frage mehr zu stellen, weil sie eben doch ... erschöpft sind.
Mag für Handel und Verkehr bei der Abwicklung internationaler Geldgeschäfte ein allgemeiner leicht handlicher Zahlen-Kode begrüßenswerte Erleichterungen bringen, mag, auch ohne zu verfolgende Fernziele, ein begrenztes internationales Vokabular im eigensten Interesse der Bundesbahn (und selbstverständlich anderer Eisenbahngesellschaften) liegen, so ist

den christlichen Kirchen insbesondere, aber nichtchristlichen Religionsgemeinschaften wohl auch, die Erleichterung zwischenstaatlicher und mitmenschlicher Verständigung aus ihrem innersten Wesen heraus ein existentielles Anliegen, sollte es zum mindesten sein. Man muß sich wundern, daß sie sich des *Esperanto* nicht schon längst ausgiebiger als bisher bedient haben. Das mag aus Unkenntnis, Mutlosigkeit oder Skepsis geschehen sein, denn schließlich sind ja auch Kirchen menschliche, mit allen menschlichen Schwächen behaftete Institutionen. Ansätze zum Gebrauch des *Esperanto* gibt es auch bei ihnen, genau wie anderswo, und nicht zuletzt ist die Herausgabe der Bibel mit der Übersetzung des Alten Testamentes von Zamenhof eine wahre Großtat auf diesem Gebiet.

Offenbar sind aber auch hier, wie anderswo, die Methoden der Propagierung unzulänglich geblieben. Und was speziell die Esperanto-Bibel betrifft, so dürfte ihr Heranbringen an die weit über die ganze Welt verstreuten Esperantisten mit erheblichen Schwierigkeiten verbunden sein, und die Tatsache ihrer Existenz garantiert noch nicht ihre Benutzung, denn gerade die Bibel gibt es in allen Sprachen oder doch fast allen Sprachen der Welt. Die *Esperanto*-Bibel ist eine Angelegenheit für *Esperanto*-Amateure. Ich möchte keinen der Wege, die das *Esperanto* bisher gegangen ist, verschütten. Man soll sie weitergehen, wo immer man sie beschritten hat.

Aber daneben müßte noch etwas anderes geschehen. Noch Ende des vorigen Jahrhunderts gab es Stimmen, die das *Esperanto* ablehnten, weil es ja die gottgewollte babylonische Sprachverwirrung aufheben würde. Ich glaube, auch nicht der orthodoxeste Theologe würde heute auf eine solche Argumentation verfallen. Man kann wohl voraussetzen, daß heute die Kirchen eher ein neues Pfingstwunder begrüßen würden, das nicht zuletzt auch ihren eigenen ökumenischen und missionarischen Bestrebungen zugute käme. Geistliche sind gebildete Leute, sie haben hebräische, griechische, lateinische und vielleicht auch aramäische Sprachkenntnisse, haben neben ihrer Muttersprache auch noch die eine oder andere moderne Sprache auf der Schule gelernt. Sie würden ohne Zweifel ohne große Mühe auch noch *Esperanto* lernen können. Aber das wäre, da ja die andern es nicht tun, eine gar zu große Zumutung an ihren Idealismus, und da der große, der entscheidende Schritt Gefahr läuft, nicht getan zu werden, ist es besser, den hinsichtlich des Fernzieles manifest unzureichenden kleinen Schritt zu tun, als sich überhaupt nicht in Bewegung zu setzen. Außerdem, selbst wenn alle Geistlichen *Esperanto* beherrschten wie ihr Griechisch oder Latein, es bliebe eine höchst elitäre Angelegenheit. *Esperanto* muß, biblisch gesprochen, eine Angelegenheit der Herde werden und darf nicht allein dem Hirten vorbehalten bleiben. Wenn der Kirche daran liegt, daß die Sprachgrenzen fallen, so sollte sie darum b e t e n und, indem sie das tut, Gott helfen, ihre Gebete zu erhören. Wie würde die Gemeinde plötzlich aufhorchen, wenn sie aus dem Munde ihres Geistlichen etwa in folgender Weise angesprochen würde: „Liebe Gemeinde, ich spreche jetzt im Gedenken an die Christen in aller Welt in der übernationalen Sprache *Esperanto,* die auf ihre Benutzung wartet, um die schmerzlich trennenden Sprachgrenzen zu überwinden, das Vaterunser und bitte euch, zu versuchen, ihm in unserer Muttersprache in Gedanken zu folgen." Und das Sonntag für Sonntag, in jedem Gottesdienst an jedem Ort. Das Ganze dauert kaum eine Minute und würde, beharrlich fortgesetzt, bald bewirken, daß den Christen das *Esperanto*-Vaterunser genau so geläufig würde wie das ihrer Muttersprache. Damit wäre um die Christen in aller Welt ein Band geschlungen, das mehr als manches andere geeignet ist, sie einander näher zu bringen, und zugleich hätten sie mit dem *patro-nia* einen Schritt ins *Esperanto* getan, der weit über die Begrenztheit des Textes hinausgeht, da eine jede seiner grammatischen Erscheinungen ausnahmslos für die gesamte *Esperanto*-Sprache Gültigkeit hat.

Ganz verfehlt wäre es meines Erachtens, wollte man eine solche Neuerung ökumenisch aushandeln, etwa nach dem Prinzip, tut ihr es, tun wir es auch. Zu ökumenischen Gesprächen über *Esperanto* wird es dann ohnehin eines Tages kommen. Das Nächstliegende ist aber die unmittelbare Praxis, so bescheiden ihre Anfänge auch sein mögen. Ich weiß nicht, ob es die Kompetenzen des einzelnen Geistlichen überschreitet, wenn er selbständig nach der obigen Empfehlung verfährt. Ich finde, er sollte es tun, ohne seine ihm vorgesetzten Amtsbrüder zu befragen. Mit der steigenden Hierarchie steigt die Bedenklichkeit. Das ist nur verständlich. Aber andererseits sollten die Oberen es hinnehmen, froh darüber, daß ihnen hier eine Entscheidung abgenommen wird. Sollten sie es aber begrüßen, so sollten sie nicht zögern, die wahrgenommene Initiative zu ermuntern. Sie würden damit etwas tun, das geeignet ist, der Kirche viele Freunde zu gewinnen, da solches Tun einem der dringlichsten Bedürfnisse unserer Zeit entgegenkommt. Die letzte Entscheidung aber liegt, so dünkt mir, für einen guten Christen, für den der Mann aus Nazareth noch etwas bedeutet, bei eben diesem Jesus aus Nazareth. Könnten sie ihn befragen (aber sie können es ja, sollen es sogar!), was er davon halte, würde er ihnen wohl antworten: „Laßt mich mit dem Kram zufrieden, mein Reich ist nicht von dieser Welt!" oder würde er etwa sagen: „Habe ich euch nicht gesagt, liebe Brüder, ihr sollet euch untereinander lieben? Gehet hin und verständiget euch!"?

In einer Biographie Zamenhofs („The Life of Zamenhof" by Edmond Privat, London 1931) finde ich eine Äußerung Tolstois, die ich hier in der mir vorliegenden englischen Übersetzung wiedergebe. Eine russische Verlagsanstalt hatte Tolstoi nach seiner Meinung über *Esperanto* befragt. Dies war seine Antwort: „Six years ago I received an Esperanto grammar, vocabulary, and articles written in the language. After not more than two hours' study I was able, if not to write the language, at any rate to read it freely. ... I have often noted how men are brought into unfriendly relations merely through material hindrance to mutual comprehension. The learning and spread of Esperanto is therefore undoubtedly a Christian movement, helping to create the Kingdom of God, which ist the chief and only aim of human life."

Und Papst Pius XII. meinte: „*Esperanto* wird als Weltsprache, wie jahrhundertelang das Lateinische, ein Instrument der Versöhnung und der Einigkeit unter den Völkern sein."

Fünftes Kapitel / *Kvina ĉapitro*

# Es war einmal... / *Estis iam...*

Es war einmal ein kleiner Judenjunge, dem kam schon in seiner frühesten Kindheit der Gedanke, wie schön es wäre, wenn alle Menschen doch ein und dieselbe Sprache sprächen. Mit diesem Gedanken lebte er, und wo er war, da war auch dieser Gedanke, denn der verließ ihn niemals. Mit unbeirrbarer Zielstrebigkeit, ja Besessenheit, beschäftigte sich der kleine Junge, auch noch als er längst schon kein kleiner Junge mehr war, mit seinem Gedanken, und allen Schwierigkeiten und Bitternissen zum Trotz gab er ihn nicht mehr auf, wie schon so viele andere vor ihm getan hatten, die dieser Gedanke auch bewegt hatte.
Er wurde 1859 in Bialystok in Polen geboren. In dieser Stadt seiner Kindheit empfing er die Zielsetzung seines künftigen Lebens. Hier lebten Russen, Polen, Deutsche und Juden. Eine jede dieser Bevölkerungsgruppen sprach ihre eigene Sprache und begegnete den anderen mit Mißtrauen. Der sensible Junge empfand schmerzlich diese Verschiedensprachlichkeit und überzeugte sich mehr und mehr, daß sie, wenn nicht der einzige, so doch der Hauptgrund aller Trennungen und Feindseligkeiten war. Seine Erzieher nährten seinen Idealismus und lehrten ihn, daß alle Menschen Brüder seien. Auf dem Markt und auf der Straße aber gab es offenbar keine Menschen, sondern nur Russen, Polen, Deutsche und Juden. Das quälte seine kindliche Seele und er gelobte sich, da es ihm schien, die Erwachsenen verfügten über einen allmächtigen Zauber, er wolle, wenn er erst erwachsen wäre, dieses Übel unbedingt beseitigen.
Mit den Jahren überzeugte er sich allerdings davon, daß dies nicht so leicht sein würde, wie er es sich als Kind vorgestellt hatte. Eine kindliche Utopie nach der anderen verwarf er, aber der Traum von der einen Sprache aller Menschen ließ ihn nicht mehr los. Unklar war dieser Traum und nahm lange keine bestimmten Formen an. Irgendwann, schwer zu sagen, wann, aber erstaunlich früh jedenfalls, wurde dem Jungen bewußt, daß die erträumte Sprache eine ganz neutrale, keiner lebenden Nation angehörige Sprache sein müsse. Als er aus der Bialystoker Realschule aufs Warschauer Gymnasium kam, faszinierten ihn die alten Sprachen, und er stellte sich vor, wie er die ganze

Welt durchreisen und durch flammende Reden die Menschen aufrufen würde, eine der alten Sprachen zu neuem Leben und allgemeinen Gebrauch zu erwecken. Später, als er diese Phantasie erschöpft hatte, kam ihm die Überzeugung, daß das unmöglich sei, und da begann er, unklar zunächst, von einer neuen künstlichen Sprache zu träumen. Bald begann er diesen, bald jenen Versuch und dachte sich formenreiche künstliche Deklinationen und Konjugationen aus. Aber eine menschliche Sprache mit ihrer schier endlosen Fülle grammatischer Formen, ihren vieltausend Wörtern, von denen die dicken Wörterbücher Zeugnis ablegten, schien ihm ein so unheimlich komplexes Gebilde, daß er sich wiederholt sagte: „Weg damit! das geht über die menschlichen Kräfte." Sein Traum aber ließ ihn nicht los. Immer wieder kehrte er zu ihm zurück.
Deutsch und Französisch hatte er schon als Kind gelernt, als er noch nicht vergleichen und Folgerungen ziehen konnte. Als er aber in der fünften Klasse des Gymnasiums anfing, Englisch zu lernen, da verblüffte ihn die Einfachheit der englischen Grammatik. Durch den schroffen Übergang von der Grammatik des Griechischen und Lateinischen wurde ihm diese Einfachheit mehr noch, als sie es ohnehin schon getan hätte, eindrucksvoll bewußt. Der verwirrende Reichtum an grammatischen Formen war also keine sprachliche Notwendigkeit, sondern nur ein ungeregeltes historisches Entwicklungsergebnis. Und da begann er, alle unnötigen Formen auszumerzen, und siehe da! die Grammatik schmolz unter seinen Händen zusammen, und er gelangte zu einer Art Mini-Grammatik, die, ohne die Sprache zu beeinträchtigen, nur wenige Seiten umfaßte. Da begann er, ganz ernsthaft an der Verwirklichung seines Traumes zu arbeiten. Die riesigen Wörterbücher aber beunruhigten ihn nach wie vor.
Einmal, er ging mittlerweile schon in die siebente Klasse des Gymnasiums, da lenkten die Inschrift „Švejcarskaja" (Pförtnerloge) und kurz darauf das Ladenschild „Konditorskaja" (Konditorei) seine Aufmerksamkeit auf sich. An diesem „-skaja" erkannte er die Möglichkeit, mit Nachsilben aus einem Wort weitere Wörter zu bilden, die man nicht besonders zu erlernen brauchte. Dieser Gedanke ergriff mit Macht Besitz von ihm, und er fühlte wieder Boden unter den Füßen. Ein Lichtstrahl fiel auf die dicken Wortwälzer, und sie begannen, vor seinem inneren Auge zusammenzuschrumpfen.

Jetzt, so sagte er sich, ist das Problem gelöst. Diese Idee mit den Nachsilben griff er auf und trieb die Arbeit in diese Richtung voran. Er verstand, welche ungeheure Bedeutung für eine bewußt geschaffene Sprache die konsequente Anwendung dieses Prinzips, das sich in den natürlichen Sprachen nur teilweise, blind, unregelmäßig und unvollständig auswirkt, haben mußte. Da ging das Wortvergleichen, das Suchen nach festen, bestimmten Beziehungen los, und Tag für Tag flogen ganze Reihen entbehrlicher Wörter aus dem Wörterbuch heraus und sahen sich durch Anwendung einer Nachsilbe mit feststehender Bedeutung ersetzt. Dabei wurde ihm klar, daß sogar eine große Menge von Grundbegriffen (z. B. Mutter = patrino aus patro und -ino, Messer = tranĉilo aus tranĉi, schneiden, und -ilo, Mittel, Werkzeug) leicht in abgeleitete Wörter verwandelt werden und aus dem Wörterbuch verschwinden konnte. Die Sprachmechanik war ihm durchsichtig geworden, und er fing nun an, voller Hingabe und Hoffnung, geregelt zu arbeiten. Bald lagen, schriftlich fixiert, Grammatik und ein kleines Vokabular vor ihm.

Hier bietet sich eine Randbemerkung über das Material des Vokabulars an. Sehr viel früher, als er dabei war, allen Ballast in der Grammatik aufzuspüren und aus ihr zu entfernen, wollte er dieses Ökonomie-Prinzip auch auf die Wörter anwenden, einzig darauf bedacht, daß sie möglichst kurz, nicht mit unnötigen Buchstaben belastet seien. Er sagte sich, das aus elf Buchstaben gebildete „(sich) unter*halten*" könnte doch sehr gut durch ein z. B. nur aus zwei Buchstaben bestehendes „ha" ausgedrückt werden. So schrieb er sich höchst einfältig nach mathematischem Vorbild die Reihen kurzer und leicht aussprechbarer Silben auf und gab einer jeden die Bedeutung eines bestimmten Begriffes (z. B. a, ab, ac, ad, ... ba, ca, da, ... e, eb, ec, ... ce, ... aba, aca, ... usw.). Schnellstens gab er solche Versuche wieder auf, denn die Erprobung, die er für sich anstellte, zeigte ihm, daß solche ausgedachten Wörter schwer erlernbar und noch schwerer zu behalten seien. Immer mehr kam er zu der Überzeugung, daß das zu verwendende Wortmaterial romanisch-germanisch sein müsse und nur soweit verändert werden dürfe, als es die Regelmäßigkeit und andere gewichtige sprachliche Bedingungen erforderten. Als er dieses Terrain erst einmal betreten hatte, entdeckte er sehr bald, daß die modernen Sprachen einen großen Vorrat längst internatio-

nal eingeführter Wörter bereit hielten, die fast allen Völkern bekannt waren und einen wahren Schatz für eine künftige internationale Sprache darstellten. Und diesen machte er sich verständlicherweise zunutze.
Im Jahre 1878 war die Sprache schon mehr oder weniger fertig, obgleich es zwischen der damaligen „lingwe uniwersala" und dem heutigen Esperanto noch beträchtliche Unterschiede gab. Er machte seine Mitschüler (damals besuchte er die achte Klasse des Gymnasiums) mit ihr bekannt. Die meisten fanden wegen der ungewöhnlichen, verblüffenden Leichtigkeit dieser Sprache Interesse an ihr und fingen an, sie zu lernen. Am 17. Dezember 1878 hoben sie sie gemeinsam feierlich aus der Taufe. Während dieses Festes gab es Reden in der neuen Sprache und begeistert sangen sie die Hymne, deren Anfang hier mitgeteilt sei:

Malamikete de las nacjes
Kadó, kadó, jam temp' está!
La tot' homoze in familje
Konunigare so debá.

Das heißt etwa: Die Feindschaft zwischen den Nationen muß fallen, sie muß fallen, es wird Zeit! Die ganze Menschheit muß sich zu einer einzigen Familie vereinigen. - Auf dem Tisch lagen neben der Grammatik und dem Vokabular einige Übersetzungen in der neuen Sprache.
Damit fand der erste Zeitabschnitt der neuen Sprache seinen Abschluß. Zamenhof - denn um keinen anderen handelt es sich, Sie haben es längst erraten - war damals noch zu jung, um mit seiner Arbeit an die Öffentlichkeit zu treten. Er beschloß bei sich, noch fünf bis sechs Jahre zu warten und inzwischen die Sprache sorgfältig zu erproben und zu verbessern. Ein halbes Jahr nach der Feier vom 17. Dezember war die Gymnasialzeit beendet, und die jungen Leute gingen auseinander. Die künftigen Apostel der neuen Sprache versuchten hier und da, über sie zu sprechen. Damit setzten sie sich aber dem Spott reiferer Männer aus und beeilten sich, die Sprache zu verleugnen. Zamenhof blieb allein. Da er nur Spott und Verfolgung erwarten konnte, beschloß er, seine Arbeit vor jedermann geheim zu halten. Während seiner fünfeinhalbjährigen Universitätszeit sprach er niemals mit irgend jemandem über das, was ihn be-

wegte. Es war eine schwere Zeit für ihn. Die Heimlichkeit quälte ihn. Da er genötigt war, seine Pläne und Gedanken sorgfältig zu verbergen, beteiligte er sich an nichts, und die Studentenjahre, damals die schönste Zeit des Lebens, gingen trübe dahin. Als er einmal versuchte, sich in geselliger Umgebung zu zerstreuen, fühlte er sich wie ein Fremder und schlich wieder davon. Von Zeit zu Zeit erleichterte er sein Herz durch ein paar Verse in der von ihm eingerichteten Sprache.

Eines dieser Gedichte *(Mia Penso* Mein Gedanke) veröffentlichte er später in der ersten von ihm herausgegebenen Broschüre. Für die Leser aber, die nicht wußten, unter welchen Umständen es entstanden war, blieb es begreiflicherweise seltsam und unverständlich.

Sechs Jahre lang erprobte und vervollkommnete er unaufhörlich seine Sprache. Das war eine keineswegs geringe Mühe, obgleich er sie 1878 schon als abgeschlossen angesehen hatte. Er fertigte eine Übersetzung nach der anderen, schrieb auch originale Werke in ihr und erkannte an umfangreichen Erprobungen, daß das, was in der Theorie zweckmäßig und richtig schien, sich im praktischen Gebrauch durchaus nicht immer bewährte. Immer wieder mußte etwas beschnitten, durch anderes ersetzt, verbessert oder von Grund auf umgeändert werden. Wörter und Formen, Grundsätze und Forderungen stießen und störten einander, während sie in der Theorie oder bei kürzeren Erprobungen ganz brauchbar schienen.

Manche Dinge wären ihm ohne die unaufhörlichen praktischen Anwendungen seiner Ergebnisse rein von der Theorie her niemals eingefallen. Einige Formen, die ihm zunächst als Bereicherung vorkamen, erwiesen sich in der Praxis als unnötiger Ballast. So mußte er z. B. einige überflüssige Nachsilben wieder ausmerzen. 1878 hatte er noch geglaubt, es genüge, wenn die Sprache über Grammatik und Vokabular verfüge. Die Schwerfälligkeit und Plumpheit, die der neuen Sprache zunächst eigen war, schrieb er nur dem Umstand zu, daß er sie noch nicht gut genug beherrschte. Die Praxis aber überzeugte ihn, daß die Sprache noch ein gewisses Etwas, eine innere Form, eine einheitliche Struktur benötige, die ihr erst Leben und einen bestimmten ausgeprägten Geist geben würden.

(Die Unkenntnis des *Esperanto*-Sprachgeistes ist der Grund, warum manche Esperantisten, die die Sprache nur wenig gelesen haben, zwar fehlerfrei, aber einen schwerfälligen, unangenehmen Stil schreiben. Erfahrenere Esperantisten dagegen schreiben einen guten und gleichmäßigen Stil, gleichviel welcher Nation sie angehören. Der Geist der Sprache wird sich zweifellos, wenn auch nur allmählich und kaum wahrnehmbar, mit der Zeit stark wandeln. Wenn aber die ersten Esperantisten, Menschen aus den verschiedensten Nationen, in der Sprache nicht auf einen ganz bestimmten grundlegenden Geist treffen würden, würde jeder nach seiner Seite zu zerren anfangen, und die Sprache würde dauernd, oder wenigstens auf lange Sicht, eine leblose und ungeschickte Ansammlung von Wörtern bleiben.) – Da begann Zamenhof wörtliche Übersetzungen aus dieser oder jener Sprache zu vermeiden und bemühte sich, unmittelbar in der neutralen Sprache zu denken. Später bemerkte er, daß die Sprache unter seiner Feder schon aufgehört hatte, ein farbloser Abklatsch dieser oder jener Sprache zu sein, mit der er gerade zu tun hatte, sondern anfing, ihren eigenen Geist, ihr eigenes Leben, ihre eigene bestimmt und klar ausgeprägte Physiognomie zu entwickeln, bereits befreit von unerwünschten Einflüssen. Der sprachliche Fluß ergoß sich wie von selbst, biegsam, anmutig und völlig ungezwungen, wie die lebendige Muttersprache.

Noch einen Umstand gab es, der ein öffentliches Hervortreten mit seiner Sprache lange hinauszögerte. Es blieb ein Problem, das für eine neutrale Sprache bedeutsam war, ungelöst. Er wußte es, jeder würde ihm sagen: „Ihre Sprache ist mir nur dann nützlich, wenn die ganze Welt sie annimmt." Weil aber „die Welt" nicht möglich ist ohne vorherige einzelne, konnte die neutrale Sprache keine Zukunft haben, ehe sich ihre Nützlichkeit für jede einzelne Person nicht unabhängig davon ergäbe, ob die Sprache von der Welt schon akzeptiert sei oder nicht. Über dies Problem dachte er lange nach und arrangierte schließlich seine Sprache, Wörterbuch und Grammatik, in Form eines Lösungsschlüssels, der einem auf Esperanto geschriebenen Brief beigefügt werden konnte, um dem Empfänger die Möglichkeit zu geben, den Brief zu entziffern. Mit einer solchen philologischen Entzifferungsaufgabe waren aber die meisten Briefempfänger überfordert. Das wenigstens lassen die Erfahrungen, die man damit machte, vermuten.

Zamenhof schloß die Universität ab und begann seine ärztliche Praxis. Nun wollte er endlich mit seiner Arbeit an die Öffentlichkeit treten. Er bereitete das Manuskript für seine erste Broschüre vor *(D-ro Esperanto / Lingvo Internacia / Antaŭparolo kaj plena lernolibro)* und machte sich auf die Suche nach einem Verleger. Da aber stieß er zum ersten Male auf die bittere Praxis des Daseins, auf die finanzielle Frage, mit der er sich auch später immer wieder herumschlagen mußte. Zwei Jahre lang suchte er vergeblich. Als er endlich einen Verleger gefunden hatte, ließ der ein halbes Jahr für die Vorbereitung der Drucklegung verstreichen und lehnte dann doch ab. Schließlich, nach langen Bemühungen, gelang es ihm, im Juli 1887 seine Broschüre selbst herauszugeben. Eine große Erregung hatte sich seiner bemächtigt, und er fühlte, daß er im Begriff war, den Rubikon zu überschreiten, und daß von dem Tag ab, da seine Broschüre erscheinen würde, es keine Möglichkeit zum Rückzug mehr gab. Er wußte, welches Schicksal einen Arzt erwartete, wenn die Patientenschaft, von der er abhängt, in ihm einen Phantasten sieht, einen Menschen, der sich mit abwegigen Dingen befaßt. Er fühlte, daß er seine künftige Ruhe und die Existenz seiner Familie aufs Spiel setzte. Aber er konnte die Idee, die ihm in Fleisch und Blut übergegangen war, nicht mehr im Stiche lassen. Und er überschritt den Rubikon. –

Mit diesem Bericht über die Herkunft des *Esperanto* habe ich mich ziemlich genau an einen Brief gehalten, den Zamenhof einst in russischer Sprache geschrieben hatte und dessen Esperanto-Übersetzung zuerst 1896 veröffentlicht wurde. Weder weiß ich, ob dieser Brief jemals ins Deutsche übersetzt worden ist, noch habe ich russische Sprachkenntnisse, und somit ist allein die Tatsache, daß ich Ihnen dies alles erzählen kann, ein Musterfall für die Brauchbarkeit des *Esperanto*.

Es sind vierzig Jahre ins Land gegangen, seit ich den Zamenhof-Brief zum erstenmal las, und wieder, wie damals, bin ich auch jetzt bei erneuerter Lektüre gerührt über das Leben dieses jungen Menschen, der schon als Kind von einer Idee so ganz ergriffen war, sie neben allen Anforderungen, die Schule und Universität an ihn stellen, beharrlich etwa zwanzig Jahre hindurch verfolgt, mit nie erlahmendem Fleiß in entsagungsvoller Kleinarbeit an seiner Sprache bastelt und dann schließlich etwas auf die Beine stellt, das allen anderen Versuchen dieser Art den Rang abläuft und sich in der Praxis in vorher kaum für möglich gehaltener Weise bewährt. Und zwar ist seine Leistung doppelter Art, er hat, wie das Maultier, das im Nebel seinen Weg sucht, in immer erneuten, tastenden Versuchen, zum einen die Prinzipien entdeckt, nach denen eine internationale Sprache überhaupt eingerichtet sein muß, und zum andern auch gleich ein Modell geschaffen, das allen Anforderungen der Praxis genügt und alle Verbesserungsversuche durch seine Lebensfähigkeit und Lebenszähigkeit widerlegt und überdauert hat.

Man kann sogar – wir haben erfahren, daß Zamenhof es tat – auf *Esperanto* auch dichten. Ich erwähnte sein Gedicht *Mia Penso*. Es ist, um es hier abzudrucken und zu analysieren, etwas zu lang. Ich führe statt dessen ein anderes, kleineres Gedicht von Zamenhof an, in dem sich die kaum mehr zu bändigende Erregung des Mannes offenbart, der nach unsäglichen Mühen im Begriff steht, den entscheidenden Schritt zu tun, der ihn ans Ziel bringen soll.

*HO MIA KOR'*

*Ho, mia kor', ne batu maltrankvile,*
*El mia brusto nun ne saltu for!*
*Jam teni min ne povas mi facile,*
*Ho, mia kor'!*

*Ho, mia kor'! Post longa laborado*
*Ĉu mi ne venkos en decida hor'!*
*Sufiĉe! trankviliĝu de l' batado,*
*Ho, mia kor'!*

Gehen wir in schon gewohnter Weise den einzelnen sprachlichen Erscheinungen nach! *Kor'* ist ein apostrophiertes *koro* (Herz). Das Substantiv-Zeichen *-o* und auch das *-a* des Artikels dürfen durch einen Apostroph ersetzt werden. Das ist ein großartiger Trick für poetische Zwecke. Er ermöglicht das Einsparen überzähliger Silben und die Schaffung genügend männlicher, d. h. auf der letzten, nicht wie sonst im *Esperanto* auf der vorletzten Silbe zu betonender Reimwörter. Die andern Beispiele sind *hor'* für *horo* (Stunde) und *de l'* für *de la*.

*Mi* heißt „ich", der Akkusativ dazu *min* mich und das entsprechende Possessivum *mia, mia koro* mein Herz. Wir erkennen auch bereits an dem *-u* die Imperative der drei Verben *bati* schlagen, *salti* springen und *trankviliĝi* sich beruhigen, aus *trankvila,* ruhig, und der Nachsilbe *-iĝ,* in einen Zustand gelangen, *iĝi trankvila,* ruhig werden. Die andern Verben sind *teni* halten, *povi* können und *venki* siegen. Von Verben abgeleitete

Substantiva sind *laborado* und *batado*. Die Nachsilbe *-ad* bedeutet soviel wie Dauer. *Longa laborado* ist also etwa ein langes, anhaltendes Arbeiten (die pleonastische Ausdrucksweise bezeugt hier die Intensität), *batado* ein anhaltendes Schlagen, Pochen, Pulsieren. *Mi povas* (ich kann) mit der Präsens-Endung *-as, mi venkos* (ich werde siegen) mit der Futur-Endung *-os*. Bilden wir von beiden Verben auch schnell die Vergangenheit: *mi povis* ich konnte und *mi venkis* ich siegte! Ganz neu ist uns die Endung *-e,* die den von Adjektiven abgeleiteten Adverbien vorbehalten ist: *trankvila* ruhig, *maltrankvila* unruhig, *maltrankvile* unruhig, in unruhiger Weise, *la koro batas maltrankvile* das Herz schläg unruhig, *facile* leicht, in leichter Weise, *sufiĉe* genug, *la laborado estas longa, mi laboras longe, mallonga* kurz, *decido* Entscheidung, *decida horo* Stunde der Entscheidung, *decide* in entschiedener Weise, entschieden, *mi decidis* ich entschied, *mi decidas* ich entscheide, *mi decidos* ich werde entscheiden. Erinnern wir uns der *posta bilet-aĉetado* Nachlösung! *post* (nach) ist Präposition, *posta* Adjektiv, *poste* (später, nachher) Adverb. *Ho!* (oh!) ist ein Ausrufewort, *nun* (nun, jetzt) hat dieselbe Bedeutung wie im Deutschen, *for* fort, weg, *jam* schon, *jam ne* nicht mehr. An die Verhältniswörter *el* (aus) und *en* (in) erinnern wir uns hoffentlich noch.

Nun bleibt uns nur noch das kleine Wörtchen *ĉu* (gesprochen wie tschu) nach. Sie können es mit „ob" übersetzen, ebenso richtig aber ist es, wenn Sie es einfach als Ankündigung einer Frage betrachten in solchen Fragesätzen, die kein eigenes Fragewort haben, den Entscheidungsfragen also. *Ĉu* ist gewissermaßen ein vorgestelltes, hörbares Fragezeichen, ein akustisches Signal mit der Bedeutung: „Achtung! jetzt kommt eine Frage." Es spielt dieselbe Rolle wie im Französischen die Frageeröffnung „est-ce que?". *Ĉu mi venkos?* (werde ich siegen?) ist die Frage zu der Aussage *mi venkos* (ich werde siegen).

Ich verzichte absichtlich darauf, Ihnen eine vollständige Übersetzung des kleinen Gedichtes vorzulegen. Lesen Sie es sich selbst ein paarmal laut vor, ja, lernen Sie es auswendig! Es enthält nicht nur allerlei beispielgebendes Esperanto-Gut, es ist auch ein kleines sprachliches Kunstwerk, dessen ungekünstelte Schlichtheit unmittelbar zum Herzen spricht und dem die überquellende Seele des Dichters den Odem des Göttlichen mitteilte. Über diesem Gedicht vergißt man, daß Esperanto ein sprachliches Kunstprodukt ist.

Sechstes Kapitel / *Sesa ĉapitro*

# Rast und Rückblick / *Ripozo kaj resumo*

Wir haben uns schon ganz hübsch umgesehen im Bereich des Esperanto. Da ist es gut, wenn wir uns einmal etwas systematischer, etwas geordneter das Erreichte vergegenwärtigen.

Wenn wir im Deutschen von einzelnen Buchstaben sprechen, dann behandeln wir sie als Substantive, wir sagen z. B. der Punkt auf dem I, das A und O. Kein Wunder also, daß uns im Esperanto die Buchstaben, wenn sie genannt werden, mit der Endung *-o* begegnen. Hier folgt das vollständige, aus 28 Buchstaben bestehende Alphabet *(la alfabeto* oder *la aboco):*

*A, bo, co* (Aussprache wie in Zoologe), *ĉo* (Aussprache: tscho), *do, e, fo, go, ĝo* (Aussprache: djo mit dem Anlaut wie im englischen gentleman), *ho, ĥo* (wie in Ochotskisches Meer), *i, jo, ĵo* (wie in Joliot-Curie mit dem Anlaut von Genie), *ko, lo, mo, no, o, po, ro, so* (wie in Tasso, Esso), *ŝo* (wie in Schokolade), *to, u, ŭo* (wie in quoll), *vo* (wie in Volumen, Wolga), *zo* (wie das deutsche so).

Es gibt keinen unbestimmten Artikel. Der bestimmte Artikel ist einheitlich für alle Geschlechter, Fälle und Einzahl und Mehrzahl *la.*

Das Substantiv hat die Endung *-o*. Um die Mehrzahl zu bilden, fügt man die Endung *-j* an. Es gibt nur zwei Fälle: Nominativ und Akkusativ. Den letzteren erhält man durch Anhängen eines *-n* an den Nominativ. Die übrigen Fälle werden mit Hilfe von Präpositionen ausgedrückt. (Der Genitiv durch *de,* der Dativ durch *al,* andere Präpositionen je nach dem Sinn.)

Das Adjektiv endet auf *-a*. Fälle und Mehrzahl werden wie beim Substantiv gebildet.

Die Grundzahlen sind: *unu, du, tri, kvar, kvin, ses, sep, ok, naŭ, dek, cent, mil.* Die Zehner und Hunderter werden durch einfache Verbindungen der Grundzahlen gebildet.

Um die Ordnungszahlen zu bezeichnen, wird die Endung *-a* angehängt. Außerdem können substantivische Zahlwörter gebraucht werden.

Persönliche Fürwörter sind z. B. *mi, ni, vi.* Die besitzanzeigenden Fürwörter werden durch Anhängen der Adjektiv-Endung gebildet. Die Deklination ist wie bei den Substantiven.

Das Verb wird nicht nach Personen oder Zahl verändert. Verb-

formen: Die Gegenwart erhält die Endung *-as*, die Vergangenheit *-is*, die Zukunft *-os*, die Befehlsform *-u*, der Infinitiv *-i*, Partizipien im Aktiv: der Gegenwart *-ant*, der Vergangenheit *-int*, der Zukunft *-ont*, im Passiv: der Gegenwart *-at*, der Vergangenheit *-it*, der Zukunft *-ot*. Das Verhältniswort beim Passiv ist *de*.
Die Adverbien endigen auf *-e*.
An sich erfordern alle Präpositionen den Nominativ.
Jedes Wort wird gelesen, wie es geschrieben steht.
Der Akzent liegt immer auf der vorletzten Silbe.
Zusammengesetzte Wörter werden durch einfache Verbindung der Wörter gebildet (das Grundwort steht am Ende). Die grammatischen Endungen werden auch als selbständige Wörter angesehen.
Um eine Richtung anzuzeigen, erhalten die Wörter die Akkusativ-Endung.
Jedes Verhältniswort hat einen bestimmten und gleichbleibenden Sinn.
Die sogenannten Fremdwörter, das sind diejenigen, die die meisten Sprachen aus derselben Quelle schöpften, können ins Esperanto übernommen werden. Sie erhalten nur dessen Schreibweise.
Der Endvokal des Hauptwortes und des Artikels kann ausfallen und durch Apostroph ersetzt werden. –
Weil Sie es von andern Sprachstudien her vielleicht so gewöhnt sind, lasse ich hier zwei Paradigmen folgen. Nötig sind sie eigentlich nicht.

*Paradigma der Substantivformen:*

|   |   |
|---|---|
| *la stacio* | der Bahnhof |
| *de la stacio* | des Bahnhofs |
| *al la stacio* | dem Bahnhof |
| *la stacion* | den Bahnhof |

|   |   |
|---|---|
| *la stacioj* | die Bahnhöfe |
| *de la stacioj* | der Bahnhöfe |
| *al la stacioj* | den Bahnhöfen |
| *la staciojn* | die Bahnhöfe |

| *en la stacio* | (wo?) | im Bahnhof |
|---|---|---|
| *en la stacion* | (wohin?) | in den Bahnhof |

*Paradigma der bisher besprochenen Verbformen:*

*trinki* trinken
*trinku* trink! trinkt! trinken Sie!

| | | | |
|---|---|---|---|
| *trinkintá* | trinkend | *trinkita* | getrunken |
| *trinkanta* | trinkend | *trinkata* | getrunken |
| *trinkonta* | trinkend | *trinkota* | getrunken |

*mi trinkis* ich trank
*vi trinkis* du trankst
*ni trinkis* wir tranken
*vi trinkis* ihr trankt, Sie tranken

*mi trinkas* ich trinke
*vi trinkas* du trinkst
*ni trinkas* wir trinken
*vi trinkas* ihr trinkt, Sie trinken

*mi trinkos* ich werde trinken
*vi trinkos* du wirst trinken
*ni trinkos* wir werden trinken
*vi trinkos* ihr werdet trinken, Sie werden trinken

Zum Abschluß dieses Überblicks gebe ich Ihnen in alphabetischer Folge die Bausteine (die Wurzelwörter) der bisher behandelten *Esperanto*-Ausdrücke:

| | |
|---|---|
| *aboco* | Abece |
| *aĉeti* | kaufen |
| *ad* | (diese Nachsilbe bedeutet, daß eine Tätigkeit andauert, sich häufig wiederholt oder gewohnheitsmäßig verläuft) |
| *aĵo* | Ding, Sache (als Nachsilbe verdinglicht *-aĵ* die Vorstellung des Wurzelwortes) |
| *akvo* | Wasser |
| *al* | zu, nach, an |
| *alfabeto* | Alphabet |
| *alia* | anderer |
| *ami* | lieben |
| *ankaŭ* | auch |
| *antaŭ* | vor |
| *aro* | Menge (Einheit, Synthese gleichartiger Dinge) |

| | |
|---|---|
| *atendi* | warten |
| *aŭtomato* | Automat |
| *banko* | Bank (Geldinstitut) |
| *bati* | schlagen |
| *benko* | Sitzbank |
| *biblio* | Bibel |
| *bileto* | Fahrkarte |
| *bona* | gut |
| *brita* | britisch |
| *brusto* | Brust |
| *buso* | Omnibus |
| *cent* | hundert |
| *centrala* | zentral |
| *ĉambro* | Zimmer |
| *ĉapitro* | Kapitel |
| *ĉar* | denn, weil |
| *ĉefo* | Chef |
| *Ĉeĥoslovakio* | Tschechoslowakei |
| *ĉielo* | Himmel |
| *ĉiu* | jeder |
| *ĉu* | ob (leitet die ohne Fragewort gebildeten, sogenannten Entscheidungsfragen ein) |
| *de* | von |
| *decidi* | entscheiden |
| *dek* | zehn |
| *deponi* | niederlegen, zur Aufbewahrung geben |
| *direkti* | richten, lenken |
| *doktoro* | Doktor |
| *domo* | Haus |
| *doni* | geben |
| *D-ro* | Dr. (von „doktoro") |
| *du* | zwei |
| *eble* | möglicherweise, vielleicht |
| *eco* | Eigenschaft (als Nachsilbe abstrahiert *-ec* die dem Wurzelwort eigene Vorstellung) |
| *Edinburgo* | Edinburgh |
| *ejo* | Ort, Stelle, Stätte, Platz, Raum (wird häufig und in sehr allgemeinem Sinne als Nachsilbe verwandt) |
| *ekspedo* | Auslieferung |
| *ekster* | außerhalb |

| | |
|---|---|
| *el* | aus |
| *en* | in |
| *esperi* | hoffen |
| *esti* | sein |
| *estro* | Leiter |
| *eta* | klein (als Nachsilbe dient *-et* zur Bildung von Diminutiven) |
| *eterna* | ewig |
| *facila* | leicht |
| *fako* | Fach |
| *fermi* | zumachen |
| *fero* | Eisen |
| *floro* | Blume |
| *for* | weg, fort |
| *formo* | Form |
| *forta* | Stark |
| *frizi* | das Haar machen |
| *fumo* | Rauch |
| *giĉeto* | Schalter |
| *Glasgovo* | Glasgow |
| *gloro* | Ruhm |
| *halti* | halten |
| *hebrea* | hebräisch |
| *hieroglifo* | Hieroglyphe |
| *ho!* | oh! |
| *hodiaŭ* | heute |
| *hotelo* | Hotel |
| *horo* | Stunde |
| *iam* | einst |
| *igi* | machen, bewirken, veranlassen |
| *iĝi* | zu etwas werden, in einen Zustand gelangen (als Nachsilbe gibt *-iĝ* transitiven Verben einen intransitiven Sinn) |
| *ilo* | Mittel, Werkzeug |
| *informi* | informieren |
| *ino* | Weib (als Nachsilbe bildet *-in* zu männlichen Begriffen das weibliche Gegenstück) |
| *inter* | zwischen |
| *iri* | gehen |
| *isto* | Berufler, Ausübender einer Profession |
| *jam* | schon |

| | | | |
|---|---|---|---|
| *jam ne* | nicht mehr | *nomo* | Name |
| *kaj* | und | *nova* | neu |
| *kesto* | Kasten | *nulo* | Null |
| *kiel* | wie | *numerala* | die Zahlwörter betreffend |
| *kiu* | wer | | |
| *kodo* | Gesetzbuch, Kode | *nun* | nun, jetzt |
| | | *ofico* | Amt |
| *konduki* | führen | *ok* | acht |
| *konduktoro* | Schaffner | *oni* | man |
| *koro* | Herz | *originala* | ursprünglich |
| *kosti* | kosten (Preis) | *pagi* | bezahlen |
| *kvar* | vier | *paki* | packen |
| *kvin* | fünf | *pano* | Brot |
| *la* | der, die, das; die | *pardoni* | verzeihen |
| | | *paro* | Paar |
| *labori* | arbeiten | *paroli* | sprechen |
| *lando* | Land | *patro* | Vater |
| *lavi* | waschen | *pensi* | denken |
| *Lazaro* | Lazarus | *per* | durch, mit |
| *lerni* | lernen | *peri* | vermitteln |
| *letero* | Brief | *plano* | Plan |
| *libera* | frei | *plena* | voll |
| *libro* | Buch | *plenumi* | erfüllen |
| *lingvo* | Sprache | *polico* | Polizei |
| *lito* | Bett | *por* | für |
| *Londono* | London | *post* | nach |
| *longa* | lang | *poŝto* | Post |
| *Ludoviko* | Ludwig | *povi* | können |
| *male* | im Gegenteil | *proksima* | nahe |
| *mi* | ich | *ree* | wieder |
| *mil* | tausend | *regno* | Reich |
| *miliardo* | Milliarde | *relo* | Schiene |
| *miliono* | Million | *restoracio* | Restaurant |
| *misio* | Mission | *rigardi* | betrachten, blicken |
| *moderna* | modern | | |
| *mono* | Geld | *salti* | springen |
| *nacio* | Nation | *sankta* | heilig |
| *naŭ* | neun | *sed* | aber |
| *ne* | nein, nicht | *sekso* | Geschlecht |
| *necesa* | nötig | *sep* | sieben |
| *ni* | wir | *ses* | sechs |

| | |
|---|---|
| *sinjoro* | Herr |
| *skoto* | Schottländer |
| *societo* | Gesellschaft |
| *stacio* | Station |
| *sufiĉa* | genügend |
| *sur* | auf |
| *ŝanĝi* | wechseln, ändern |
| *ŝlosi* | abschließen |
| *ŝuldo* | Schuld |
| *tago* | Tag |
| *taksio* | Taxi |
| *telefoni* | telefonieren, fernsprechen |
| *teni* | halten |
| *tento* | Versuchung |
| *tero* | Erde |
| *testamento* | Testament |
| *tiel* | so |
| *traduki* | übersetzen |
| *trajno* | Zug |
| *tranĉi* | schneiden |
| *trankvila* | ruhig |
| *tri* | drei |
| *trinki* | trinken |
| *trovi* | finden |
| *tualeto* | Toilette |
| *turismo* | Tourismus |
| *um* | (Nachsilbe ohne genau begrenzten Sinn, mit ihr bildet man Wörter, die nur eine ungefähre Beziehung zum Wurzelwort haben) |
| *unu* | ein, eins |
| *urbo* | Stadt |
| *vagono* | Wagen (Eisenbahn) |
| *valizo* | Koffer, Handkoffer |
| *varma* | warm |
| *vendi* | verkaufen |
| *veni* | kommen |
| *venki* | siegen |
| *ventoli* | lüften |
| *veturi* | fahren |
| *vi* | du, ihr, Sie |
| *viro* | Mann |

| | |
|---|---|
| *vojaĝi* | reisen |
| *vojo* | Weg |
| *voli* | wollen |
| *vorto* | Wort |

Wenn wir von den Eigennamen in dieser Liste absehen, so repräsentiert sie mit ihren rund 200 Wurzelwörtern etwa ein Sechstel bis zu einem Fünftel des Esperanto-Basisvokabulars. Aus ihr lassen sich zahllose neue Wörter bilden, wobei es ohne weiteres möglich ist, das durch seine Endung als Substantiv *(-o)*, Adjektiv *(-a)*, Verb *(-i)* oder Adverb *(-e)* gekennzeichnete Wort in eine andere Wortklasse zu überführen. Das gilt auch für Wörter, die nicht durch eine dieser Endungen gekennzeichnet sind, z. B. Grundzahlen, Pronomina, nicht abgeleitete Adverbien, Konjunktionen.

## Siebentes Kapitel / *Sepa ĉapitro*

# Guten Abend, meine Damen und Herren...
## *Bonan vesperon, miaj sinjorinoj kaj sinjoroj...*

Als Zamenhof 1917 starb, gab es weder Hörfunk noch Fernsehen. Es möchte das Esperanto ein ganz anderes Schicksal gehabt haben, wenn zur Zeit der ersten großen internationalen Esperanto-Kongresse es diese Massenmedien schon gegeben hätte, oder umgekehrt, Esperanto erst in der Ära dieser Massenmedien an die Öffentlichkeit getreten wäre. Aber darüber nachzudenken, ist müßig. Nicht aber müßig ist es, darüber nachzudenken, ob und wie diese Massenmedien für die Einführung des Esperanto eingesetzt werden könnten. Mit dem Angebot von Esperanto-Kursen, etwa im Schulfunk oder im Schulfernsehen, so nützlich und begrüßenswert solche Kurse auch sein mögen, ist es, das haben die Erfahrungen der Vergangenheit gezeigt, allein nicht getan. Wer wohl wird sich in unserer hektischen Zeit, in der das menschliche Gehirn sowieso so vielen Anforderungen und Reizen ausgesetzt ist, herbeilassen, sozusagen für nichts und wieder nichts *Esperanto* zu lernen? Dann doch lieber gleich Chinesisch, um die Mao-Bibel, oder jedwede andere Sprache, um das, was sonst gerade „in" ist, lesen zu können. Die Einrichtung von Kursen kann erst dann Erfolg haben, wenn das Bedürfnis nach ihnen da ist. Das Bedürfnis nach Kursen wird aber erst auftauchen, wenn *Esperanto* schon eingeführt ist und sein Erlernen Nutzen verspricht. Das ist der Circulus vitiosus, den Zamenhof bereits in aller Schärfe erkannt hatte, und den es zu durchbrechen gilt. Würde man jetzt Kurse einrichten, wie es ja schon oft genug hier und da geschehen ist, würden sie zwar auch irgendwie nützen, die Gefahr aber bleibt, daß solche Bemühungen im Sande verlaufen, und die Veranstalter dürften sich nicht wundern, wenn der durchschlagende Erfolg, oder jedenfalls der Erfolg, den sie erhofft hatten, ausbleibt.

Auch hier muß umgekehrt verfahren werden. Wie beim Zahlen-Kode, wie bei den Bahnhofsbeschriftungen, wie beim *Patro-nia* muß Esperanto unmittelbar und möglichst unverzüglich, schon um der gegenseitigen Ermunterung willen und um der einander stützenden Wirkungen willen, in Gebrauch genommen werden. In wie bescheidenem Maße, in wie kümmerlicher Weise auch immer das zunächst geschieht, es muß sichtbar gemacht werden, nicht nur daß Esperanto vorhanden ist, sondern daß es, und zwar möglichst vielfältig, benutzt wird. Nicht alle gehen in die Kirche, aber alle, oder fast alle, sitzen vor dem Bildschirm. Und sie sitzen dort nicht nur einmal in der Woche am Sonntag wie der Kirchgänger in der Kirche, sondern Tag für Tag, mit zuverlässiger Beharrlichkeit und lassen alles über sich ergehen, was ihnen die Programme bieten, von der Werbung bis zum Krimi. Sollte es da nicht möglich sein, diese Unentwegten so ganz nebenbei mit weniger als einer Minute *Esperanto* zu berieseln? Nicht darum handelt es sich, durch Belehrung, Vorträge und Kurse, Esperantisten zu schaffen, sondern durch unaufhörlich an die Fernsehfreudigen herangetragene *Esperanto*-Häppchen sie dazu zu bringen, daß sie anfangen, nach Belehrung, Vorträgen und Kursen, über *Esperanto* zu schreien.

Nun setzen Sie sich bitte mit mir vor den Bildschirm! Da erscheint die charmanteste Ansagerin des Studios und eröffnet das Abendprogramm mit etwa folgenden Worten:

„*Bonan tagon, estimataj sinjorinoj kaj sinjoroj! Unue ni salutas niajn alilandajn kaj fremdlingvanajn televidantojn kaj ni esperas, ke ilia gastado ĉe ni estas agrabla al ili. Hodiaŭ estas (ekzemple) jaŭdo, la unua de januaro 1976 (milnaŭcent-sepdek-ses). Hieraŭ estis merkredo, la tridek-unua de decembro 1975 (mil-naŭcent-sepdek-kvin) kaj morgaŭ estos vendredo, la dua de januaro 1976 (mil-naŭcent-sepdek-ses).*"

Weiter nichts! Knapp drei Viertel einer Minute Sendezeit! Eine freundliche Begrüßung, eine sachliche Mitteilung! Und so ganz nebenbei Werbung für eine nützliche und wohl auch gute Sache! Und ein ganz bißchen Unterricht und in seinem Gefolge ein gleichsam unbewußter, müheloser kleiner Lernprozeß! Ein Minimum an Aufwand und möglicherweise der zündende Funke zu einer weltweiten Bewegung! Und dazu sollte man sich nicht aufraffen können?

Lassen Sie uns zunächst diesen Text, den Sie sicherlich schon einigermaßen verstanden haben, in allen Einzelheiten in die Klarheit des Bewußtseins heben! *Bonan tagon!* steht im Akkusativ, weil ja ein „ich wünsche" oder „wir wünschen" gedanklich vorausgeht; *estimi* achten; *unue* (erstens, zuerst) ist Adverb zu *unua* (erster, erste, erstes); *saluti* grüßen; *fremda* fremd, *fremda lingvo* oder *fremd-lingvo* (Fremdsprache); die

Nachsilbe -*an* bezeichnet die „An"hänglichkeit, die „An"hängerschaft, das Mitglied, die Gruppenzugehörigkeit, *fremdlingvano* wer einer fremden Sprache zugehört, Fremdsprachiger, ein Hausbewohner ist also ein *domano,* ein Gesellschaftsmitglied ein *societano; televidi* fernsehen; *ke* (daß) ist Konjunktion; *ili* (sie) ist Personalpronomen der dritten Person Plural, wir fügen es der Reihe unserer bisherigen Personalpronomina ein: *mi, vi, oni, ni, vi, ili; ilia* (ihr, ihre) ist das von *ili* abgeleitete Possessivpronomen; *gasto* Gast, *gasti* und *gastadi* (zu Gast sein, vorübergehend, bzw. länger); *ĉe* bei, an, *ĉe ni* bei uns; *agrabla* angenehm; *ekzemplo* Beispiel, *ekzemple* beispielsweise, z. B.; die Namen der Wochentage sind: *lundo, mardo, merkredo, ĵaŭdo, vendredo, sabato kaj dimanĉô;* die der Monate: *januaro, februaro, marto, aprilo, majo, junio, julio, aŭgusto, septembro, oktobro, novembro, decembro; hieraŭ* gestern, *morgaŭ* morgen.
Ich hoffe, daß damit alles restlos geklärt ist, und bitte Sie, sich mit mir zusammen auch noch folgende Variation des ersten Teiles der kleinen Ansprache anzusehen!
*„Bonan vesperon, estimataj gesinjoroj! Antaŭ ĉio ni salutas niajn alilandanajn kaj fremdlingvanajn aŭskultantojn kaj deziras al ili, ke ilia restado inter ni al ili plaĉu!"*
*Bonan vesperon!* guten Abend ist eventuell passender als *bonan tagon!; sinjorinoj kaj sinjoroj* läßt sich durch die Vorsilbe *ge-,* die beide Geschlechter zusammenfaßt, in *gesinjoroj* zusammenziehen, vergleichen Sie bitte *gepatroj* Eltern, *gekuracistoj* Ärzteehepaar, Ärzte u. Ärztinnen, *geskotoj* Schotten und Schottinnen, *gevojaĝantoj* Reisende beiderlei Geschlechts, man bedient sich dieser Vorsilbe *ge-* natürlich nur dann, wenn man nachdrücklich auch die Weiblichkeit einbeziehen will, wenn ich allgemein von Reisenden sprechen will, genügt *vojaĝantoj,* das *ge-,* obwohl nicht falsch, wäre dann pedantisch; *antaŭ ĉio* vor allem, *auskŭlti* zuhören, für den Hörfunk wäre *auskŭltanto* natürlich das hier entsprechende Wort für *televidanto; deziri* wünschen; *restado* von *resti* bleiben, sich aufhalten; *inter ni* unter uns; *plaĉi* gefallen, *plaĉu* gefalle, gefallen möge.
Eine solche Begrüßung, ob sie nun schon gleich verstanden würde oder nicht, wäre eine freundliche, gewiß auch Aufmerksamkeit erregende Geste an die Adresse der in Deutschland weilenden Ausländer und zugleich eine kleine Esperanto-Lektion auch für die deutschen Hörer, die während der kaum fünf-

undvierzig Sekunden, die ihr Vortrag dauert, den Empfangsapparat gewiß nicht abschalten würden. Durch ihre regelmäßige und sich von Tag zu Tag abwandelnde Wiederholung, die ihr ja immer erneute Aktualität verleiht, kann diese Ansprache nicht verfehlen, sich dem Gedächtnis einzuprägen. Dazu trägt insbesondere auch die dreimalige Datumsangabe (für heute, gestern und morgen) bei. Die für den jeweiligen Tag würde ja an sich genügen, so aber erhellen sich die Sätze gegenseitig und bringen durch ihre didaktische Wiederholung den eingewöhnten Hörer schließlich dahin, die erwarteten Angaben gedanklich schon vorwegzunehmen. Wie wir schon an den früheren Beispielen gesehen haben, vermitteln ein paar derartige Esperanto-Zeilen weit mehr an Kenntnissen vom Esperanto, als es ein entsprechender Text in einer anderen Sprache für diese tun würde. Substantiv-, Adjektiv- und Akkusativ-Endungen, Wortbildungsverfahren, die einfachen Zeitstufen des Verbums (Vergangenheit, Gegenwart und Zukunft), die Namen der Wochentage, die der Monate, das Zahlensystem und noch anderes sind diesem Text implizit.

Da ja die sich in Deutschland aufhaltenden Ausländer ständig wechseln, die einen reisen ab, andere reisen zu, ist es durchaus sinnvoll, diese Begrüßung zu einer bleibenden Einrichtung werden zu lassen. Da man nicht jeden einzelnen in seiner Sprache ansprechen kann, spricht man sie eben alle in einer einzigen und aus Höflichkeit neutralen Sprache an, eben auf *Esperanto* und nicht auf Deutsch. Man sollte diese Begrüßung zunächst einmal für mindestens ein Jahr fest ins Programm hineinnehmen, Wirkung und Resonanz abwarten, und sie dann gegebenenfalls zu einer kurzen Nachrichten-Sendung ausbauen und überhaupt *Esperanto* immer dann anwenden, wenn Ausländer angesprochen werden.

Kommt die Lawine überhaupt erst einmal ins Rollen, dann heißt es vielleicht eines und möglicherweise gar nicht einmal so fernen Tages: „Oh, in Deutschland kommt man großartig mit *Esperanto* zurecht!"

*- sesdek-tri -*

Achtes Kapitel / *Oka ĉapitro*

# Und die Post? / *Kaj la poŝto?*

Und die Post? Sie würde zweifellos allein schon durch den im ersten Kapitel angeführten Zahlen-Kode Erleichterung verspüren, ob es sich im Verkehr mit ausländischen Reisenden nun um Ein- oder Auszahlungen, um Antworten auf Fragen nach Postgebühren oder um den Verkauf von Briefmarken handelt. Das kleine Häufchen *Esperanto*-Grundzahlen ist enorm leistungsfähig. Freilich müßte sich der des Deutschen nur mangelhaft oder gänzlich unkundige Ausländer immer noch durch Gebärden, Radebrechen oder sonstwie verständlich zu machen versuchen, im Entscheidenden aber, nämlich da, wo es ums Geld geht, könnte er sich exakt ausdrücken und auch die entsprechenden Angaben des Schalterbeamten richtig verstehen. So ist beispielsweise *okdek-sep* leichter auszusprechen, leichter zu bilden und leichter durchs Ohr aufzunehmen als „siebenundachtzig".

Auch auf Postämtern gibt es wie auf Bahnhöfen eine beträchtliche Anzahl Möglichkeiten durch entsprechende Beschriftung zunächst einen lehrenden, in der Folge aber schnell in Erleichterung umschlagenden Gebrauch vom *Esperanto* zu machen. Wieder handelt es sich darum, nicht abzuwarten, bis die andern es machen, sondern unverzüglich selbst die Initiative zu ergreifen. Der ausländische Reisende, dem zuerst, sagen wir, in Hamburg, dann in Frankfurt und dann in München die gleichen *Esperanto*-Bezeichnungen begegnen, wird sie, wenn er kein Deutsch versteht, ihrer internationalen Angepaßtheit wegen, schneller identifizieren als die für ihn und auch an sich zumeist viel schwierigeren deutschen Ausdrücke.

Wir jedenfalls warten nicht erst ab, bis die Entwicklung in anderen Ländern die Bundespost zur Esperantisierung zwingen wird, sondern gehen mit gutem Beispiel voran, bereiten uns auf den großen Tag X vor und sehen uns schon einmal in dem einschlägigen Vokabular um.

Zunächst vergegenwärtigen wir uns noch einmal einige der Wurzelwörter und Bildungssilben, die uns schon begegnet sind: *-ad, -aĵ, ekster, -et, fako, -ig, -il, inter, kesto, konduki, kosti, lando, letero, libro, mono, pagi, paki, per, por, post, poŝto, resti, telefoni.*

Alsdann greifen wir uns ein paar neue, von denen, mit Befrie-

digung werden wir es feststellen, die meisten uns unmittelbar verständlich sind:
*adresi* adressieren, *aero* Luft, *afranki* frankieren, *akcepti* annehmen, übernehmen, *aviadi* fliegen, *blinda* blind, *ĉelo* Zelle, *distribui* verteilen, *eksprese* expreß, *formulo* Formular, *ĝiri* überweisen, *karto* Karte, *komerco* Handel, *kun* mit, *linio* Linie, *loko* Ort, *mandato* Auftrag, *marko* Mark, Marke, *numero* Nummer, *perturbi* stören, *pesi* wiegen, *peti* bitten, *pli* mehr, *porti* tragen, *presi* drucken, *registri* registrieren, *respondi* antworten, *sendi* senden, *skatolo* Schachtel, *ŝarĝi* laden, beladen, beauftragen, *telegrafi* telegraphieren, *urĝi* drängen, *valora* wertvoll.

Außerdem brauchen wir noch die Nachsilbe *-ul,* die eine Person bezeichnet, die durch eine hervorstechende Eigenschaft charakterisiert ist, z. B. *novulo* Neuling, *bonulo* guter Kerl, *sanktulo* Heiliger, und das Verhältniswort *je,* das von unbestimmter Bedeutung ist und das man bei Datums- und Zeitangaben und überall da, wo keine exaktere Präposition sich anbietet und alles in allem so wenig wie möglich benutzt, z. B. *je la unua marto* (am ersten März), *je Novjaro* (zu Neujahr), *je la dudeka* (um zwanzig Uhr).

Und schon können wir der Bundespost mit einer beachtlichen Reihe zweckmäßiger und treffender Bezeichnungen dienen, die wir um unserer ausländischen Freunde willen gerne von ihr in Gebrauch genommen sehen würden:

| | |
|---|---|
| Absender | *adresanto, sendinto* |
| Adressat | *adresato, adresulo* |
| Adreßbuch | *adres-libro* |
| Blindensendungen | *sendoj por blinduloj* |
| Briefdrucksache | *leter-presaĵo* |
| Brieffach | *leter-fako* |
| Briefkasten (der Post) | *leter-kesto, poŝt-kesto* |
| Briefkasten (des Empfängers) | *leter-skatolo* |
| Briefmarken | *poŝt-markoj* |
| Brieftelegramm | *leter-telegramo* |
| Briefträger(in) | *leter-portist(in)o* |
| Briefwaage | *leter-pesilo* |
| Büchersendung | *libro(j)-sendo* |
| Devisen | *eksterlanda mono* |
| dringende Pakete | *urĝaj paketoj* |

| | |
|---|---|
| Drucksachen | *presaĵoj* |
| Drucksache zu ermäßigter Gebühr | *presaĵo je malpliigita kosto, presaĵo je malpliigita afranko* |
| Eilzustellung | *eksprese, per ekspreso* |
| Einschreibe-Brief | *registrita letero* |
| Ferngespräch | *interloka telefonado* |
| Fernschreiben | *telepresaĵo* |
| gestörte Leitung | *perturbita konduk-linio* |
| mit bezahlter Rückantwort | *kun pagita respondo* |
| mit Luftpost | *per aviadilo, aerpoŝte* |
| Nachnahme | *pago-ŝarĝo* |
| Nachsendeantrag | *postsend-peto* |
| Ortsgespräch | *loka telefonado* |
| Päckchen | *paketaĵo* |
| Paket | *paketo* |
| Paketannahme | *paket-akceptajo* |
| Porto | *afranko* |
| „Post", die zugestellten Postsachen, was der Briefträger bringt | *poŝtaĵoj* |
| Postanweisung | *mandato, poŝt-mandato* |
| Postkarte | *poŝt-karto* |
| postlagernd | *poŝtrestante* |
| Telefonbuch | *telefon-libro* |
| Telefonnummer | *telefon-numero* |
| Telefonstelle | *telefonejo* |
| Telefonzelle | *telefon-ĉelo* |
| telegrafisch | *telegrafa* |
| Telegramm | *telegramo* |
| Telegrammformular | *telegram-formulo* |
| Überweisung | *ĝirajo* |
| Warensendungen | *komercaj sendoj* |
| Wertsendung | *valor-sendaĵo* |
| Wurfsendungen | *distribuotaj sendoj* |
| Zahlkarte | *poŝta pago-karto* |

Den Postbeamten würden diese Bezeichnungen durch den täglichen Umgang mit ihnen bald in Fleisch und Blut übergehen, und ausländische Reisende würden sie mit hinübernehmen in ihre Heimat und dort in ihrem Wirkungskreis von der erstaunlichen Aufgeschlossenheit der Post in Deutschland berichten und als Anreger wirken. Auch hier gilt es, das Fernziel beherzt ins Auge zu fassen und beharrlich anzusteuern, d. h. unbedingt die kleinen, schier vergeblich scheinenden Schritte zu tun. Es kommt darauf an, daß *Esperanto* da ist, nicht darauf, daß jeder Postbeamte ab sofort *Esperanto* spricht. Was denn in aller Welt spricht dagegen, daß in der Schalterhalle eines Postamtes sich neben den deutschsprachigen Hinweisen auch solche in *Esperanto* finden oder die internationale Postanweisung statt zweisprachig deutsch-französisch, zweisprachig deutsch-*Esperanto* vorgedruckt wäre? Wie kann die Post denn so ohne weiteres voraussetzen, daß ihre nicht deutsch-sprachigen Kunden ausgerechnet Französisch beherrschen? Ob nicht der griechische oder türkische Gastarbeiter, der seinen Angehörigen in der Heimat Geld schicken will, damit überfordert ist? Gewiß, *Esperanto* versteht er vermutlich fast ebensowenig. Dessen Klarheit und Einfachheit aber laden ein, es zu erlernen, sobald sich nur zeigt, daß seine Beherrschung Erleichterungen mit sich bringt.

Die Möglichkeiten, *Esperanto* erst durch die Bundespost, dann durch den bereits nunmehr hundertjährigen Weltpostverein zu infiltrieren, sind nahezu unbeschränkt. Die „Union postale universelle", die auf Esperanto eine *Universala Poŝta Asocio* wäre, aber gewöhnlich kurz als *Poŝtunuiĝo* bezeichnet wird, machte sie sich *Esperanto* auch nur für ihre eigenen Zwecke zunutze, wäre imstande, dieser Sprache, über alle Grenzen hinweg, eine weite und durchschlagende Verbreitung zu sichern. Die Männer aber, die die Geschicke des Weltpostvereins lenken, sind keine Philologen, noch weniger wohl Esperantisten, sondern gewiß vortreffliche Spezialisten ihres Faches, möglicherweise mit allen den Vorurteilen gegen *Esperanto* behaftet, die seit dem Scheitern der Volapük-Bewegung und den nationalstaatlichen Verfolgungen nun einmal das Schicksal dieser *internacia helpa lingvo* sind. Und falls sie keine Vorurteile haben und ihr freundlich gesonnen sein sollten, so fehlt ihnen vermutlich der Glaube. Zwar hat der Weltpostverein *Esperanto* seit 1925 als sogenannte „offene Sprache" offiziell anerkannt, sieht sich aber doch nicht veranlaßt, den großen entscheidenden Schritt zu tun, diese Sprache in Gebrauch zu nehmen, sei es für die eigenen, internen internationalen Beziehungen, sei es für den Verkehr mit dem internationalen Publikum innerhalb der einzelnen nationalsprachlichen Bereiche. Der

Schritt ist offenbar zu groß, und nach hundert Jahren Weltpostverein (am 1. Juli 1875 trat der Postvereinsvertrag in Kraft) fehlt der zweite Heinrich von Stephan, der das Ziel dieses Zusammenschlusses fast aller Staaten der Welt, nämlich die Vereinheitlichung der zwischenstaatlichen Postbeziehungen, auf dem sprachlichen Sektor vorantreibt und modernisiert. Briefmarken mit dem Bildnis Zamenhofs und freundliche Poststempel bei Gelegenheit internationaler Esperantokongresse sind begrüßenswert, ihre Wirkung aber ist zu schwach und ephemer. *Esperanto* muß in einen anhaltenden Gebrauch genommen werden, der die Hochstimmung weniger Kongreßtage überdauert. Die Drucksache, die ins Ausland geht, muß als *presajo* bezeichnet werden, heute, morgen, weiterhin und verbindlich. Das ist lebendige Existenz. Sie verstehen, daß das, was ich an Beispielen gegeben habe, eben nur Beispiele sind und den Weg weisen wollen. Ein einziger philologisch gebildeter Esperantist bei der Bundespost wäre imstande, nach und nach, das gesamte Beschriftungs-, Formular-, Hinweisungs- und Werbewesen mit der zweiten Sprache zu versehen.
Das ist überhaupt kein Problem. Die Ablösung des Französischen als internationale Postsprache wird schon schwieriger sein, da hier bindende Abmachungen vorliegen. Der Weg dahin müßte unter Umständen über die vorübergehende Dreisprachigkeit Deutsch-Esperanto-Französisch gehen, wobei man getrost annehmen kann, daß das Französische als Postsprache über kurz oder lang eines ganz natürlichen Todes stürbe. Das eigentliche Problem aber ist, wie man überhaupt zur Esperantisierung der Bundespost und später des Weltpostvereins kommt. Wo sind unter denen, die berufen sind, die überzeugten und unerschrockenen Persönlichkeiten, die die Zeichen der Zeit richtig erkennen? Nur wo ein Wille ist, ist auch ein Weg.
Nun, machen wir uns keine übertriebenen Hoffnungen! Träumen wir statt dessen inzwischen ein wenig! Wieder einmal stehen wir in einer Telefonzelle und wollen telefonieren. Wie immer streift auch diesmal unser Blick über die Bedienungsanleitung des Apparats. Wir nehmen sie kaum mehr wahr. So oft haben wir sie schon gesehen. Aber da stutzen wir plötzlich. Da klebt doch neben der Bedienungsanleitung ein grüner Zettel auf dem Telefonkasten. Donnerwetter! Wir träumen ja wohl! Träumen wir wirklich? Oder träumen wir Wirklichkeit? Oder ist die Wirklichkeit Traum? Wir trauen unseren Augen nicht.

Da steht ja etwas auf Esperanto:

*Lokaj kaj interlokaj telefonadoj. Neniaj telegramoj, neniaj per la mano efektivigotaj interlokaj telefonadoj. Deprenu la aŭdilon! Elektu kaj atendu la eklumadon de la monujo! Enĵetu minimume dudek pfenigojn! Por interloka telefonadoj vidu en la apuda registro la numeron de la loka reto. Kiam la telefonado finiĝis aŭ se ĝi ne efektiviĝis, pendigu la aŭdilon! Neenkasigitajn monerojn elprenu el la repagujo! Post kasigado de moneroj kvindek-pfenigaj au unu-markaj nenia restsumo estos repagata. Dum interlokaj telefonadoj la ankoraŭ disponebla sumo estas sciigata. Atako, akcidento ... Fajro ... Savo-servo, unua helpo ... Informo ... Akcepto de perturboj ... Plej proksima moner-telefonejo ... Plej proksima poŝtejo ... Ĉi-tiea ejo ... Moner-telefono n-ro ...*

Neugierig und aufgeregt gehen wir in die Telefonzelle nebenan. Da klebt der gleiche grüne Zettel. Alle Apparate auf dem Postamt haben ihn. Und der an der nächsten Straßenecke auch! Wir laufen weiter. Alle öffentlichen Fernsprecher der ganzen Stadt haben ihn. Wir geraten ins Schweben, und schon geht's ins nächste Dorf, in die nächste Stadt. In der ganzen Bundesrepublik gibt es keinen Münzfernsprecher mehr, der diesen Aufkleber nicht hat. Die Begeisterung hebt uns über die Grenzen. In ganz Holland sind die grünen Zettel, in Belgien, in Frankreich, in England, und hui! geht's über den Ozean, auf den Azoren finden wir den Esperanto-Text, in New York, in Nord- und Südamerika, in den fernsten Winkeln Asiens ... Überall sind wir zu Haus. Wir müssen das große Ereignis unbedingt unseren Angehörigen mitteilen, und schon drehen wir die Nummernscheibe. Ganz deutlich hören wir den Weckruf und ... wachen auf. Na ja, dann wollen wir, einigermaßen ernüchtert, erst einmal sehen, ob wir überhaupt verstehen, was da leider noch nicht geschrieben steht:

*nenio* nichts, *nenia telegramo* kein Telegramm, keinerlei Telegramm; *per la mano = mane* mit der Hand, *de telefonistino* würde den Sachverhalt wohl auch treffen; *efektive* wirklich, *efektivigi = igi efektiva* verwirklichen; *preni* nehmen, *depreni* abnehmen; *aŭdilo* Hörer, aus *aŭdi* hören und *-ilo* (Werkzeug, Mittel), *elekti* wählen; *eklumado* (Aufleuchten, Beleuchtung) aus *ek-* (eine Vorsilbe, die den plötzlichen Beginn einer Handlung bedeutet), *lumo* Licht und *-ado,* wir haben hier ein schönes Beispiel für die Treffsicherheit mancher Esperanto-Wörter, die Vorsilbe *ek-* zeigt das Aufleuchten, den Beginn des Leuchtens an, die Nachsilbe *-ad* gibt zu verstehen, daß das Leuchten anhält; *-ujo* bezeichnet Behälter im weitesten Sinne des Wortes, *monujo* ist also wörtlich ein Geldbehälter, hier ist der Teil des Apparates gemeint, den die Post als „Speicher" bezeichnet, ein Wort, das, aus diesem Zusammenhange gelöst, ja ganz andere Vorstellungen (etwa Getreide- oder Kornspeicher) wecken würde; *jeti* werfen; *minimuma* mindest, *minimume* mindestens; *pfenigo* Pfennig; *vidi* sehen, *apud* bei, *apuda* daneben befindlich; *registro* Verzeichnis, Liste; *koni* kennen; *koniga numero* Kennzahl; *reto* Netz; *kiam* (wenn, als) hat zeitliche, *se* (wenn) hat bedingende Bedeutung; *fino* Ende, *fini* beenden, *finiĝi* enden, zu Ende gehen; *aŭ* oder; *ĝi* (es) neutrales Pronomen der dritten Person Singular für Gegenstände und Tiere; *pendi* hängen, *pendigi* aufhängen, *monero* Münze aus *mono* und der Nachsilbe *-ero,* die einzelnes aus einer Fülle bezeichnet, z. B. *pano* Brot, *panero* Krume; *kaso* Kasse; *repagujo* Rückzahlungsbehälter, die Bundespost bezeichnet ihn als „Münzrückgabe"; *sumo* Summe, Betrag; *dum* während; *ankoraŭ* noch; *disponi* verfügen; *scii* wissen, achten Sie bitte auf sorgfältige Aussprache *s/ci/i,* die muß geübt werden, erst zischen Sie „ss", dann sprechen Sie die erste Silbe von Ziege, und dann kommt noch ein i; *sciigo* Mitteilung; *atako* Überfall, Angriff, Anfall; *akcidento* Unfall, Unglücksfall; *fajro* Feuer; *fajrero* Funke wie *panero* und *monero; savo-servo* Rettungsdienst aus *savi* retten und *servi* dienen; *helpo* Hilfe, *helpi* helfen; *perturbi* stören, *perturbo* (Abweichung, Störung), *funkcii* funktionieren, fungieren, *nefunkciado* Nichtfunktionieren, Störung; *ĉi* drückt die besondere Nähe aus, z. B. *tie* (dort), *ĉi tie* (hier), *ĉi tiea* (hiesig, hier befindlich); *ĉi tiea ejo* (damit ist der Standort des betreffenden Münzfernsprechers gemeint); *n-ro* von *numero* wie *d-ro* von *doktoro.*

Wir lösen uns noch zwei Sätze aus der Bedienungsanleitung zu genauerer Betrachtung heraus:
*la sumo estos pagata* und *la sumo estas sciigata* (die Summe wird bezahlt werden und die Summe wird angezeigt). Diese Sätze zeigen uns, wie im Esperanto mit Hilfe des Verbums *esti* das Passiv gebildet wird. Die drei Zeitstufen dieses Verbums können jeweilig mit den drei Zeitstufen des Passiv-Partizips

verbunden werden. Wir erhalten so die folgenden neun Möglichkeiten:

| | | |
|---|---|---|
| 1. | *pagita* | war bezahlt worden |
| 2. | *estis pagata* | wurde bezahlt |
| 3. | *pagota* | sollte bezahlt werden |
| | | |
| 4. | *pagita* | ist bezahlt worden |
| 5. | *la sumo estas pagata* | die Summe wird bezahlt |
| 6. | *pagota* | soll bezahlt werden |
| | | |
| 7. | *pagita* | wird bezahlt worden sein |
| 8. | *estos pagata* | wird bezahlt werden |
| 9. | *pagota* | wird zu bezahlen sein |

Wie Sie sehen, bringt es das Esperanto fertig, auf einfachste Weise zeitliche Beziehungen auszudrücken, von denen einige sich im Deutschen nur höchst umständlich und nicht alle völlig adäquat wiedergeben lassen.

Selbst wenn die Bundespost nichts weiter täte, als in den Zentren der großen Städte und an Orten, wo sich der Fremdenverkehr häuft, die Bedienungsanweisungen der Telefonapparate durch solche Esperanto-Texte zu ergänzen, wäre, auch wenn sie zunächst kaum jemandem dienlich sein würden, die psychologische Auswirkung eines solchen Vorgehens doch beträchtlich. Jedem, der eine Telefonzelle betritt, und wer käme wohl nicht in die Verlegenheit, gelegentlich einen Münzfernsprecher zu benutzen? würde vor Augen geführt, daß *Esperanto* existiert und angewendet wird. Ja, es möchte wohl angehen, daß mancher ausländische Besucher, der wenig Deutsch und kein *Esperanto* kann, durch Vergleichen beider Texte doch hinter den Sinn kommt, weil er in dem *Esperanto*-Text etwas findet, das ihm aus seiner Muttersprache oder einer anderen, die er gelernt hat, vertraut ist. Ja, vielleicht auch fühlt sich dieser oder jener angeregt, ein paar unausgefüllte Warteminuten vor dem Apparat zu seiner sprachlichen Bereicherung auszunutzen. Na, und schließlich und endlich gibt es ja auch noch reisende Esperantisten.

Neuntes Kapitel / *Naŭa ĉapitro*

# Natürlich und lebendig / *Natura kaj vivanta*

Selbst noch als alter und einigermaßen erfahrener Esperantist, der sich sein Leben lang mit alten und neuen Sprachen von Berufs wegen herumgeschlagen hat, wundert man sich gelegentlich, daß so etwas wie Esperanto überhaupt möglich ist. Nicht wundern dürfte man sich daher eigentlich, daß diejenigen, die sich nie ernsthaft und unvoreingenommen mit Esperanto befaßt haben, voller Skepsis und zurückhaltend, wenn nicht gar ablehnend dieser Sache gegenüberstehen. Da nützt es wenig, daß man sie auf die vielfachen Bewährungen des Esperanto hinweist. Und wenn sie sich durch Beweise und Argumente in die Enge getrieben sehen, dann kommt manchmal als letzte defensive Äußerung, es werden immer nur ein paar Idealisten oder Narren sein, und beides ist offenbar in ihren Augen dasselbe, die *Esperanto* lernen, und um derentwillen lohne es sich nicht; sie selbst kämen mit Französisch und Englisch überall durch und ... man solle sie in Ruhe lassen. Und das ist dann der alte Circulus vitiosus, und sie sehen nicht, daß das einzige Argument, das gegen *Esperanto* spricht, sie selbst sind. Über sie aber wird die Entwicklung hinweggehen.

Immerhin aber mag es angebracht sein, über das innere Wesen des *Esperanto,* in das wir ja nun schon einen gewissen Einblick gewonnen haben, einiges auszuführen. Der hervorstechendste Aspekt des *Esperanto,* der namentlich dem Neuling so sehr in die Augen sticht, ist seine Künstlichkeit, als die seine Regelmäßigkeit erscheint. Ihr gegenüber aber steht ein anderer Aspekt, und das ist seine Natürlichkeit. Nur fällt die, mangels tieferen Einblicks, zumeist nicht auf, weil sie so selbstverständlich ist. Wie das? Sie an allen Erscheinungsformen des *Esperanto* nachzuweisen, würde wohl eine umfängliche Angelegenheit sein. Aber sie an einigen wenigen Beispielen plausibel zu machen, dazu mögen ein paar Seiten dieses Buches herhalten. Das Lateinische kennt keinen Artikel, das Deutsche deren drei, das Englische einen. Ist der eine Artikel des *Esperanto* weniger natürlich als der des Englischen?

Das Lateinische hat einen großen Reichtum an Deklinationsendungen, das Französische kennt sie überhaupt nicht mehr, im Deutschen sind sie weitgehend reduziert, im Englischen bis auf den sächsischen Genitiv verschwunden. Sie sind also wohl entbehrlich, aber wie gerade das Französische zeigt, muß ihr Schwund kompensiert werden. Im Französischen geschieht dies durch die sehr geregelte und starre Wortstellung. „Le père bat le fils" (der Vater schlägt den Sohn), im Deutschen kann man aber auch sagen „den Sohn schlägt der Vater", weil der Akkusativ in diesem Falle deutlich erkennbar ist. „Le fils bat le père" würde aber den Sinn auf den Kopf stellen. Es wäre antiautoritär. Spreche ich von Mutter und Tochter, so befindet sich das Deutsche in derselben Schwierigkeit wie das Französische. „Die Mutter schlägt die Tochter", „die Tochter schlägt die Mutter", wer eigentlich wen? Dem flektierenden Genitiv als einzigen und auch schon weitgehend zurückgedrängten Fall im Englischen steht im Esperanto als einziger flektierender Fall der Akkusativ gegenüber. Durch ihn gewinnt es eine große Freiheit der Wortstellung, die an die des Lateinischen heranreicht. Liegt darin irgendetwas Unnatürliches?

Daß der Plural sich vom Singular durch einen einzigen Laut unterscheidet, kommt in mehr als einer Sprache vor: Die Blume, die Blumen; the dog, the dogs; el hombre, los hombres; il libro, i libri. Auf dieselbe und sehr natürliche Weise verfährt auch das Esperanto mit seinem Plural-j.

Ich kann auf höchst natürliche Weise „ich, ik, ego, I, je, yo oder io" sagen, und damit mich selbst meinen. Wenn ich nun aber „mi" sage und meine damit mich selbst, ist das unnatürlich? Ist denn *mi amas vin* weniger natürlich als „je t'aime" oder „te quiero" oder „I love you"? Macht nicht auch hier der Ton, d. h. in diesem Falle die Aufrichtigkeit des Gefühls und nicht die gewählte sprachliche Form, die Musik?

Das lateinische „avunculus" (Oheim, Bruder der Mutter) ist im Deutschen zu Onkel, im Französischen zu „oncle", im Englischen zu „uncle" geworden. Ist das *onklo* des Esperanto etwa weniger natürlich, nur weil es statt „el" oder „le" ein *lo* am Ende hat? Was sollte man da erst zu dem Spanischen „tío" sagen, das eben auch „Onkel" bedeutet und trotz seines auslautenden „o" doch ein ganz natürliches Wort ist? Und wenn man zu einem Schneider eine Schneiderin, durch die einfache Ableitungssilbe -*in* und ganz ohne dessen Rippe zu benötigen, und zu einem „Gehilfen" eine Gehilfin stellen kann, warum dann nicht zu einem *onklo* eine *onklino,* also eine Oheimin,

eine Onkelin, eine Tante?
Es ist nichts Künstliches im Wortmaterial und im Regelwerk des *Esperanto*. Alles ist gewachsenes, lebendiges indo-europäisches Sprachgut. Künstlich am Esperanto ist allein, daß der Wildwuchs der vorgefundenen „natürlichen" Sprachen zurechtgestutzt worden ist, wie der eines Spaliers, einer Hecke, eines Rasens.
Aber ist Esperanto nicht doch ein aus vielen Sprachen zusammengemixtes greuliches Machwerk? Keineswegs mehr als alle anderen Sprachen es ohnehin sind. Wollte man aus dem Deutschen alles, was sich seit germanischer Zeit hineingemixt hat, entfernen, es bliebe wahrlich nicht viel nach. Nicht nur Wörter wie Elektrizität, Telefon und Astronautik, sondern auch solche wie Mauer, Kohl, Kirsche, Spargel, Kaiser, Keller, Zelle, Asthma, Idee, Basis, Horizont, Auto, Biologie, Kavallerie, Tomate, Karotte, Kultur, Wein - ich habe sie hingeschrieben, wie sie mir gerade eingefallen sind - und unzählige andere haben sich im Laufe der Jahrhunderte dem Deutschen assimiliert, von moderneren wie Jazz, Minirock, Minigolf, Camping, Sit-in, Happening, Oldtimer, African-Look u. a. einmal ganz abgesehen. Unter diesem Gesichtspunkt ist das Deutsche ein viel greulicheres Sprachgemisch als Esperanto, in dem sich die Eindringlinge in Orthographie und Aussprache ihrer neuen Umgebung anpassen müssen, so daß es zu einem harmonischen Einklang kommt und sie sogleich als zugehörig empfunden werden. Im Deutschen müssen wir dagegen beim Gebrauch von Wörtern wie Versailles, Sans-Souci, Restaurant, Rommé, Television, Risorgimento, Räson, Balkon, Quai, Paraffin, Email entweder aus dem deutschen phonetischen System ausscheren oder es hinnehmen, daß man uns für ungebildet hält.
Daß *Esperanto* eine ganz natürliche Sprache ist, zum mindesten geworden ist, steht für mich außer Zweifel. Sie wird von lebendigen Menschen gesprochen und zeigt ein kräftiges Eigenleben. Wie das aber möglich sein konnte, das ist das eigentliche Wunder, an das zu glauben dem Fernerstehenden so schwer fällt, weil es eben schwer ist, an Wunder zu glauben. Und dieses Wunder, wenn wir es denn schon einmal so bezeichnen wollen, hängt unmittelbar mit der Genialität Zamenhofs zusammen. Er hat seine Sprache als offenes System geschaffen. Sie kann assimilieren, sie kann ausscheiden, sie kann sich wan-

deln, sie kann wachsen, ja, sie könnte schließlich auch, verkümmern, siech werden und sterben, wie eben andere natürliche Sprachen auch. Ja, sie könnte sogar – nicht ganz ohne Ironie sei es vermerkt – wenn man nicht aufpaßt, Dialekte entwickeln. Sie hat auch, ganz wie das Lateinische, Tochtersprachen geboren. Mit verheißungsvollen Namen sind die in die Welt getreten, haben sich aber als nicht lebensfähig erwiesen.

Im Grunde besteht Zamenhofs Sprache nur aus Wörtern. Wenn man die knappe Grammatik, die er ihr gewissermaßen als eine Art Wegweiser mitgegeben hat und die wohl auch eine Konzession an unsere überkommenen sprachlichen Vorstellungen ist, genau durchdenkt, dann löst sie sich in Bildungssilben auf, die gleichsam auch als selbständige Wörter fungieren könnten. Ein Beispiel mag es zeigen, wie ich das meine: *mi estis* (ich war), *mi estas* (ich bin) und *mi estos* (ich werde sein) ließe sich zwar nicht genau so gut, aber genau so genau auch so ausdrücken: *mi esti is* (ich sein vorbei), *mi esti as* (ich sein jetzt) und *mi esti os* (ich sein künftig), wobei *is, as* und *os* ganz wie selbständige Adverbien der Zeit den Vorgang in die Vergangenheit, Gegenwart und Zukunft rücken. Selbst das Pluralzeichen *-j* ließe sich, mit einem *o* versehen, als selbständiges Wort auffassen; *domoj* (Häuser) wäre dann nichts anderes als *domo oj* (Haus mehr-als-eines), wobei dem Wörtchen *oj* dann die Bedeutung „mehralseines" oder „mindestenszwei" zukäme.

Es gibt praktisch keine Grammatik im *Esperanto!* Es ist eine reine Wortsprache. Man hat ihr das Akkusativ-*n* vorgeworfen. Es sei überflüssiger, erschwerender Ballast. Man hat darauf hingewiesen, daß das Englische und Französische durchaus existieren können, ohne daß ihre als direkte Objekte gebrauchten Substantive durch eine Flexions-Endung gekennzeichnet würden. Das ist richtig. Nur hat man dabei übersehen, wie teuer diese Sprachen den fehlenden Akkusativ durch Verkrampfungen in der Wortstellung bezahlen müssen. Gerade das Akkusativ-*n,* das eine Art Richtungsanzeiger ist, gibt dem Esperanto die große Ungezwungenheit seines Satzbaus. Ich nehme das bereits angeführte Beispiel noch einmal auf: *la patro batas la filon, la filon batas la patro, batas la patro la filon, batas la filon la patro, la patro la filon batas, la filon la patro batas.* Jede der sechs Möglichkeiten ist eindeutig und verständlich. Die erste ist allerdings die übliche, und die anderen kommen allenfalls gelegentlich im Zusammenhang mit dem

Kontext und um einer bestimmten emphatischen Wirkung willen vor. Zamenhof war weise genug, seine Sprache nicht mit syntaktischen Regeln zu belasten. Er hat sie in Gebrauch genommen, auf Klarheit und Verständlichkeit bedacht, und sie in Übersetzungen und originalen Texten in beispielhaftem Stil vor uns hingestellt.

Man hat nach ihm, als das Kolumbus-Ei schon auf der Spitze stand, nach den von ihm zuerst befolgten Prinzipien, neue Modelle internationaler Sprachprojekte geschaffen. Sie muten an, wie Abwandlungen des Esperanto, Tochtersprachen gewissermaßen, die oftmals eine Erleichterung an der einen Stelle erkaufen durch eine Beeinträchtigung an einer anderen. Zum Teil sehen sie sich auf den ersten Blick als leichter verständlich und leichter lesbar an, besonders für Kenner des Lateinischen oder mehr als einer modernen Sprache, um sich in der Folge als schwerer erlernbar zu erweisen. Die einzige, als Welthilfssprache gedachte Sprache außer *Esperanto,* die es zu einer kurzlebigen praktischen Bedeutung gebracht hatte, war das Volapük des badischen Geistlichen J. M. Schleyer. Sie wurde durch das Erscheinen des Esperanto aus dem Felde geschlagen, und manche ihrer Anhänger wurden dann zu tätigen Pionieren des Esperanto in Deutschland. Alle später entwickelten Systeme, Idiom Neutral, Ido, Esperantido, Interlingua, Novial, Occidental, und wie sie alle heißen, sind einerseits Schmarotzer am Esperanto, was man keiner von ihnen verübeln würde, wenn sie nur genügend Durchschlagskraft gezeigt hätten, was sie aber andererseits eben nicht getan haben. Sie sind Diskussionsstoff geblieben, haben aber allein durch ihre Existenz der Weltsprachenbewegung eher geschadet als genützt, die Hemmungen und Bedenklichkeiten gegenüber dem Esperanto gemehrt.

Viel hat man in interessierten Kreisen darüber debattiert, ob das sogenannte schematische Prinzip, nach dem das Vokabular mit Hilfe zahlreicher frei verwendbarer Ableitungssilben von wenigen Grundwörtern aus gebildet wird, oder ob das sogenannte naturalistische Prinzip, nach dem die in den westlichen Kultursprachen am weitesten verbreiteten Wörter das Vokabular der Hilfssprache stellen, das überlegenere sei. Und dabei hat man, scheint es, ganz übersehen, daß ja Esperanto sowohl in der einen wie in der anderen Weise verfährt und damit gut bedient ist. Ob mit der Zeit im Esperanto vielleicht das eine der beiden

Prinzipien über das andere die Oberhand gewinnen wird, kann man gelassen seiner weiteren Entwicklung anheimstellen.
Auch hat man versucht, das Ökonomie-Prinzip auf die Spitze zu treiben, etwa den Plural nach einer Zahl oder nach Mengenausdrücken auszumerzen, da ja mit diesen die Pluralität schon gegeben sei, so als sage ich etwa im Deutschen „drei Haus" oder „viel Haus" oder „mehrere Haus" statt „Häuser". In ähnlicher Weise hat man die Verwendung einer die Zeitstufe ausdrückenden Konjugationsform nach einem Adverb der Zeit einsparen wollen, z. B. „ich morgen kommen", da ja das „morgen" bereits die Zukunft bezeichnet.
Im Deutschen sagt man unterschiedslos „heute bin ich im Hause und morgen bin ich auch im Hause", bedient sich also auch für die Zukunft des Präsens, ohne daß es falsch, wenn auch wohl ungewöhnlich, weil umständlicher wäre, zu sagen „morgen werde ich im Hause sein". Im Französischen dagegen heißt es „aujourd'hui je suis à la maison et demain aussi je serai à la maison". Man bedient sich also im zweiten Fall des Futurs, wobei allerdings bemerkt werden muß, daß in der modernen französischen Umgangssprache sich in dieser Verwendung auch das Präsens schon mehr und mehr einstellt. Zamenhof war weise genug, sich zu solchen Fragen nur sehr zurückhaltend oder gar nicht zu äußern. Letzten Endes wird der Sprechende diejenige Form wählen, die seiner Vorstellung am nächsten kommt. *Morgaŭ mi estos hejme* ist logischer und sachlicher, *morgaŭ mi estas hejme* nimmt die Zukunft vorweg, sie ist mir bereits gegenwärtig, und in meiner Vorstellung sehe ich mich schon *hejme*.
Aus dem erwähnten Ökonomie-Prinzip heraus hat man auch getadelt, daß im *Esperanto* nicht nur die Hauptwörter, sondern auch die Adjektive mit dem Pluralzeichen zu versehen seien. Im Englischen sei doch auch bei unverändertem Adjektiv ganz klar, was gemeint sei, z. B. „(a) great house" und „great houses". Wieder hat man übersehen, daß die ins Extrem getriebene Vereinfachung sich an anderer Stelle rächt. Spreche ich z. B. von „great and little houses" und will dann im weiteren nur noch über die ersteren sprechen, dann ist „the great" unzureichend, und ich muß „the great ones" sagen. Aber abgesehen davon tragen gerade die weichen Endungen auf -*j* viel zum Wohlklang der Sprache bei, und der ist doch wohl neben linguistischer Sparsamkeit auch ein anzuerkennender Wert.

Die Konkordanz von Substantiv und Adjektiv bedeutet keine Erschwerung, weder beim Lernen noch beim Sprechen. Vergleichen Sie doch bitte den Höreindruck von „the great houses" und „la grandaj domoj"!
Zamenhof hat es stets abgelehnt, in den seine Sprache betreffenden Fragen verbindliche Entscheidungen zu fällen. Nichts lag ihm ferner, als sich in der Rolle eines *Esperanto*-Papstes zu gefallen. Er hat das Schicksal des *Esperanto* in die Hände derjenigen Menschen gelegt, die sich dieser Hilfssprache bedienen wollen. Und jeder, der sich diese Sprache so weitgehend aneignet, daß er in ihr denken kann, wird dadurch in ihr Leben einbezogen, wird sie, durch den Gebrauch, den er von ihr macht, bewußt oder unbewußt mit gestalten und beeinflussen und seinerseits ihren Einfluß an sich erfahren. *Esperanto* ist eine eminent demokratische Angelegenheit. Keine Autorität, keine Akademie, keine staatliche Institution kann an den Fundamenten des *Esperanto* mehr rütteln. Es hat sich nämlich, und das ist vielleicht das Erstaunlichste an seiner Existenz, selbständig gemacht. Es gehört allen, die sich seiner bedienen, und es gehört doch niemandem in dem Sinne, daß er nach seiner Willkür damit verfahren könnte. Das hat das *Esperanto*-Volk in aller Herren Länder sehr wohl begriffen, und es verfolgt unbeirrt durch theoretische Erörterungen den Weg der Praxis weiter und leistet vorbildliche Pionierarbeit. Nicht darauf kommt es an, immer wieder neue und andere Systeme dem einzigen System, das sich durchgesetzt hat, entgegenzustellen, sondern das einzige System, das sich als wirklich lebensfähig erwiesen hat, zu fördern und es endlich überall, wo es dienlich sein könnte, anzuwenden. Und damit bin ich durchaus der gleichen Meinung wie Prof. Dr. Carlo Schmidt, der ist nämlich „durchaus der Meinung, daß man die Kenntnis des *Esperanto* fördern sollte".
Vernehmen wir einmal Zamenhof selbst! In seiner 1887 erschienenen Broschüre *Dua Libro de l'Lingvo Internacia, de D-ro Esperanto* finden wir eine Äußerung, die erkennen läßt, wie deutlich Zamenhof begriff, auf welche Weise er seiner Sprache allein zu echtem Leben verhelfen könnte:
*„Kiam la lasta kajero de l'libro estos elirinta, tiam por la leganto nenio jam estos neklara: la societo tiam konos la tutan animon de l'lingvo, ĝi tiam havos plenan vortaron kaj povos tute libere uzi la lingvon por ĉiuj celoj, kiel ĝi povas nun uzi ĉian riĉan kaj*

*prilaboritan vivantan lingvon. La dependo de la lingvo de l'volo aŭ de l'talento de mia propra persono aŭ de ia alia aparta persono aŭ personaro tute foriĝos. La lingvo tiam estos tute preta en ĉiuj plej malgrandaj ĝiaj partoj. La persono de l'autoro tiam tute foriros de la sceno kaj estos forgesita.*
*... La sorto de ia vivanta lingvo tute ne dependas de l'sorto de tiu ĉi aŭ tiu persono."*

Um auch diesen kleinen Esperanto-Text in allen Teilen genau verstehen zu können, nehmen wir uns zunächst einmal folgender Wörtchen an: *ia, kiam, tiu (ĉi), tiam, ĉia* (Akkusativ: *ĉian), nenio*. Ihnen gesellen wir ein paar schon früher aufgetretene hinzu: *kiel, tie, tiel, ĉiu. Ia persono* irgendeine Person, eine Person von unbestimmter Eigenschaft; in *kiu* wer, welcher, *kiam* wann und *kiel* wie weist der Stamm auf den fragenden oder rückbezüglichen Charakter des Wortes hin; in *tiu* jener, *tie* dort, *tiam* dann und *tiel* so drückt der Stamm *ti-* das Hinweisen aus, bei *tiu* und *tie* bezeichnet ein dazugesetztes *ĉi* das Näherbefindliche: *tie ĉi kaj tie* hier und dort, *tiu ĉi kaj tiu* dieser und jener; als Wortstamm verallgemeinert *ĉi-: ĉiu* jeder, *ĉiuj* alle, *ĉia* jederlei, wie beschaffen auch immer; *nenio* nichts.

Im übrigen treten folgende Wurzelwörter neu auf: *lasta* letzter, *kajero* Heft, *legi* lesen, *klara* klar, *tuta* ganz, *animo* Seele, *havi* haben, *uzi* gebrauchen, *celi* erstreben, *riĉa* reich, *pri* über, *vivi* leben, *dependi* abhängen, *talento* Talent, *propra* eigen, *persono* Person, *aparta* gesondert, *preta* fertig, bereit, *plej* am meisten, *granda* groß, *parto* Teil, *aŭtoro* Autor, Schöpfer, *sceno* Szene, *forgesi* vergessen, *sorto* Schicksal.

*Plej malgrandaj ĝiaj partoj = ĝiaj plej malgrandaj partoj* ihre kleinsten Teile; *la plej granda parto* der größte Teil; *la plej klara akvo* das klarste Wasser. Der Superlativ eines Adjektivs wird immer durch *plej* (am meisten) gebildet.

Auf Seite 70 f. sahen wir, wie im *Esperanto* das Passiv auf einfachste Weise durch Verbindung eines der Passiv-Partizipien mit dem Verbum *esti* gebildet wird. Das jetzt zur Besprechung vorliegende Textstück weist die Verbindung eines Aktiv-Partizips mit *esti* auf: *la kajero estos elirinta* (wörtlich: das / Heft / wird sein / ein hinausgegangen seiendes). Was hier vorliegt wird im Deutschen als zweites Futur oder als Vergangenheit in der Zukunft bezeichnet: das Heft wird hinausgegangen sein (vollendete Zukunft, Vorzukunft, Futurum exaktum). Genau wie beim Passiv können wir mit den drei Zeitstufen von *esti* in Verbindung mit den drei Zeitstufen des Aktiv-Partizips neun zeitliche Beziehungen herstellen:

| | | | |
|---|---|---|---|
| 1. | | *elirinta* | war hinausge- |
| 2. | *estis eliranta* | = *eliris* | gangen |
| 3. | | *elironta* | |
| | | | |
| 4. | | *elirinta* | ist hinausge- |
| 5. | *la kajero estas eliranta* | = *eliras* das Heft | gangen |
| 6. | | *elironta* | |
| | | | |
| 7. | | *elirinta* | wird hinausge- |
| 8. | *estos eliranta* | = *eliros* | gangen sein |
| 9. | | *elironta* | |

Für die oben nicht übersetzten Verbindungen (2, 3, 5, 6, 8, 9) gibt es im Deutschen keine Entsprechungen. Nur durch umständliche Umschreibungen ließe sich der Sinn wiedergeben. Die Verbindungen 2, 5 und 8 entsprechen in etwa den einfachen Aussagen *ĝi eliris, ĝi eliras* und *ĝi eliros,* nur daß bei den zusammengesetzten Formen der Nachdruck darauf liegt, daß wir uns die Handlung in Vergangenheit, Gegenwart und Zukunft gerade während ihres Verlaufes vorstellen. Die drei Verbindungen 3, 6 und 9 drücken aus, daß die Handlung in Vergangenheit, Gegenwart und Zukunft jedesmal noch als künftig hingestellt wird. Kompliziert scheinen diese zeitlichen Beziehungen erst durch Übersetzungsversuche. An sich sind sie sehr einfach und logisch. Für die Alltagspraxis sind sie überdies weitgehend entbehrlich. Dem Schriftsteller, dem Wissenschaftler, dem Philosophen werden sie willkommen sein. Festhalten aber wollen wir bei dieser Gelegenheit, daß das *Esperanto* feinste Nuancen der zeitlichen Beziehungen ausdrücken kann, ganz abgesehen davon, daß mit solchen Bildungssilben, wie z. B. *ek-* oder *-ad* noch zusätzliche Differenzierungsmöglichkeiten (Handlungsaspekte) gegeben sind.

Zehntes Kapitel / *Deka ĉapitro*

# Ein bißchen Poesie / *Iomete da poezio*

Vielleicht hat Sie das Zamenhof-Zitat gegen Ende des vorigen Kapitels verzagen lassen. Nun ja, Esperanto ist leichter als andere Sprachen, sehr viel sogar, aber in den Schoß fällt es einem auch nicht. Vielleicht haben aber auch die theoretischen Erörterungen Sie ermüdet. Wie dem nun aber auch sei, jetzt wollen wir es uns wieder etwas leichter machen.
Es ist schon bald ein halbes Jahrhundert her, da befand ich mich in Südfrankreich in einem Kreise jugendlich begeisterter Esperantisten. Wir alle waren überzeugt, *Esperanto* könne nicht verfehlen, alsbald eingeführt zu werden. Es schien uns so einfach und selbstverständlich: Der Völkerbund mußte alle ihm angeschlossenen Staaten veranlassen, *Esperanto* in den Schulen einzuführen. Die Alten, die kein *Esperanto* mehr lernen wollten, würden aussterben, und die Jungen würden heranwachsen, und es wäre eine Lust zu leben. Schon gab es ja 1776 *Esperanto*-Gruppen in der Welt. In zwei, drei, höchstens fünf Jahren, und selbst das schien uns noch immer eine entsetzlich lange Zeit, würde man sich überall auf der Welt auf *Esperanto* verständigen können.
Es kam dann allerdings sehr anders. In Rußland hatte Stalin, während *Esperanto* im Westen gerade in der Arbeiterbewegung mehr und mehr Fuß faßte, diese Sprache als imperialistische Angelegenheit verboten. Und 1935 wurde Esperanto im Nazi-Deutschland als eine bolschewistische Angelegenheit angeprangert und ebenfalls verboten. Der Vorwand spielt keine Rolle. Kein autoritäres Regime sieht es gern, wenn seine Bürger sozusagen auf eigene Faust über die durch die Staatsgrenzen errichteten Gefängnismauern hinweg internationale Kontakte suchen. Und dann kam der Krieg, und die Esperantisten wurden in allen von Hitlers Armeen besetzten Gebieten verfolgt und die Bewegung nahezu zum Erliegen gebracht. Gleichviel, wir damals waren überzeugt, so wie das Meter als internationales Maß seinen Siegeslauf vollendet hatte, so würde auch das *Esperanto* sich unverzüglich und überall durchsetzen. Damals nun entstand, ursprünglich auf Esperanto konzipiert, das nachstehende kleine Gedicht. Erst Jahrzehnte spä-

ter erfolgte die hier ebenfalls vorgestellte Übersetzung aus dem Esperanto ins Deutsche.

| METAMORFOZO | METAMORPHOSE |
|---|---|
| *Rozflorburĝonon donis*<br>*Knabino for al mi.*<br>*Ho, kiel min do prenis*<br>*De l'amsopir' mani'!* | Ein knospend Röslein schenkte<br>Ein Mädchen mir voll Huld.<br>Wie sich da in mich senkte<br>Des Sehnens Ungeduld! |
| *La rozon zorge metis*<br>*En akvoglason mi,*<br>*Pensante, ke ridetis*<br>*Al mi multĉarme ŝi.* | Die Knospe sorglich stellte<br>Ich in ein Wasserglas.<br>Ein Lächeln da erhellte,<br>Mir schien, mein Schlafgelaß. |
| *Sur mia noktotablo*<br>*Kvar tagojn staris ĝi,*<br>*Fermata, kvazaŭ fablo,*<br>*Mistera fantazi'.* | Sie stand vier volle Tage<br>Auf meinem Tisch am Bett,<br>Geheimnisvoll wie Sage,<br>Ein Zauberamulett. |
| *Sed fine ĝi vekiĝis*<br>*El sia dormripoz'.*<br>*Hodiaŭ ĝi fariĝis*<br>*Plenplena purpurroz'.* | Doch schließlich, da erwachte<br>Die Knospe aus der Nacht<br>Und öffnete sich sachte<br>Zu purpurroter Pracht. |
| *Feliĉa kiom iĝis*<br>*Mi do en mia kor'!*<br>*La mondo ĝojpleniĝis*<br>*Per vi, ho ĉarma flor'.* | Vor Glück mocht da erglühen<br>Unsagbar mir mein Herz.<br>O Rose, durch dein Blühen<br>Strahlt Freude allerwärts. |

Nun ja, seien Sie nachsichtig! So dichtet man, wenn man sehr jung ist. Diese Verse haben wenigstens den Vorzug, daß sie dem sprachlichen Verständnis kaum Schwierigkeiten bereiten. Obgleich die durch den Rhythmus bedingte Silbenzahl in beiden Fassungen gleich ist, zeigt diese Nebeneinanderstellung deutlich die größere Knappheit des Esperanto-Textes. Bezüglich der Grammatik habe ich Sie nur darauf hinzuweisen, daß *si* Reflexivpronomen ist, z. B. *la patrino lavas sin* die Mutter wäscht sich, aber *la patrino lavas ŝin* die Mutter wäscht sie, nämlich *la knabinon*. Da die Übersetzung mit dem Text der Vorlage recht frei verfährt, lasse ich hier noch die Liste der neu aufgetretenen Wurzelwörter folgen. Sie ist für das kleine Gedicht ganz hübsch lang, aber nicht nur *la knabo,* sondern auch einige andere dieser Wörter werden Ihnen bekannt vorkommen.

*rozo* Rose, *burĝono* Knospe, *knabo* Knabe, *do* also, doch, *sopiri* sich sehnen, *manio* Leidenschaft, *zorgi* sorgen, *meti* setzen, stellen, legen, *glaso* Glas, *ridi* lachen, *multa* viel, *ĉarmo* Reiz, *ŝi* sie, *nokto* Nacht, *tablo* Tisch, *stari* stehen, *kvazaŭ* gleichsam, *fablo* Fabel, *mistero* Geheimnis, *fantazio* Phantasie, *veki* wecken, *dormi* schlafen, *ripozo* Ruhe, Ausruhen, *fariĝi* werden, *purpuro* Purpur, *feliĉa* glücklich, *kiom* wieviel, *mondo* Welt, *ĝoji* sich freuen.

Vielleicht versuchen Sie sich jetzt noch einmal an dem Zamenhof-Zitat aus dem vorigen Kapitel. Bei Kreuzworträtseln geben Sie doch auch nicht gleich auf. Wollten sich die Menschen nur soviel mit *Esperanto* beschäftigen, wie mit Kreuzworträtseln, das Weltsprachenproblem wäre längst gelöst. Kreuzworträtsel gibt es nämlich schon seit etwa einem halben Jahrhundert. 1925 fingen sie an, sich rasch steigender Beliebtheit zu erfreuen. Die Beschäftigung mit ihnen hat den Vorzug, Selbstzweck zu sein, die mit Esperanto verfolgt (man fühlt sich versucht, zu sagen „leider") darüber hinausgehende Ziele.

Da ich davon überzeugt bin, daß Sie einen klugen Gebrauch davon machen werden, gebe ich Ihnen nun doch die Übersetzung des Zamenhof-Zitates:

„Wenn das letzte Heft des Buches hinausgegangen sein wird, dann wird für den Leser nichts mehr unklar sein: Die Gesellschaft wird dann die ganze Seele der Sprache kennen, sie wird dann ein vollständiges Wörterverzeichnis haben und wird die Sprache dann ganz frei für alle Zwecke gebrauchen können, wie sie jetzt jedwede reiche und ausgearbeitete lebende Sprache gebrauchen kann. Die Abhängigkeit der Sprache vom Willen oder vom Talent meiner eigenen Person oder irgendeiner anderen Einzelperson oder Personengruppe wird ganz verschwinden. Die Sprache wird dann in allen ihren kleinsten Teilen ganz fertig sein. Die Person des Urhebers wird dann ganz von der Bühne abtreten und vergessen werden.

... Das Schicksal irgendeiner lebenden Sprache hängt ganz und gar nicht vom Schicksal dieser oder jener Person ab." Das unerfreuliche Deutsch dieser Übersetzung beruht auf der aus didaktischen Gründen angestrebten wortgetreuen Entsprechung.

Elftes Kapitel / *Dek-unua ĉapitro*

# Vollständige Esperanto-Grammatik
*Plena gramatiko de esperanto*

Sollten Sie mir, sehr geehrte *gelegantoj,* bis hierher gefolgt sein, so kann ich Sie beglückwünschen. Ich halte Sie nunmehr für genügend vorbereitet, Sie mit der vollständigen Grammatik des *Esperanto* bekannt zu machen. Und da ich ja wieder und wieder empfohlen habe, *Esperanto* sofort in Gebrauch zu nehmen, ergreife ich die Gelegenheit, halte mich an meine Empfehlung und mache Sie mit der *Esperanto*-Grammatik auf *Esperanto* bekannt. Wir wenden also unsere bisher erworbenen Kenntnisse zu deren eigener Festigung und zur Erwerbung weiterer an. Die von *D-ro Esperanto* 1887 zuerst veröffentlichte und dann nach einer einzigen, wenig erheblichen, aber geglückten Änderung ab 1888 gleichbleibend beibehaltene Grammatik umfaßt 16 Regeln, die keine Ausnahmen kennen und die wir uns nun eine nach der anderen vornehmen wollen. Im Anschluß an eine jede gebe ich zu den neu auftretenden Wörtern die Übersetzung unmittelbar oder die zu ihnen gehörige Stammform und deren Übersetzung. In den wenigen Fällen, wo wir auf bisher noch nicht Besprochenes stoßen, füge ich außerdem noch ein paar Beispiele an.

1. *Artikolo nedifinita ne ekzistas; ekzistas nur artikolo difinita (la), egala por ĉiuj seksoj, kazoj kaj nombroj.*

*artikolo* Artikel, *difino* Begriffsbestimmung, *ekzisti* vorhanden sein, da sein, existieren, *nur* nur, erst, *egala* gleich, *kazo* Fall, *nombri* zählen.

2. *La substantivoj havas la finiĝon o. Por la formado de la multenombro oni aldonas la finiĝon j. Kazoj ekzistas nur du: nominativo kaj akuzativo; la lasta estas ricevata el la nominativo per la aldono de la finiĝo n. La ceteraj kazoj estas esprimataj per helpo de prepozicioj (la genitivo per „de", la dativo per „al", la ablativo per „per" aŭ aliaj prepozicioj laŭ la senco).*

*substantivo* Substantiv, Dingwort, *nominativo* Nominativ, 1. Fall, *akuzativo* Akkusativ, 4. Fall, *ricevi* bekommen, *cetera* übrig, sonstig, *esprimi* ausdrücken, *prepozicio* Präposition, Verhältniswort, *genitivo* Genitiv, 2. Fall, *dativo* Dativ, 3. Fall, *ablativo* Ablativ, *laŭ* gemäß, nach, *senco* Sinn.

3. *La adjektivo finiĝas per a. Kazoj kaj nombroj kiel ĉe la substantivo. La komparativo estas farata per la vorto „pli", la superlativo per „plej"; ĉe la komperativo oni uzas la konjunkcion „ol".*
adjektivo Adjektiv, Eigenschaftswort, *kompari* vergleichen, *fari* machen, tun, *pli* mehr, *superlativo* Superlativ, 2. Steigerungsstufe, Höchststufe, Meiststufe, *konjunkcio* Konjunktion, Bindewort, *ol* „als" beim Komparativ.
*ekzemploj* Beispiele: *ĉi tiu knabino estas ĉarma, ŝi estas pli ĉarma ol tiu knabino, ŝi estas la plej ĉarma de ĉiuj knabinoj; ĉi tiu gramatiko estas facila, ĝi estas pli facila ol la gramatiko de tiu alia lingvo, sed la gramatiko de Esperanto estas la plej facila.*
4. *La numeraloj fundamentaj (ne estas deklinaciataj) estas: unu, du, tri, kvar, kvin, ses, sep, ok, naŭ, dek, cent, mil. La dekoj kaj centoj estas formataj per simpla kunigo de la numeraloj. Por la signado de numeraloj ordaj oni aldonas la finiĝon de la adjektivo; por la multoblaj – la sufikson obl, por la nombronaj – on, por la kolektaj – op, por la disdividaj – la vorton po. Krom tio povas esti uzataj numeraloj substantivaj kaj adverbaj.*
*fundamento* Grundlage, *deklinacio* Deklination, Beugung, *simpla* einfach, *kune* zusammen, *signo* Zeichen, *ordo* Ordnung, *-obl* Nachsilbe, die der Vervielfältigung dient; ... fach, ... mal, *sufikso* Nachsilbe, *-on* Nachsilbe, die zur Bildung von Bruchzahlen dient, *kolekti* sammeln, *-op* Nachsilbe, die zur Bildung von Sammelzahlen dient, *dise* auseinander, *dividi* teilen, *po* je, *krom* außer, *adverbo* Adverb, Umstandswort.
*ekzemploj: duobla* doppelt, *triobla* dreifach; *kvarono* ein Viertel, *kvinono* ein Fünftel; *sesope* zu sechsen, *sepope* zu sieben; *po ok* je acht, *po naŭ* je neun; *substantivaj numeraloj: la cento, la miliono; adverbaj numeraloj: dek-unue* elftens, *dek-due* zwölftens; *kvar kvinonoj* (4/5), *kvin kvaronoj* (5/4).
5. *Pronomoj personaj: mi, vi, li, ŝi, ĝi (pri objekto aŭ besto), si, ni, vi, ili, oni; la pronomoj posedaj estas formataj per la aldono de la finiĝo adjektiva. La deklinacio estas kiel ĉe la substantivoj.*
*pronomo* Pronomen, Fürwort, *li* er, *objekto* Objekt, Gegenstand, *besto* Tier, *posedi* besitzen.
6. *La verbo ne estas ŝanĝata laŭ personoj nek nombroj. Formoj de la verbo: la tempo estanta akceptas la finiĝon -as; la tempo estinta -is; la tempo estonta -os; la modo kondiĉa -us; la modo ordona -u; la modo sendifina -i. Participoj (kun senco adjektiva aŭ adverba): aktiva estanta -ant; aktiva estinta -int; aktiva*

*estonta -ont; pasiva estanta -at; pasiva estinta -it; pasiva estonta -ot. Ĉiuj formoj de la pasivo estas formataj per helpo de responda formo de la verbo esti kaj participo pasiva de la bezonata verbo; la prepozicio ĉe la pasivo estas „de".*
*verbo* Verb, Tätigkeitswort, *ne... nek* nicht... noch, *nek... nek* weder... noch, *tempo* Zeit, *modo* Modus, Mode, *kondiĉo* Bedingung, *ordono* Befehl, *ordona modo = imperativo; participo* Partizip, Mittelwort, *aktivo* Aktivum, *pasivo* Passivum, *bezoni* benötigen.

Ein Konditional ist uns bisher nicht begegnet. Seine Bildung bietet keine Schwierigkeit: *mi estus* ich würde sein, *mi akceptus* ich würde annehmen.

*ekzemplo:* Formen des Verbums *trink-: mi (vi, li, ŝi, ĝi, ni, ili, oni) trinkas, trinkis, trinkos, trinkus; trinku! trinki; mi k. c. (= kaj ceteraj /* und die übrigen) *estas, estis, estos trinkanta; estas, estis, estos trinkinta; estas, estis, estos trinkonta; estas, estis, estos trinkata (de); estas, estis, estos trinkita (de); estas, estis, estos trinkota (de).*

7. *La adverboj finiĝas per e; gradoj de komparado kiel ĉe la adjektivoj.*
*grado* Grad.

8. *Ĉiuj prepozicioj per si mem postulas la nominativon.*
*mem* selbst, *postuli* fordern, verlangen

9. *Ĉiu vorto estas legata, kiel ĝi estas skribita.*
*skribi* schreiben.

10. *La akcento estas ĉiam sur la antaŭlasta silabo.*
*akcenti* betonen, *ĉiam* immer, *silabo* Silbe.

11. *Vortoj kunmetitaj estas formataj per simpla kunigo de la vortoj (la ĉefa vorto staras en la fino); la gramatikaj finiĝoj estas rigardataj ankaŭ kiel memstaraj vortoj.*
*gramatiko* Grammatik.

12. *Ĉe alia nea vorto la vorto „ne" estas forlasata.*
*lasi* lassen.
*ekzemploj:* ich habe keine Mutter nicht / *mi havas nenian patrinon;* il n'a ni père ni mère / *li havas nek patron nek patrinon.*

13. *Por montri direkton, la vortoj ricevas la finiĝon de la akuzativo.*
*montri* zeigen.

14. *Ĉiu prepozicio havas difinitan kaj konstantan signifon; sed se ni devas uzi ian prepozicion kaj la rekta senco ne montras al ni, kian nome prepozicion ni devas preni, tiam ni uzas la prepozicion*

„*je*", *kiu memstaran signifon ne havas. Anstataŭ la prepozicio* „*je*" *oni povas ankaŭ uzi la akusativon sen prepozicio.*
*konstanta* beständig, *signifi* bedeuten, *devi* müssen, *rekta* gerade, *kia* wie beschaffen, *tiam* dann, *anstataŭ* anstatt.
Die Präposition *je* wird üblicherweise für Zeit- und Datumsangaben gebraucht, z. B. *je la unua de majo,* wofür sich sehr wohl auch der Akkusativ setzen läßt: *la unuan de majo.* Im übrigen wird man auf *je* nur dann zurückgreifen, wenn keine der anderen Präpositionen sich zur Wiedergabe des Verhältnisses eignet.

15. *La tiel nomataj vortoj fremdaj, t. e. tiuj, kiujn la plimulto de la lingvoj prenis el unu fonto, estas uzataj en la lingvo Esperanto sen ŝanĝo, ricevante nur la ortografion de tiu ĉi lingvo; sed ĉe diversaj vortoj de unu radiko estas pli bone uzi senŝanĝe nur la vorton fundamentan kaj la ceterajn formi el tiu lasta laŭ la reguloj de la lingvo Esperanto.*
*fremda* fremd, *t. e. = tio estas* das heißt, *tio* das, *fonto* Quelle, *ortografio* Orthographie, Rechtschreibung, *diversa* verschieden, *radiko* Wurzel, *regula* Regel.

Um Zamenhofs letzte Bemerkung an einem Beispiel zu verdeutlichen, so ist es also besser, z. B. neben dem Hauptwort „funkcio" auch das Verb „funkcii" zu gebrauchen, als ein von fungieren abgeleitetes „fungi" und vielleicht sogar noch ein von funktionieren abgeleitetes „funkcioni". Bei dem von Zamenhof empfohlenen Verfahren bleibt die Sprache leichter erlernbar. Eine Gefahr aber sind solche Doppelbildungen keineswegs. Mit der Zeit würde sich eine der drei Formen (funkcii, fungi, funkcioni) durchsetzen, und die andern beiden würden in Vergessenheit geraten. Das ist ein Vorgang, wie er in jeder Sprache zu beobachten ist. Die mittlere Form würde ohnehin jeder gute Esperantist vermeiden wegen ihres Anklanges an *fungo* = Pilz.

16. *La fina vokalo de la substantivo kaj de la artikolo povas esti forlasata kaj anstataŭata de apostrofo.*
*vokalo* Vokal, Selbstlaut, *apostrofo* Apostroph, Auslassungszeichen

Mit diesem simplen Regelwerk und einem Basisvokabular von nur 918 Wurzelwörtern hat Zamenhof seine Sprache in die Welt geschickt. Das ist das Fundament, auf dem sie gegründet ist, oder, um ein anderes Bild zu gebrauchen, das ist der Keim, aus dem sie fortdauernd sich entwickelt: Zamenhofs Originalarbeiten, seine Übersetzungen, mehr als 2000 Lehrbücher in über 80 Sprachen, allgemeine Wörterbücher und Spezial-Wörterbücher für Wissenschaft und Technik, ein beachtlicher Umfang schöngeistiger Literatur an Übersetzungen und Esperanto-Originalwerken, und nicht zuletzt eine beträchtliche Anzahl regelmäßig erscheinender Zeitschriften.

Sie nun, sehr verehrte *gelegantoj,* dürften, wenn Sie meinen Ausführungen auch nur durchschnittliche Aufmerksamkeit geschenkt haben, jetzt in der Lage sein, mit Hilfe eines Wörterbuches jeden *Esperanto*-Text, wenn auch wohl noch nicht flott zu lesen, so doch immerhin zu entziffern.

Wir sind, wie schon einmal im sechsten Kapitel, wieder an einer Stelle angekommen, wo es sich lohnt, Rückschau zu halten. Darum stelle ich hier ein zweites Mal eine Vokabelliste zusammen. Sie enthält diejenigen Wörter, die seit der ersten Liste dieser Art (Seite 53 ff) neu aufgetreten sind.

| | |
|---|---|
| *ablativo* | Ablativ |
| *adjektivo* | Adjektiv, Eigenschaftswort |
| *adresi* | adressieren |
| *adverbo* | Adverb, Umstandswort |
| *aero* | Luft |
| *afranki* | frankieren |
| *agrabla* | angenehm |
| *akcenti* | betonen |
| *akcepti* | annehmen, übernehmen |
| *akcidento* | Unfall, Unglücksfall |
| *aktivo* | Aktivum |
| *akuzativo* | Akkusativ, 4. Fall |
| *animo* | Seele |
| *ankoraŭ* | noch |
| *ano* | Anhänger (die Nachsilbe -*an* bezeichnet die Anhängerschaft, das Mitglied, die Gruppenzugehörigkeit) |
| *anstataŭ* | anstatt |
| *aparta* | gesondert |
| *apostrofo* | Apostroph, Auslassungszeichen |
| *aprilo* | April |
| *apud* | bei |
| *artikolo* | Artikel |
| *asocio* | Vereinigung |
| *atako* | Überfall, Angriff, Anfall |

| | |
|---|---|
| *aŭ* | oder |
| *aŭdi* | hören |
| *aŭgusto* | August |
| *aŭskulti* | hören, horchen |
| *aŭtoro* | Autor, Schöpfer |
| *aviadi* | fliegen |
| | |
| *besto* | Tier |
| *bezoni* | benötigen |
| *blinda* | blind |
| *burĝono* | Knospe |
| | |
| *celi* | erstreben |
| *cetera* | übrig, sonstig |
| | |
| *ĉarmo* | Reiz |
| *ĉe* | bei, an |
| *ĉelo* | Zelle |
| *ĉi* | (drückt besondere Nähe aus) |
| *ĉia* | jederlei, wie beschaffen auch immer |
| *ĉiam* | immer |
| *ĉio* | alles |
| | |
| *dativo* | Dativ, 3. Fall |
| *decembro* | Dezember |
| *deklinacio* | Deklination, Beugung |
| *dependi* | abhängen |
| *depreni* | abnehmen |
| *devi* | müssen |
| *deziri* | wünschen |
| *difino* | Begriffsbestimmung |
| *dimanĉo* | Sonntag |
| *dise* | auseinander |
| *disponi* | verfügen |
| *distribui* | verteilen |
| *diversa* | verschieden |
| *dividi* | teilen |
| *do* | also, doch |
| *dormi* | schlafen |
| *dum* | während |

| | |
|---|---|
| *efektiva* | wirklich |
| *egala* | gleich |
| *ek-* | (Vorsilbe, die den plötzlichen Beginn einer Handlung bedeutet) |
| *eksprese* | expreß |
| *ekzemplo* | Beispiel |
| *ekzisti* | vorhanden sein, da sein, existieren |
| *elekti* | wählen |
| *ero* | Bestandteil (*-ero* als Nachsilbe bezeichnet Einzelnes aus einer Fülle) |
| *esprimi* | ausdrücken |
| *estimi* | achten |
| | |
| *fablo* | Fabel |
| *fajro* | Feuer |
| *fantazio* | Phantasie |
| *fari* | machen, tun |
| *fariĝi* | werden |
| *februaro* | Februar |
| *feliĉa* | glücklich |
| *filo* | Sohn |
| *fino* | Ende |
| *fonto* | Quelle |
| *forgesi* | vergessen |
| *formulo* | Formular |
| *fremda* | fremd |
| *fundamento* | Grundlage |
| *fungo* | Pilz |
| *funkcii* | funktionieren, fungieren |
| | |
| *gasto* | Gast |
| *ge-* | (Vorsilbe, die beide Geschlechter zusammenfaßt) |
| *genitivo* | Genitiv, 2. Fall |
| *glaso* | Glas |
| *grado* | Grad |
| *gramatiko* | Grammatik |
| *granda* | groß |
| | |
| *ĝi* | es (neutrales Pronomen der 3. Person Singular für Gegenstände und Tiere) |

| | |
|---|---|
| *ĝiri* | überweisen |
| *ĝoji* | sich freuen |
| | |
| *havi* | haben |
| *helpi* | helfen |
| *hieraŭ* | gestern |
| | |
| *ia* | irgendwelch, irgendein |
| *ili* | sie (Pronomen der 3. Person Plural) |
| *imperativo* | Imperativ, Befehlsform |
| *iom* | etwas (Menge) |
| | |
| *januaro* | Januar |
| *jaro* | Jahr |
| *je* | (Verhältniswort von unbestimmter Bedeutung) |
| *julio* | Juli |
| *junio* | Juni |
| | |
| *ĵaŭdo* | Donnerstag |
| *ĵeti* | werfen |
| | |
| *kajero* | Heft |
| *karto* | Karte |
| *kaso* | Kasse |
| *kazo* | Fall |
| *ke* | daß (Konjunktion) |
| *kia* | wie (beschaffen), was für ein |
| *kiam* | wann?, als, wenn (zeitlich) |
| *kiom* | wieviel(e) |
| *klara* | klar |
| *knabo* | Knabe |
| *kolekti* | sammeln |
| *komerco* | Handel |
| *kompari* | vergleichen |
| *kondiĉo* | Bedingung |
| *koni* | kennen |
| *konjunkcio* | Konjunktion, Bindewort |
| *konstanta* | beständig |
| *krom* | außer |
| *kun* | mit |
| *kune* | zusammen |

| | |
|---|---|
| *kvazaŭ* | gleichsam |
| *lasi* | lassen |
| *lasta* | letzter |
| *laŭ* | gemäß, nach |
| *legi* | lesen |
| *li* | er |
| *linio* | Linie |
| *loko* | Ort |
| *lumo* | Licht |
| *lundo* | Montag |
| *majo* | Mai |
| *mandato* | Auftrag |
| *mano* | Hand |
| *mardo* | Dienstag |
| *marko* | Mark, Marke |
| *marto* | März |
| *mem* | selbst |
| *merkredo* | Mittwoch |
| *metamorfozo* | Metamorphose |
| *meti* | setzen, stellen, legen |
| *minimuma* | mindest |
| *mistero* | Geheimnis |
| *modo* | Modus, Mode |
| *mondo* | Welt |
| *montri* | zeigen |
| *morgaŭ* | morgen |
| *multa* | viel |
| *naturo* | Natur |
| *ne ... nek* | nicht ... noch |
| *nek ... nek* | weder ... noch |
| *nenio* | nichts |
| *nokto* | Nacht |
| *nombri* | zählen |
| *nominativo* | Nominativ, 1. Fall |
| *novembro* | November |
| *numero (n-ro)* | Nummer (Nr.) |
| *nur* | nur, erst |
| *objekto* | Objekt, Gegenstand |

| | |
|---|---|
| *-obl* | (Nachsilbe, die der Vervielfältigung dient) |
| *oktobro* | Oktober |
| *ol* | als (beim Komparativ) |
| *-on* | (Nachsilbe, die zur Bildung von Bruchzahlen dient) |
| *onklo* | Onkel |
| *-op* | (Nachsilbe, die zur Bildung von Sammelzahlen dient) |
| *ordo* | Ordnung |
| *ordono* | Befehl |
| *ortografio* | Orthographie, Rechtschreibung |
| | |
| *participo* | Partizip, Mittelwort |
| *parto* | Teil |
| *pendi* | hangen |
| *persono* | Person |
| *perturbi* | stören |
| *pesi* | wiegen |
| *peti* | bitten |
| *pfenigo* | Pfennig |
| *plaĉi* | gefallen |
| *plej* | am meisten |
| *pli* | mehr |
| *po* | je |
| *poezio* | Poesie |
| *porti* | tragen |
| *posedi* | besitzen |
| *postuli* | fordern, verlangen |
| *preni* | nehmen |
| *prepozicio* | Präposition, Verhältniswort |
| *presi* | drucken |
| *preta* | fertig, bereit |
| *pri* | über |
| *pronomo* | Pronomen, Fürwort |
| *propra* | eigen |
| *purpuro* | Purpur |
| *pasivo* | Passivum |
| | |
| *radiko* | Wurzel |
| *registri* | registrieren |
| *registro* | Verzeichnis, Liste |

| | |
|---|---|
| *regulo* | Regel |
| *rekta* | gerade |
| *respondi* | antworten |
| *resti* | bleiben |
| *reto* | Netz |
| *ricevi* | bekommen |
| *riĉa* | reich, vermögend |
| *ridi* | lachen |
| *ripozo* | Ruhe, Ausruhen |
| *rozo* | Rose |
| | |
| *sabato* | Samstag |
| *saluti* | grüßen |
| *savi* | retten |
| *sceno* | Szene |
| *scii* | wissen |
| *sciigo* | Mitteilung |
| *se* | wenn (Bedingung) |
| *sen* | ohne |
| *senco* | Sinn |
| *sendi* | senden |
| *septembro* | September |
| *servi* | dienen |
| *sia* | sein, ihr |
| *signifi* | bedeuten |
| *signo* | Zeichen |
| *silabo* | Silbe |
| *simpla* | einfach |
| *skatolo* | Schachtel |
| *skribi* | schreiben |
| *sopiri* | sich sehnen |
| *sorto* | Schicksal |
| *stari* | stehen |
| *substantivo* | Substantiv, Dingwort |
| *sufikso* | Nachsilbe |
| *sumo* | Summe |
| *superlativo* | Superlativ, 2. Steigerungsstufe, Höchststufe, Meiststufe |
| | |
| *ŝarĝi* | laden, beladen, beauftragen |
| *ŝi* | sie |

| | |
|---|---|
| *tablo* | Tisch |
| *talento* | Talent |
| *telegrafi* | telegraphieren |
| *telegramo* | Telegramm |
| *televidi* | fernsehen |
| *tempo* | Zeit |
| *tiam* | dann, damals |
| *tie* | da, dort |
| *tio* | das, jenes |
| *t. e.* = *tio estas* | das heißt |
| *tiu* | der; jener, jene, jenes |
| *tuta* | ganz |
| | |
| *ujo* | Behälter, Gefäß (als Nachsilbe Behälter im weitesten Sinne des Wortes) |
| *ulo* | Kerl (als Nachsilbe bezeichnet es eine Person, die durch eine hervorstechende Eigenschaft charakterisiert ist) |
| | |
| *universala* | allgemein |
| *urĝi* | drängen |
| *uzi* | gebrauchen |
| | |
| *valora* | wertvoll |
| *veki* | wecken |
| *vendredo* | Freitag |
| *verbo* | Verb, Tätigkeitswort |
| *vespero* | Abend |
| *vidi* | sehen |
| *vivi* | leben |
| *vokalo* | Vokal, Selbstlaut |
| | |
| *zorgi* | sorgen |

Zwölftes Kapitel / *Dek-dua ĉapitro*

# Ein Duden-Test / *Testo per Dudeno*

Der erste Band des großen zehnbändigen Duden, der die deutsche Rechtschreibung behandelt, enthält in seiner 17. Auflage von 1973 - ich wies bereits darauf hin - mehr als 160 000 Stichwörter. Da mag man sich wohl fragen, ob das Esperanto jemals imstande sein würde, über einen solchen Wortschatz verfügen zu können. Wir erinnern uns, das Esperanto-Vokabular nährt sich aus zwei Quellen: Die eine sind die 918 Basiswörter des ersten Buches der *Internacia Lingvo* des *D-ro Esperanto,* aus denen nach dem sogenannten „schematischen Prinzip" mit Hilfe zahlreicher Ableitungssilben neue Wörter gebildet werden, und die andere sind die in der 15. Regel der *Esperanto*-Grammatik erwähnten *fremdaj vortoj,* die nach dem „naturalistischen Prinzip" der *Esperanto*-Sprache angepaßt und in sie übernommen werden, dann aber ihrerseits die Möglichkeit bieten, als Basis für neu abzuleitende Wörter zu dienen.

Ich sagte mir, wenn es gelänge, die vielen Stichwörter der drei Spalten auch nur einer einzigen beliebig gewählten Seite des Duden auf *Esperanto* wiederzugeben, dann dürfte das wohl für alle anderen Seiten auch möglich sein, d. h. daß auch das *Esperanto* über einen potentiellen Wortschatz von mindestens (mindestens, weil immer noch weitere Ableitungen denkbar sind) 160 000 Wörtern verfügt. Kaum hatte ich diesen Gedanken gefaßt, da machte ich mich auch schon an die Durchführung dieses Versuchs. Das eigentliche Stichwortverzeichnis des Duden umfaßt die Seiten 105 bis 785. Ich wählte die Seite, die genau in der Mitte liegt, nämlich Seite 445 (105 + 340 = 445 / 445 + 340 = 785).

Der Versuch bestätigte einwandfrei die Leistungsfähigkeit des *Esperanto*. Das Ergebnis lege ich Ihnen hier vor, nicht als Lernstoff, das wäre übertrieben, wohl aber dürfte es sich lohnen, diese Liste einmal aufmerksam durchzusehen, sie gegebenenfalls, wenn Sie einen Duden bei der Hand haben, damit zu vergleichen. Wir werden für beide Wortwahlprinzipien reichlich Beispiele finden, und darüber hinaus feststellen, daß das *Esperanto* auch nicht wenige synonyme Ausdrücke aufweisen kann.

| | |
|---|---|
| Mancha | Manĉo (hispana regiono) |
| manchenorts | kelkie |
| mancher, der | kelkiu, kiu; iu, kiu |
| mancherlei | kelkspecaj; diversaj |
| mancherlei, was | kelkspeca, kio |
| mancherorten | en kelkaj ejoj |
| mancherorts | kelkeje |
| Manchester | Manĉestro (angla urbo) |
| Manchester | manŝestro (teksaĵo) |
| Manchesterhose | manŝestra pantalono |
| Manchestertum | manĉesterismo (liberaleca politik-ekonomia doktrino) |
| manches, was | kelko, kio |
| manchmal | kelkfoje |
| Mandant | mandanto (komisianto, mandatanto; rajtiganto, speciale de advokato) |
| Mandantin | mandantino, komisiantino, mandatantino |
| Mandarin | mandareno (eŭropa nomo di iama alta ĉina ŝtat-oficisto) |
| Mandarine | oranĝeto (malgranda oranĝsimila frukto) |
| Mandarinenöl | oranĝeta oleo |
| Mandat | mandato (komisio; rajtigo; parlamentana seĝo; al ŝtato por administrado fidata teritorio) |
| Mandatar | mandatito; komisiito; rajtigito (iu, kiu agas laŭ mandato de alia; advokato; deputito) |
| Mandatarstaat | mandatita ŝtato |
| mandatieren | mandat(ig)i |
| Mandatsgebiet | mandata teritorio |
| Mandatsmacht | mandatita ŝtato |
| Mandatsverlust | mandat-forpreno |
| Mandel | migdalo (frukto); tonsilo (glando); dekkvino (da), dekseso (da) (nombro-mezuroj); aro da ĉirkaŭ dekkvin garboj |
| Mandelauge | migdalforma okulo |
| mandeläugig | migdalokul(form)a |
| Mandelbaum | migdalujo |
| Mandelblüte | migdal(ujo)-florado |
| Mandelentzündung | tonsilito |
| mandelförmig | migdalforma |

| | |
|---|---|
| Mandelkleie | *migdalbrano* |
| Mandelkrähe | *migdalkorniko; blurako (birdo)* |
| Mandelöl | *migdal-oleo* |
| Mandelseife | *migdal-sapo* |
| Manderl | *uleto* |
| Mandibeln | *mandibloj (kiel supraj makceloj servantaj bušiloj de artikuloj)* |
| mandibular | *mandibla (kio apartenas al malsupra makcelo)* |
| Mandl | *uleto („vireto"; timigilo kontraŭ ĉasbestoj kaj birdoj; ŝtona vojosigno)* |
| Mandola | *mandolo (tirota kordmusikilo, sonas oktavon pli malalte ol mandolino)* |
| Mandoline | *mandolino (kordmusikilo)* |
| Mandorla | *mandorlo (migdalforma nimbo)* |
| Mandragora, Mandragore | *mandragoro (solanaco)* |
| Mandrill | *mandrilo (simio de certa speco en la regiono de la Kongo)* |
| Mandschu | *mandjuro (ano de mongola al tunguzoj parenca popolo)* |
| Mandschu | *mandjura lingvo* |
| Mandschukuo | *Mandjukuo (nomo de la Mandjurujo kiel imperio 1934-45)* |
| Mandschurei | *Mandjurujo (nordĉina malalta regiono)* |
| mandschurisch | *mandjura (p. e. mandjura petekia febro)* |
| Manege | *maneĝo (cirka prezentejo aŭ rajdejo)* |
| Manen | *(la bonaj) animoj de mortintoj (en la antikva roma religio)* |
| Manessisch | *(manesa manuskripto, skribaĵo de mezepokaj amkantistoj)* |
| Manet | *Eduardo Maneto* |
| Manfred | *Manfredo* |
| mang | *inter; intermiksite kun* |
| Mangabe | *mangabo (simio de certa speco en Afriko)* |
| Mangan | *mangano (ĥemia elemento, metalo)* |
| Manganat | *manganato (salo de mangana acido)* |
| Manganeisen | *mangan-fero* |
| Manganit | *manganito (mineralo)* |
| Mange | *kalandrilo* |
| Mangel | *kalandrilo (tolaĵ-rulilo)* |

| | |
|---|---|
| Mangel | *manko, deficito, malesto, foresto, seneco, sennutreco, nutromanko, mizero, malsufiĉo* |
| Mangelberuf | *subokupita profesio* |
| Mangelerscheinung | *mankaĵo, difektaĵo* |
| mangelfrei | *senmanka* |
| mangelhaft | *mankhava, fuŝa, malsufiĉa* |
| Mangelhaftigkeit | *mank(hav)eco, difekteco* |
| Mangelholz | *tabulo por kalandri, kalandra tabulo* |
| Mangelkrankheit | *manknutr(ad)a malsano* |
| mangeln | *manki (ne sufiĉe ekzisti)* |
| mangeln | *kalandri (ruli tolaĵon)* |
| Mängelrüge | *laŭmanka kritiko (plendo pri mankhave liverata komercaĵo aŭ laboro)* |
| mangels | *pro manko de (la bezonata mono; pro manko de unusignifaj pruvoj; pro manko de pruvoj)* |
| Mangelware | *nehavebla komercaĵo* |
| Mangelwäsche | *kalandr(ot)a tolaĵo* |
| mangen | *kalandri* |
| Mangfutter | *miksfuraĝo* |
| Manggetreide | *miksitaj cerealoj* |
| Manglerin | *kulandr(ist)ino* |
| Mango | *mango (tropika frukto)* |
| Mangobaum | *mangifero, mangujo, mangarbo* |
| Mangold | *beto cikla (legomo de folioj kaj petioloj)* |
| Mangrove | *manglo (ĉiamverda foliarbaro ĉe margolfoj kaj riverenmariĝoj en tropaj regionoj)* |
| Mangrovenbaum | *manglarbo* |
| Mangrovenküste | *mangloplena marbordo* |
| Manhattan | *Manhato (enrivera insulo; urboparto de Novjorko)* |
| Manichäer | *maniĥeano (ano de la maniĥeismo; en studenta ĵargono malnoviĝinta por admonanta kreditinto)* |
| Manichäismus | *maniĥeismo (por Manio fondita religiono)* |
| Manie | *manio (emego, demonhaveco, pasio, kutimaĉo, preferata okupo, furoro, frenezeco)* |
| Manier | *maniero (metodo, konduto, apartaĵo, modo, malnaturo, afekteco)* |
| Manieren | *(bon)manieroj, bonedukitaj manieroj* |

| | |
|---|---|
| maniriert | *afektita, malnatura* |
| Mairiertheit | *afekteco* |
| Manierismus | *manierismo (stilsigna vorto por la arto de la epoko inter renesanco kaj baroko; afektita imito de stilo)* |
| Manierist | *manieristo (ano de la manierismo)* |
| manieristisch | *manierisma* |
| manierlich | *bonmaniera, bonmora, bonedukita, ĝentila, agrabla* |
| manifest | *manifesta (evidenta, facile rimarkebla, facile videbla, klara, malkonfuza)* |
| Manifest | *manifesto (publika deklaro; informo; registro de la komercaĵoj sur ŝipo, la komunista manifesto)* |
| Manifestant | *manifestanto (malnoviĝinta por tiu, kiu ĵurdeklaras pri ŝuldoj; en Svisujo: alie malnoviĝinta por: partoprenanto en politika demonstracio)* |
| Manifestation | *manifestacio (evidentigo; en jurisprudenco: malkaŝigo; vidigo; en medicino: ekkoneblĝo de malsanoj; en Svisujo por: politika demonstracio)* |
| manifestieren | *manifesti, demonstri, montri (malnoviĝinta por: ĵurdeklari pri ŝuldoj; en Svisujo por: politike demonstracii)* |
| sich manifestieren | *manifestiĝi* |
| Maniküre | *(agado:) manzorgado, manflegado (speciale: ungoj-zorgado, ungoj-flegado)* |
| Maniküre | *(persono:) manzorg(ist)ino, manfleg(ist)ino* |
| manikuren | *manzorgi, manflegi* |
| Manila | *Manilo (plej granda urbo en la Filipinaj Insuloj)* |
| Manilahanf | *kanabo (ŝpinfibro de la filipininsula fibro-bananarbo)* |

Auf dieser einen Dudenseite sind uns umgangssprachliche, botanische, geographische, medizinische, juristische und anderweitige Ausdrücke unserer Muttersprache begegnet, von denen uns einige unbekannt waren, andere, die wir wohl in ihrem natürlichen Zusammenhang richtig verstehen können, selbst aber

nie gebrauchen, und schließlich die vertrauten, die wir selbst beim Sprechen oder Schreiben anwenden.
Für sie alle gibt es, wir haben es gesehen, auch mindestens eine, manchmal mehrere Ausdrucksmöglichkeiten auf Esperanto. Und diesen Test, davon darf man wohl überzeugt sein, würde das *Esperanto* auch auf sämtlichen anderen Seiten des Duden bestehen. Wenn Sie diese Liste wenigstens einmal mit einiger Sorgfalt durchgegangen sind, muß Ihnen die schier unerschöpfliche Wortbildungskraft des Esperanto aufgegangen sein. Soweit der abendländische Kultureinfluß reicht, und er reicht tief hinein auch in die Vorstellungswelt der nicht indoeuropäischen Völker, ist *Esperanto* fähig, die ihm gestellten Aufgaben zu erfüllen. Im Grunde genommen spricht die Menschheit schon jetzt eine gemeinsame Sprache. Esperanto ist berufen, dies sichtbar zu machen.

Dreizehntes Kapitel / *Dek-tria ĉapitro*

# Ein Robinson im Esperantoland / *Robinsono en Esperantujo*

Der zuerst 1719 in London herausgegebene Roman von Daniel Defoe „The Live and Strange Surprising Adventures of Robinson Crusoe of York, Mariner" war ein Bestseller seiner Zeit. Hauptsächlich war es das einsame Inseldasein des schiffbrüchig gewordenen Seemannes, das die Phantasie der damaligen Lesewelt beschäftigte. Rousseausche Natursehnsucht und gottgefälliges Puritanertum fanden hier reichliche Nahrung, und noch zu Anfang dieses Jahrhunderts war der „Robinson" eine beliebte Lektüre auch an deutschen Gymnasien. Wir lasen ihn damals als Sextaner in einer Bearbeitung von Otto Ernst, der Robinson ohne Bedenken zu einem Hamburger gemacht hatte.

Robinson hatte seine Heimat weit hinter sich gelassen, saß auf seiner Insel und hatte niemanden, mit dem er sprechen konnte, und genau so hatte ich meine geistige *Esperanto*-Heimat in ferner Zukunft vor mir, saß an meinem Schreibtisch und hatte niemanden, mit dem ich *Esperanto* sprechen konnte. Freilich war es nicht immer so. Gelegentlich habe ich Kontakt zu Esperantogruppen aufgenommen, auch wohl auf *Esperanto* korrespondiert, aber diese Art der Betätigung lag mir wenig. Auch auf Reisen mied ich *Esperanto*. Ich war immer viel zu sehr an den Landessprachen interessiert. Ich beherrschte *Esperanto,* und das genügte mir. Und in Hitlers tausendjährigem Reich war es ohnehin besser, wenn niemand von dieser heimlichen Liebe wußte. Der Reiz des *Esperanto* lag für mich in etwas anderem. Für mich war es ein Zugang zu unbekannten Literaturen. Deutsche Literatur las ich auf Deutsch, englische auf Englisch, usw. Aber es gab ja noch genügend Literaturen, die mir von der Sprache her verschlossen blieben, es sei denn, ich hielte mich an Übersetzungen.

Nun, an Übersetzungen hielt ich mich, aber an solche auf *Esperanto*. Sehen sie, eine *Esperanto*-Übersetzung wird doch in der Regel von jemandem vorgenommen, für den die Sprache, aus der er übersetzt, dieselbe ist wie die des Verfassers, dessen Werk er übersetzt und mit dem ihn die gleiche Kulturprägung verbindet. Er wird also die Feinheiten des Textes besser erfassen als jemand, der nicht aus seiner Muttersprache heraus übersetzt. Und dann ist das *Esperanto* infolge seiner Flexibilität und Klarheit ein so wunderbares sprachliches Medium, daß man bei solchen Übersetzungen, vorausgesetzt allerdings, daß sie gekonnt sind, geradezu den Eindruck hat, man läse das Original, zumindest als erblicke man dessen getreues Spiegelbild. So habe ich denn, ein Robinson ohne Gesprächspartner, Jahrzehnte hindurch, von meiner Schreibtischinsel aus immer einmal wieder zu einem Buch auf *Esperanto* gegriffen; und die auf diese Weise verbrachten Stunden sind gewiß nicht die schlechtesten meines Lebens gewesen. Viele meiner Bücher sind mir durch widrige Zeitumstände oder auch nur, weil ihrer zu viele wurden und ich meine Bücherregale entlasten mußte, abhanden gekommen. Vieles war darunter, dessen Verlust oder Weggabe ich heute bedauere und das für die Esperantobewegung dokumentarischen Charakter hätte. Immerhin ist es mir geglückt, einige meiner bevorzugten *Esperanto*-Bücher durch alle Ungunst der Zeiten bis in die Gegenwart herüberzuretten.

Können Sie Schwedisch? Ich auch nicht. Aber da habe ich eine hübsch in blaues Leinen gebundene und mit Goldprägung versehene *Sveda Antologio,* an der nicht weniger als 32 Übersetzer mitgewirkt haben. Sie ist 1934 in Stockholm erschienen, kurz bevor Hitler in Deutschland der Esperanto-Bewegung die Luft abschnürte. Durch sie bin ich erstmalig mit Schöpfungen solcher Autoren wie Gustav Fröding, Erik Axel Karlfeldt oder Hjalmar Söderberg in Berührung gekommen. Das Buch enthält auch Texte von Gustav af Geijerstam, Verner von Heidenstam, Selma Lagerlöf und den ersten Akt von Strindbergs „Gustav Vasa". Von Selma Lagerlöf aber las ich auf Esperanto vor allen Dingen die großartige von Stellan Engholm gefertigte Übersetzung ihres Romans „Gösta Berling". Sie schließt mit dem Satz: *„Jen la gigantaj abeloj de la fantazio svarmis ĉirkaŭ ni dum tagoj kaj jaroj, sed kiel ili povu eniri en la abelujon de la realeco, tio vere estas por ili malfacila afero."*

*jen!* da! siehe!, *giganta* riesenhaft, *abelo* Biene, *svarmi* schwärmen, wimmeln, *ĉirkaŭ* ungefähr, um ... herum, *reala* wirklich, *vera* wahr, *afero* Sache, Angelegenheit.

Mir ist, als paßten die für sie viel zu großen Esperanto-Bienen noch immer nicht in die Enge der Amtsstuben und die Bedenklichkeiten der Engherzigen.

Oder können Sie etwa Ungarisch? Ich auch nicht. Aber ich habe auch eine *Hungara Antologio* (Budapest 1933), die einen

erstaunen läßt ob der Vielseitigkeit und Reichhaltigkeit der ungarischen Literatur. Ihr verdanke ich insbesondere die Bekanntschaft mit den Gedichten des vielleicht bedeutendsten politischen Dichters des 19. Jahrhunderts, des in der Schlacht bei Schäßburg (magyarisch Segesvár) ums Leben gekommenen Sándor Petöfi. – Noch eine andere Begegnung mit ungarischer Literatur will ich erwähnen. Eines guten Tages entdeckt Hitler seine Freundschaft mit Ungarn, denn jenseits davon fließt das rumänische Erdöl. Der ungarische Reichsverweser v. Horthy kommt auf Staatsbesuch nach Deutschland. Das Propagandaministerium weiß, was es zu tun hat, und in den Theatern gibt's „Die Tragödie des Menschen" (Az ember tragédiája) von Imre Madách, eine Art Faustdrama, der Protagonist ist allerdings nicht Faust, sondern Adam. Im ersten Bild gibt es so etwas wie einen Prolog im Himmel und das fünfzehnte und letzte Bild endet mit der abschließenden Mahnung des Herrn: *Mi diris, penu, hom', kaj firme fidu!*
*diri* sagen, *peni* sich abmühen, *homo* Mensch, *firma* fest, *fidi* vertrauen
„Die Tragödie des Menschen" hatte 1883 im Budapester Nationaltheater ihre Uraufführung erlebt. Ein größerer Gegensatz zur nationalsozialistischen Weltanschauung als dieses Stück mit seinem pessimistischen Geschichts- und Menschenbild war kaum denkbar, jetzt aber wurde es aufgeführt, und die Feuilletons waren voll davon. So gut wie niemand hatte je von dem Stück gehört, von seiner und seines Verfassers Existenz gewußt, nur der *Esperanto*-Robinson, der hatte vier oder fünf Jahre vorher die 1924 in Budapest herausgegebene *Esperanto*-Übersetzung von Kalocsay *La Tragedio de l' Homo* gelesen und vermochte sich bereits vor der Premiere im Bekanntenkreis sachkundig dazu zu äußern.
Können Sie vielleicht Polnisch? Ich auch nicht. Und doch ist mir, als hätte ich den Roman QUO VADIS?, der seinem Verfasser Henryk Sienkiewicz 1905 den Nobelpreis einbrachte, auf polnisch gelesen. Ich las ihn aber in der 1957 in Warschau veröffentlichten Übersetzung von Zamenhofs Tochter Lidia. Zu Unrecht, scheint mir, wird dieses auf sorgfältige Quellenstudien gegründete und zuverlässige Geschichtsbild aus der Zeit Neros heute zurückhaltender beurteilt als zur Zeit seines ersten Erscheinens. Mehrfache Verfilmungen, schon so frühe wie die von 1901 und die von 1912, die damals die Vormacht-

stellung des italienischen Films begründete, und spätere haben zu seiner Popularisierung beigetragen. *Tiel pasis Nero,* steht auf der letzten Seite, *kiel pasas uragano, fulmotondro, brulo, milito aŭ pesto,*... Da mochte der Esperanto-Leser von 1957 wohl denken: *Tiel pasis ankaŭ Hitler*...
*pasi* vorübergehen, *uragano* Orkan, *fulmo* Blitz, *tondro* Donner, *bruli* brennen, *militi* Krieg führen, *pesto* Pest
Können Sie etwa Russisch? Ich genau so wenig. Zu meinen bevorzugten Esperanto-Büchern gehörte der *Eŭgeno Onegin* von Alexander Puschkin. Er ist mir verloren gegangen, stammte, wenn ich mich recht erinnere, aus einem russischen Verlag und aus der Zeit, bevor der Esperantismus in Rußland durch Stalin abgewürgt wurde.
Aber am Ende können Sie Dänisch? – Ich leider auch nicht. 1926 brachte die *Esperantista Centra Librejo* in Paris die ersten beiden Teile der *Plena Kolekto* der *Fabeloj* Hans Christian Andersens heraus, den ersten Teil bereits in zweiter Auflage mit dem Vermerk *Eldonite: 4.950 Ekzempleroj.* Das ist eine Auflagenhöhe, mit der sich auch nationalsprachliche Bücher durchaus sehen lassen können. 1932 folgten dann der dritte und später noch der vierte Teil. Die Übersetzung stammt von Zamenhof selbst, und die Sprache ist, liegt es nun an ihm, liegt es an Andersen? von zauberhafter Schlichtheit. Wenn ich das Buch nur öffne, lese ich mich immer wieder darin fest. Erinnern Sie sich noch aus Ihrer Kindheit an die Geschichte von der Prinzessin auf der Erbse? *Per tio oni povis vidi, ke ŝi estas vera reĝidino, ĉar tra la dudek matracoj kaj la dudek lanugajoj ŝi sentis la pizon. Tiel delikatsenta povis esti nur vera reĝidino!*
*reĝo* König, *-id* (diese Nachsilbe bezeichnet die Nachkommenschaft, z. B. *reĝido* Königssohn), *tra* durch, hindurch, *matraco* Matratze, *lano* Wolle, *lanugo* Wollhärchen, *senti* fühlen, *pizo* Erbse, *delikata* fein
Von Zamenhof habe ich alles gelesen, dessen ich nur habhaft werden konnte, auch wenn es mir aus den Originalsprachen schon bekannt war. Von seiner meisterhaften Übersetzung des Alten Testaments war schon die Rede. Hätten Sie Lust auf eine Probe? Nehmen Sie einmal Ihre Bibel zur Hand und vergleichen Sie die ersten Verse der Schöpfungsgeschichte:
*En la komenco Dio kreis la ĉielon kaj la teron. Kaj la tero estis senforma kaj dezerta, kaj mallumo estis super la abismo; kaj la spirito de Dio ŝvebis super la akvo. Kaj Dio diris: Estu lumo; kaj*

*fariĝis lumo. Kaj Dio vidis la lumon, ke ĝi estas bona; kaj Dio apartigis la lumon de la mallumo. Kaj Dio nomis la lumon Tago, kaj la mallumon Li nomis Nokto. Kaj estis vespero, kaj estis mateno, unu tago.*

Ist es nicht, als ob dieser altvertraute Mythos plötzlich einen neuen Glanz erhielte, als ob man durch das neue sprachliche Medium nicht von ihm entfernt, sondern weit eher mehr an ihn herangeführt würde? Oder geht es, aus welchem Grunde auch immer, nur mir so?

Und jetzt der Monolog Hamlets:

*Ĉu esti aŭ ne esti, – tiel staras*
*Nun la demando: ĉu pli noble estas*
*Elporti ĉiujn batojn, ĉiujn sagojn*
*De la kolera sorto, aŭ sin armi*
*Kontraŭ la tuta maro da mizeroj*
*Kaj per la kontraŭstaro ilin fini?*
*Formorti – dormi, kaj nenio plu!*
*Kaj scii, ke la dormo tute finis*
*Doloron de la koro, la mil batojn,*
*Heredon de la korpo, – tio estas*
*Tre dezirinda celo. Morti – dormi –*
*Trankvile dormi! Jes sed ankaŭ sonĝi!*

Diese Sprache verblüfft durch ihre Klarheit, Unmittelbarkeit, Lebendigkeit. Zamenhofs Übersetzungen sind vorbildlich, und sie werden vermutlich für alle künftigen *Esperanto*-Schriftsteller und -Übersetzer Standardwerke bleiben, stilistische Lehrmeister, zu denen man immer wieder zurückkehren wird, um sich bei ihnen Rat zu holen. Von Zamenhof gibt es u. a. noch: *La Revizoro* (Gogol), *La Rabeno de Baharaĥ* (Heine), *La Gimnazio* (Ŝalom Alejĥem), *George Dandin* (Molière), *Ifigenio en Taŭrido* (Goethe), *La Batalo de l' Vivo* (Dickens), *La Rabistoj* (Schiller), *Marta* (Eliza Orzeszko) und nicht zuletzt eine Reihe von *Lingvaj Respondoj*, die in den Jahren 1889 bis 1912 in verschiedenen *Esperanto*-Zeitungen und dann von der *Esperantista Centra Librejo* in Paris in Form einer vollständigen Sammlung herausgegeben wurden, 1927 bereits in zweiter Auflage. Nur zögernd ließ sich Zamenhof zu solchen Äußerungen herbei. Er fühlte wohl und fürchtete zugleich, daß er mit einer jeden Entscheidung in sprachlichen Fragen dem *Esperanto* eine zusätzliche Fessel anlegte, wollte lieber die Sprache sich frei entwickeln lassen und der Zeit die Entscheidung anheimstellen. Immer wieder betonte er, daß er seine Meinung nicht mehr als Autor des *Esperanto,* sondern ganz unverbindlich äußere, wie es das Recht eines jeden anderen Esperantisten auch sei. Gleichwohl stellen die *Lingvaj Respondoj* eine wertvolle Quelle philologischer Einsichten dar, deren Studium jedem Esperantisten nur dienlich sein kann.

Nicht übersehen wollen wir auch die *Fundamenta Krestomatio de la Lingvo Esperanto,* für die Zamenhof als Herausgeber zeichnet. Mir liegt die 13. Ausgabe von 1931 vor (Paris, *Esperantista Centra Librejo).* Sie ist als eine grundlegende Textsammlung gedacht, die der *Esperanto*-Sprache die Richtung weisen und den Weg ebnen, nicht aber sie knebeln soll. Das zeigt sich deutlich in einer Bemerkung Zamenhofs im Vorwort der Chrestomathie, wo er auf zweifelhafte oder doppelte Wortformen zu sprechen kommt, die sich in den zusammengestellten Texten finden. *Ĉar ne venis ankoraŭ la tempo, por diri la lastan vorton pri tiuj dubaj formoj, tial mi preferis ne tuŝi tiujn duoblajn formojn, sed rigardi ambaŭ formojn kiel egale bonajn kaj uzeblajn laŭ la libera elekto de la uzantoj.*

*dubi* zweifeln, *tial* deshalb, *preferi* vorziehen, *tuŝi* berühren, *ambaŭ* beide

Der Inhalt der 460 Seiten umfassenden Chrestomathie ist vielseitig. Sie enthält Prosatexte und Gedichte. Es gibt Übungsstücke, Märchen, Legenden, Anekdoten, Erzählungen und Aufsätze. Besonders interessant scheinen mir heute in historischer Sicht die *Artikoloj pri Esperanto.* Unter den Zamenhofschen Gedichten findet sich auch sein Gedicht *Mia Penso* und die Esperanto-Hymne *La Espero (En la mondon venis nova sento, ...)*

Mit diesen kurzen, allzu aphoristischen Hinweisen auf die Esperanto-Literatur habe ich Ihnen ein sehr einseitiges und sehr persönlich orientiertes Bild gegeben. Von der Original-Literatur auf Esperanto war so gut wie überhaupt nicht die Rede. Ich verfolgte auch keinerlei literarhistorische Absicht. Mir lag lediglich daran, Ihnen zu zeigen, daß Esperanto auch ohne praktische Anwendungen im Alltagsleben für jeden schöngeistig interessierten Menschen ein beglückendes Hobby sein kann, gewiß kein schlechteres als viele andere Hobbies auch, im Zweifelsfalle eher ein besseres. Sie dürfen mir glauben, ich habe Sie nur just einen flüchtigen Blick hinter den Vorhang der *Esperanto*-Literatur werfen lassen.

Vierzehntes Kapitel / Dek-kvara ĉapitro

# Etwas Systematisches / *Io sistema*

Mehrfach sind uns so kleine Dingerchen, sprachliche Partikel, für das Gedächtnis schwer zu fassende Wörterchen begegnet, die durch unsere Textstücke geistern wie eine Bande unbeaufsichtigter Abc-Schützen durchs Schulgebäude. Wir müssen sie in den pädagogischen Griff bekommen, sie didaktisch bewältigen. Sie sollen uns nicht mehr zwischen die Beine purzeln, so daß wir über sie stolpern, vielmehr sollen sie gesittet auf ihren Bänken sitzen, jedes an seinem Platz, wo sie hingehören, und ihre Aufgaben erledigen.
Fünfundvierzig sind es. Das Klassenzimmer hat fünf lange Bänke zu je neun Plätzen. Fünfmal neun ist fünfundvierzig. So können wir sie alle unterbringen. Einige sind uns schon bekannt. Sie heißen: *kiu, tiu, ĉiu; tio, ĉio, nenio; ia, kia, ĉia; tie; iam, kiam, tiam; ĉiam; kiel, tiel; kiom*. Das sind erst siebzehn. Da bleiben ja noch achtundzwanzig nach! Sie meinen, das könne ja kein Mensch bewältigen, das würden Sie nie schaffen. Moment mal! Nur keine Angst! Nach einigen Tagen kann jeder Schulmeister seine vielen Klabautermännchen auseinanderhalten. Er macht sich nämlich einen Sitzplan und legt ihn sich beim Unterricht aufs Pult. Wenn Schüler so etwas machen, nennt man das einen Mogelzettel. Machen wir uns also einen Mogelzettel!
Da sind zunächst neun Mädchen, die heißen: Inge U., Ilse O., Ida A., Irma Es., Isolde E., Ilsa Am., Ingrid El., Ivonne Al. und Imma Om. Aus Gründen der Diskretion habe ich die Nachnamen abgekürzt. Die Vornamen beginnen alle ohnehin mit „I". (Das ist überhaupt die größte Leistung der Schulmeister, in jeder Klasse wieder aufs neue die vielen Annemarie, Heidemarie, Marianne, Annemie, Anna, Hanna, Hannchen, Ursula, Ursi, Uschi usw. auseinanderzuhalten. Aber davon spricht man nicht, und ist doch so viel schwerer als Esperanto.)
Also unsere neun i-Mädchen setzen wir in die erste Reihe:
*i-u, i-o, i-a, i-es, i-e, i-am, i-el, i-al, i-om*
Da sitzen sie nun und sehen so merkwürdig u n b e s t i m m t aus, daß wir immer noch Gefahr laufen, sie zu verwechseln.
Weitere neun Kinderchen setzen wir in die zweite Reihe, das Kind U., das Kind O., das Kind A., das Kind Es., das Kind E.,

das Kind Am., das Kind El., das Kind Al., das Kind Om. Also:
*ki-u, ki-o, ki-a, ki-es, ki-e, ki-am, ki-el, ki-al, ki-om.*
Da sitzen sie nun und blicken uns alle so f r a g e n d an, gespannt auf das, was nun kommen wird. Und auch wir f r a g e n uns, ob wir die Gesellschaft jemals als Individuen werden auseinanderhalten können. Sehr f r a g l i c h scheint uns das.
„Und wie heißt du?" fragen wir den kleinen Jungen, der unmittelbar vor uns steht. „Fritzchen", sagt er. „Und du?" fragen wir den nächsten. Sieh an! der heißt auch Fritzchen. „Heißt hier etwa noch jemand Fritzchen?" – „Ich, ja ich, ich, ich..." schreit es begeistert von allen Seiten. Da gibt es also Fritzchen U., Fritzchen O., Fritzchen A., Fritzchen Es., Fritzchen E., Fritzchen Am., Fritzchen El., Fritzchen Al. und Fritzchen Om. Wir setzen die Fritzchen alle in die dritte Reihe. Da sitzen sie nun und können es nicht fassen, daß sie alle Fritzchen heißen und w e i s e n immer wieder aufeinander h i n . „Du heißt auch Fritzchen!" – „Der heißt auch Fritzchen!" und „Der da auch!" und „Jener auch!" Während sich die neun Fritzchen noch gar nicht wieder beruhigen können, notieren wir auf unserem Mogelzettel:
*tiu, tio, tia, ties, tie, tiam, tiel, tial, tiom*

Nun haben wir es bald geschafft. Nur noch achtzehn sind unterzubringen. Wir sehen, es sind auch Asiaten dabei, lauter hübsche Bübchen und Mädchen mit tiefschwarzem Haar und gelblicher Hautfarbe. Lauter kleine Chinesen. Wieder sind es neun. Diesmal brauchen wir ihre Namen nicht abzukürzen. Die sind ganz kurz und einsilbig. Es sind die Chinesenkinder U, O, A, Es, E, Am, El, Al und Om. Vielleicht sind sie gar keine Chinesenkinder, sondern Japaner, Vietnamesen, Siamesen, Koreaner, Burmesen, Thailänder, ... Wir sind gar nicht imstande, es auseinanderzuhalten. Wir v e r a l l g e m e i n e r n eben. Für uns sind das alles kleine Chinesen, *ĉi-noj*. Davon gibt es doch so viele. Neun davon füllen die vierte Bank:
*ĉiu, ĉio, ĉia, ĉies, ĉie, ĉiam, ĉiel, ĉial, ĉiom*

Der Rest sind nur noch Mädchen. Als wir sie fragen, wie sie heißen, da geht es bunt durcheinander: „Nanna, Netta, Nina, Leni ..." Wir hören schon gar nicht mehr genau hin, bringen alles durcheinander und machen aus der Leni U. eine *neniu*, und schließlich steht auf unserem Zettel:

*neniu, nenio, nenia, nenies, nenie, neniam, neniel, nenial, neniom*

Als wir nun die erste sicherheitshalber noch einmal fragen: „Du bist doch die Neni U.?" da ist es kein Wunder, daß sie v e r n e i n t. Das hätten wir uns als Esperantisten wegen des *ne* (nein, nicht) ohnehin denken können.

Nun sehen wir uns unser Werk noch einmal an. Da stehen die fünf Bänke, und darauf sitzen die neun Unbestimmten, die neun Fragenden, die neun Hinweisenden, die neun verallgemeinernden und die neun Verneinenden. Jetzt fordern wir unsere Erstkläßler auf, sich hübsch auf Vordermann zu setzen, schön gerade und aufrecht und möglichst genau hintereinander. Immer steckt uns noch etwas Preußentum im Blut. Und da sitzen nun ganz links die fünf, deren Nachnamen mit *U* beginnen. *-u* bedeutet soviel wie „Person oder eine bestimmte und benannte Sache": *iu* irgendwer, irgendeiner, jemand, *kiu* wer; welcher, welche, welches, *tiu* der; jener, jene, jenes, *ĉiu* jeder, jede, jedes, *neniu* niemand, keiner.

Wir machen einen Schritt nach rechts und stehen vor der zweiten Fünfergruppe. Alle Nachnamen dieser Kinder fangen mit *O* an. Die Endung *-o,* das wissen wir, substantiviert. Hier bezeichnet sie eine Sache, eine weiter nicht bestimmte oder benannte Sache: *io* etwas, irgend etwas, *kio* was, *tio* das, *ĉio* alles und *nenio* nichts.

Die dritte Gruppe unterscheidet sich von allen anderen durch das *-a* am Ende. Und das, auch das wissen wir, hat ja adjektivischen Charakter, kennzeichnet die Beschaffenheit, die Eigenschaft: *ia* irgendeine Art, irgendwelch, irgendein, *kia* was für ein, wie beschaffen. *tia* solch ein; solcher, solche, solches, *ĉia* jeglich, jederlei und *nenia* keinerlei, kein.

Wir kommen zur vierten Gruppe auf *-es*. Diese Endung drückt den Besitz aus: *ies* irgend jemandes, *kies* wessen, *ties* dessen, deren, *ĉies* jedermanns, *nenies* niemandes.

Die fünfte Gruppe hat *-e*. Dieses *-e* ist uns als Endung der abgeleiteten Adverbien geläufig. In dieser Fünfergruppe hat es örtliche Bedeutung: *ie* irgendwo, *kie* wo, *tie* da, dort, *ĉie* überall und *nenie* nirgends.

Das *-am* der sechsten Gruppe hat zeitliche Bedeutung: *iam* irgendwann, einst, einmal, *kiam* wann, *tiam* dann, *ĉiam* immer und *neniam* niemals.

Das *-el* der siebenten Gruppe bezeichnet die Art und Weise: *iel* irgendwie, *kiel* wie, auf welche Weise, *tiel* so, *ĉiel* auf jede Weise, auf jede Art und Weise und *neniel* auf keine Art und Weise; keineswegs.

Das *-al* der achten Gruppe begründet: *ial* aus einem Grunde, aus irgendeinem Grund, *kial* warum, weshalb, weswegen, *tial* darum, deshalb, *ĉial* aus jedem Grunde und *nenial* aus keinem Grunde.

Und das *-om* schließlich deutet auf die Menge: *iom* etwas, ein wenig, *kiom* wieviel, wieviele, *tiom* soviel, soviele, *ĉiom* alles; das Ganze und *neniom* gar nichts, nichts.

Alle fünfundvierzig Kinder sind nun untergebracht und vorgestellt. Jetzt gilt es, sie genauer kennenzulernen. Nur gut, daß uns einige schon vorher begegnet waren. Damit aber der Unterricht zügig vorangehen kann, sollten wir uns wirklich einen solchen Mogelzettel, einen Sitzplan anfertigen. Denn es dürfte immerhin noch einige Zeit dauern, bis wir alle fünfundvierzig auch unabhängig von ihrem Platz auf der Schulbank in anderer Umgebung richtig wiedererkennen und identifizieren können.

Sie sind auch von sehr unterschiedlichem Temperament, einige sitzen still und ruhig da, melden sich kaum und sagen nur selten etwas. Sie sind zurückhaltend und fallen uns kaum auf. Andere melden sich unentwegt, drängen sich vor und ziehen unsere Aufmerksamkeit auf sich. Und einige sind nicht ohne Eigenarten.

Die *ki*-Wörter z. B. haben nicht immer nur fragenden Charakter, sie werden auch als rückbezügliche Wörter verwandt (*la patro, kiu* = der Vater, der), treten auch gern zusammen mit den hinweisenden auf: *tiu, kiu* jener, der, *tio, kio* das, was, *tie, kie* dort, wo, *tiam, kiam* dann, wenn, *tiel . . . kiel* so . . . wie. Den hinweisenden wiederum gesellt sich häufig ein auf größere Nähe weisendes *ĉi* zu: *ĉi tie kaj tie* (hier und dort), *tio ĉi kaj tio* dies und das, *tiu kaj tiu ĉi* jener und dieser; dieser und dieser hier. *Kiam?* (wann?) wird auch als Konjunktion für Nebensätze der Zeit verwendet, dann bedeutet es soviel wie „als" oder „wenn" (in älterem Deutsch „wann"), z. B. *tiam, kiam vi venos* (dann, wenn du kommst = dann, wann du kommen wirst).

Die Gruppe auf *-o* kann in den Akkusativ treten, z. B. *mi vidas tion, mi aŭdas nenion*. Die Gruppen auf *-u* und *-a* kommen ebenfalls im Akkusativ, aber auch im Plural vor, z. B. *mi legas tiujn librojn, kiujn mi aĉetis* ich lese die – bestimmten – Bücher, die ich gekauft habe, *kiajn librojn vi aĉetis?* was für

Bücher hast du dir gekauft? *esperantajn.* Merken wir uns noch *ĉiuj* für „alle", im Akkusativ natürlich *ĉiujn,* z. B. *mi ricevis ĉiujn informojn,* und daß nach den Mengenwörtern auf *-om* die Präposition *da* steht: *iom da pano* etwas Brot, *kiom da akvo?* wieviel Wasser? *prenu tiom da oranĝoj, kiom vi volas!* nimm soviele Apfelsinen, wie du willst! *mi perdis ĉiom da mono* ich habe alles Geld verloren, *neniom da scio* nichts an Wissen.

Hier nun stelle ich Ihnen die ganze Gesellschaft noch einmal geschlossen vor:

| iu | io | ia | ies | ie | iam | iel | ial | iom |
|---|---|---|---|---|---|---|---|---|
| kiu | kio | kia | kies | kie | kiam | kiel | kial | kiom |
| tiu | tio | tia | ties | tie | tiam | tiel | tial | tiom |
| ĉiu | ĉio | ĉia | ĉies | ĉie | ĉiam | ĉiel | ĉial | ĉiom |
| neniu | nenio | nenia | nenies | nenie | neniam | neniel | nenial | neniom |

Diese Tabelle nennt man wohl auch die Zamenhofsche Tabelle, *la Zamenhofa tabelo.*

Jetzt sind wir so hübsch in die Systematik geraten, daß wir noch ein wenig weiter machen wollen. Wir gehen einmal hinüber zu unserem Kollegen in die Nachbarklasse. Da gibt es „nur" vierundvierzig Schüler. Es hilft alles nichts, die müssen wir auch noch kennenlernen. Sie sind nicht so hübsch auf fünf Bänke verteilt, sondern in zwei ungleichen Gruppen mit besonderen Aufgaben beschäftigt. Die eine der Gruppen besteht aus vierzehn Schülern, die andere aus dreißig. Aber Gott sei Dank! mit Befriedigung stellen wir fest, daß wir die meisten von ihnen, es sind rund zwei Drittel, schon kennen. Sie sind damit beschäftigt, neue Wörter zu basteln. Die kleinere Gruppe macht es vorsetzlich (oder schreibt man das mit „ä"?), die größere macht es anhänglich. Beobachten wir sie einmal bei ihrer Arbeit!

I. Vierzehn Vorsilben:

bo-     Verschwägerung: *patro* Vater, *bopatro* Schwiegervater; *filino* Tochter, *bofilino* Schnur, Schwiegertochter

dis-     Trennung: *rompi* brechen, *disrompi* zerbrechen; *iri* gehen, *disiri* auseinandergehen

ek-     Handlungsbeginn: *dormi* schlafen, *ekdormi* einschlafen; *veturi* fahren, *ekveturi* abfahren

eks-     Ehemaligkeit: *instruisto* Lehrer, *eksinstruisto* Lehrer a. D.; *oficiro* Offizier, *eksoficiro* Offizier a. D.

| | |
|---|---|
| *fi-* | Verächtlichkeit: *homo* Mensch, *fihomo* Lump; *hundo* Hund, *fihundo* Köter |
| *for-* | Entfernung: *porti* tragen, *forporti* forttragen; *kuri* laufen, *forkuri* weglaufen |
| *ge-* | Zusammenfassung beider Geschlechter: *patro* Vater, *gepatroj* Eltern; *knabo* Knabe, *geknaboj* Jungen und Mädchen |
| *mal-* | Gegensatz: *hela* hell, *malhela* dunkel; *varma* warm, *malvarma* kalt |
| *mis-* | Abwegigkeit: *uzi* gebrauchen, *misuzi* mißbrauchen; *konduki* führen, *miskonduki* mißleiten |
| *ne-* | Verneinung: *trinkebla* trinkbar, *netrinkebla* nicht trinkbar; *respekto* Achtung, *nerespekto* Nichtachtung |
| *pra-* | Vorzeitlichkeit: *avo* Großvater, *praavo* Urgroßvater; *homo* Mensch, *prahomo* Urmensch |
| *re-* | Wiederholung und Rückwendung: *vidi* sehen, *revidi* wiedersehen; *veturo* Fahrt, *reveturo* Rückfahrt |
| *sen-* | Fehlanzeige: *hara* behaart, *senhara* kahl; *potenco* Macht, *senpotenco* Ohnmacht |
| *tro-* | Übermaß: *pezo* Gewicht, *tropezo* Übergewicht; *plena* voll, *troplena* überfüllt |

II. Dreißig Nachsilben:

| | |
|---|---|
| *-aĉ* | Verschlechterung: *ĉevalo* Pferd, *ĉevalaĉo* Klepper; *komerci* handeln, *komercaĉi* schachern |
| *-ad* | Dauer: *paroli* reden, *paroladi* eine Rede halten; *kuro* Lauf, *kurado* Dauerlauf |
| *-an* | Gruppenzugehörigkeit: *urbo* Stadt, *urbano* Städter; *societo* Gesellschaft, *societano* Gesellschaftsmitglied |
| *-aĵ* | Dinglichkeit: *trinki* trinken, *trinkaĵo* Getränk; *skribi* schreiben, *skribaĵo* Geschriebenes, Manuskript |
| *-ar* | Sammelbegriff: *ŝipo* Schiff, *ŝiparo* Flotte; *arbo* Baum, *arbaro* Wald |
| *-ĉj* | männliche Koseform: *patro* Vater, *paĉjo* Väterchen; *Frideriko* Friedrich, *Friĉjo* Fritzchen |
| *-ebl* | Möglichkeit: *legi* lesen, *legebla* lesbar; *trinki* trinken, *trinkebla* trinkbar |
| *-ec* | Abstraktum: *bela* schön, *beleco* Schönheit; *bona* gut, *boneco* Güte |
| *-eg* | Vergrößerung: *homo* Mensch, *homego* Riese; *pordo* Tür, *pordego* Tor |

| | |
|---|---|
| -ej | Örtlichkeit: *telefono* Telefon, *telefonejo* Fernsprechstelle; *lerni* lernen, *lernejo* Schule |
| -em | Neigung: *babili* schwatzen, *babilema* schwatzhaft; *ŝpari* sparen, *ŝparema* sparsam |
| -end | Notwendigkeit: *lernaĵo* Lernstoff, *lernendaĵo* Pensum; *pagi* zahlen, *pagenda* fällig |
| -er | Einzelheit: *fajro* Feuer, *fajrero* Funke; *pano* Brot, *panero* Krume |
| -estr | Oberhaupt: *urbo* Stadt, *urbestro* Bürgermeister; *domo* Haus, *domestro* Hausmeister |
| -et | Verkleinerung: *varma* warm, *varmeta* lau; *strato* Straße, *strateto* Gasse |
| -id | Abkömmling: *reĝo* König, *reĝido* Prinz; *ŝafo* Schaf, *ŝafido* Lamm |
| -ig | Veranlassung: *sata* satt, *satigi* sättigen; *sankta* heilig, *sanktigi* heiligen |
| -iĝ | Werden: *blinda* blind, *blindiĝi* erblinden; *scii* wissen, *sciiĝi* erfahren |
| -il | Mittel oder Werkzeug: *tranĉi* schneiden, *tranĉilo* Messer; *instrui* lehren, *instruilo* Lehrmittel |
| -in | Weiblichkeit: *knabo* Knabe, *knabino* Mädchen; *amiko* Freund, *amikino* Freundin |
| -ind | Würdigkeit: *aŭdi* hören, *aŭdinda* hörenswert; *ami* lieben, *aminda* liebenswert |
| -ing | Halter: *plumo* Feder, *plumingo* Federhalter; *cigaredo* Zigarette, *cigaredingo* Zigarettenspitze |
| -ist | Beruf: *baki* backen, *bakisto* Bäcker; *vendi* verkaufen, *vendisto* Verkäufer |
| -nj | weibliche Koseform: *patrino* Mutter, *panjo* Mutti; *Helino* Helene, *Helinjo* Lenchen |
| -obl | Vielfaches: *du* zwei, *duobla* doppelt; *multa* viel, *multobla* vielfach |
| -on | Bruchteil: *kvar* vier, *kvarono* Viertel; *cent* hundert, *centono* Hundertstel |
| -op | Sammelzahl: *tri* drei, *triope* zu dritt; *dek-du* zwölf, *dek-duope* dutzendweise |
| -uj | Behälter: *tabako* Tabak, *tabakujo* Tabaksdose<br>Baum: *ĉerizo* Kirsche, *ĉerizujo* Kirschbaum<br>Land: *germano* Deutscher, *Germanujo* Deutschland |
| -ul | Eigenschaftsträger: *stulta* dumm, *stultulo* Dummkopf; *almozo* Almosen, *almozulo* Bettler |

*-um* Begriffliche Annäherung: *plena* voll, *plenumi* erfüllen; *flanko* Seite, *flankumi* flankieren; *kolo* Hals, *kolumo* Kragen; *butono* Knopf, *butonumi* zuknöpfen

Da es im *Esperanto* praktisch keine Grenze zwischen Bildungssilben und selbständigen Wörtern gibt, ließe sich diese Liste noch beliebig verlängern. SAPIENTI SAT!

Fünfzehntes Kapitel / *Dek-kvina ĉapitro*

# Unter Esperantisten / *Inter Esperantistoj*

Im siebenten Kapitel seines Zauberbergs, da, wo er vom großen Stumpfsinn spricht, schildert Thomas Mann, wie sich die Sanatoriumsinsassen allerlei Art Beschäftigungen hingeben, die zeitweise den Charakter wahrer Epidemien annehmen, als da sind die Liebhaberphotographie, das Briefmarkensammeln, der unaufhörliche Verzehr von Schokolade, das Zeichnen mit geschlossenen Augen, das Sichabplagen mit der Quadratur des Kreises oder das Entwerfen von Projekten über das Sammeln und die Verwertung von Altpapier, und dann folgt der bemerkenswerte Satz: „Einige Berghofinsassen trieben Esperanto und wußten sich etwas damit, in dem künstlichen Kauderwelsch bei Tische zu konservieren. Hans Castorp blickte sie finster an, indem er übrigens bei sich selber dafür hielt, daß sie die Schlimmsten nicht seien."

Nun wahrlich, sie sind nicht die Schlimmsten, und so habe ich mich denn, obgleich als unorganisierter Esperantist keiner Gruppe zugehörig, unter sie gewagt und vom 17. bis 20. Mai 1975 den Deutschen *Esperanto*-Kongreß in Oberkirch mitgemacht. Am Vortage schon war ich dort, bestaunte am Bahnhof das BONVENON-Schild und die grüne Fahne mit dem fünfstrahligen *Esperanto*-Stern und ging gleich, nachdem ich mich in meinem Hotelzimmer eingerichtet hatte, zum *kongresejo*, der Stadthalle in Oberkirch, wo ebenfalls eine ansehnliche *Esperanto*-Fahne wehte und dem modernen Flachbau ein festliches Aussehen gab. Während ich noch vergeblich versuchte, die verschlossene Eingangstür zu öffnen, rief mir aus einem vorbeifahrenden Auto ein freundlicher Herr mehrmals zu: *Je la sepa! je la sepa!* Das war also die erste praktische Anwendung des Esperanto, die ich erlebte. *Je la sepa!* sollte soviel heißen wie *je la sepa horo*. Um sieben Uhr, damit war allerdings um 19 Uhr gemeint, würde also geöffnet werden.

Das waren noch fast zwei Stunden, die ich damit verbrachte, durch den Ort zu schlendern, wobei ich jedesmal in ein inneres „Hallo!" ausbrach, wenn mir jemand begegnete, der die *Esperanto*-Nadel anstecken hatte. Und nach Geschäftsschluß, als die Einheimischen aus dem Straßenbild verschwanden, da erweckten bereits ein knappes Dutzend Esperantisten den Eindruck, als wimmelte der Ort nur so von ihnen. Als ich kurz nach 19 Uhr wieder vor der Stadthalle stand, fand ich die Tür offen. In dem großen Saal war man damit beschäftigt, letzte Hand an die Ausstellung zu legen, die im Zusammenhang mit dem Kongreß veranstaltet wurde. Der Hauptteil der Stellwände trug in *Esperanto* abgefaßte Werbeprospekte von Reisebüros aus älterer und neuerer Zeit, Reiseprospekte an die Adresse von Esperanto-Kundigen. Daneben fanden sich Photographien aus dem *Esperanto*-Leben, Begegnungen mit ausländischen Esperantisten, Einweihungen von *Esperanto*- und Zamenhofstraßen, Briefmarken mit dem Bildnis von Dr. Zamenhof oder Poststempel, die auf Kongresse hinwiesen, und anderes mehr, das einen *Esperanto*-Freund erfreuen kann und in dieser gedrängten Fülle sich sehr ansehnlich ausnahm. Unter anderem waren auch die Briefumschläge aus der Korrespondenz eines Oberkircher Bürgers mit Esperantisten in 57 verschiedenen Ländern ausgestellt, eine Sammlung sui generis, die gewiß nicht nur das Herz eines jeden Esperantisten höher schlagen ließ, sondern wegen der vielfältigen Buntheit der Briefmarken wohl dazu angetan war, manchen Philatelisten vor Neid erblassen zu lassen.

Die Atmosphäre war ganz die, wie sie eben vor Ausstellungseröffnungen und ähnlichen Veranstaltungen zu sein pflegt. Hier und da standen Leute einzeln oder in kleinen Gruppen beschäftigungslos herum, während andere höchst geschäftig und bedeutsam herumliefen und Wichtiges zu erledigen schienen. Es wurde Deutsch gesprochen, viel Deutsch, aber auch das von Thomas Mann als „künstliches Kauderwelsch" bezeichnete Verständigungsmittel. An meiner Anwesenheit nahm niemand Anstoß, obgleich ich mich dort im Saale eigentlich ohne jede Berechtigung aufhielt, denn die Kongreßeröffnung war ja erst für den nächsten Tag vorgesehen. Sprach ich um einer Auskunft willen jemanden an, so wurde mir bereitwillig mitgeteilt, wonach ich fragte, oder man verwies mich an die betreffende Stelle, wo ich Belehrung finden würde. Niemand argwöhnte in mir einen bombenlegenden Terroristen, und kein befugter Obrigkeitsvertreter verwies mich des Ortes. Nein, wahrlich, diese Esperantisten unter den Zeitgenossen waren die Schlimmsten nicht.

Auf einem Tisch am Eingang lagen allerlei Prospekte und Werbeschriften. Ein großer bunter, reich bebilderter Prospekt der Hamburger Fremdenverkehrszentrale mit detailliertem Text auf *Esperanto* wies unter anderen diese Überschriften auf: *Vaporboati sur la Alster* mit Alsterdampfern fahren, *Flari havenaeron* Hafenluft riechen, *Butikumi sur* Jungfernstieg auf dem Jungfernstieg ... *butiko* = Laden + um + i; versuchen Sie selbst, dieses köstliche Wort zu übersetzen!, *Promeneti sur Reeperbahn* ein bißchen über die Reeperbahn schlendern, und alles zusammen: *Malkovri Hamburgon!* Hamburg entdecken. Ein anderer umfänglicher Prospekt lud nach *Århus en Danlando* ein und ein anderer in das *Esperantista Kulturdomo* nach Frankreich, wo sich jährlich Hunderte von Esperantisten aus allen Kontinenten einfinden: *centoj da esperantistoj el ĉiuj kontinentoj*. Auch der Verkehrsverein in Mannheim warb mit einem eigenen *Esperanto*-Prospekt, während ein Werbeblatt für die „Haute-Saône" *Esperanto* neben Französisch, Deutsch und Englisch nur als vierte Sprache gelten ließ. Die „Deutsche *Esperanto*-Jugend" hatte mehrere geschickt aufgemachte Werbeschriften ausgelegt. Freilich stolperte ich in einer von ihr über die Behauptung: „Die über 16 Millionen, die in der Welt *Esperanto* sprechen, beschränken sich nicht auf Theorie." Über 16 Millionen? Wie kommt die Zahl wohl zustande? Das wären ja weit mehr, als die Niederlande Einwohner zählen. Es gibt Leute, die lernen Holländisch. Das nimmt man hin. Allenfalls fragt man: „Warum tun die das?" Aber man hält sie nicht für arme Irre. So müßte ja eigentlich schon der Zeitpunkt gekommen sein, wo man auch den Adepten des *Esperanto* nicht mehr für einen armen Irren halten kann. In der Doppel-Nummer Juli-August 1974 der Zeitschrift *„esperanto"*, die der *Esperanto*-Weltbund herausgibt *(universala esperanto-asocio),* finde ich eine *laŭlanda membrostatistiko por 1973,* die die dieser Vereinigung direkt oder durch Gruppen angeschlossenen Mitglieder auf 32 716 beziffert. Diese Ziffer wiederum sagt nichts aus über unorganisierte oder anderweitig zusammengeschlossene Esperantisten, so gibt es z. B. noch den Weltbund der Arbeiter-Esperantisten *(Sennacieca Asocio Tutmonda) SAT,* ein Schisma, das die Durchschlagskraft des *Esperanto* erheblich herabsetzt, so daß man ihnen allen zurufen möchte: *Esperantistoj de ĉiuj landoj, unuiĝu!*
Am nächsten Tag, es ist der Sonnabend vor Pfingsten, finde ich

mich wieder in der Stadthalle ein. Da ist es vor allen Dingen der große *Esperanto*-Bücherstand, der am Vortage noch nicht aufgebaut worden war und der mich immer wieder anzieht. Da gibt es *Esperanto*-Veröffentlichungen noch und noch, Lehrbücher auf der Basis von Nationalsprachen, aber auch solche, die nach direkter Methode nur auf *Esperanto* abgefaßt sind, Wörterbücher, Werbeschriften, linguistische Untersuchungen zum Weltsprachenproblem, theoretische Schriften über *Esperanto,* Geschichtliches aus der Bewegung, ein reichhaltiges Angebot schöngeistiger und unterhaltender Literatur. Die Bibel, prächtig gebunden, behauptet ihren Platz. Aber auch vom Koran gibt es eine schöne zweisprachige Ausgabe (Arabisch und *Esperanto).* Und auch die dritte „Bibel", die *Elektitaj Verkoj De Maŭ Zedong,* fehlt nicht. Auf gutem Papier *en Ĉina Popola Respubliko* gedruckt (Peking 1971), in vorbildlichem, klaren *Esperanto* geschrieben, 610 Seiten stark, mit Seidenband als Lesezeichen und einem festen roten Kunststoff-Schutzumschlag versehen, kostet sie ganze DM 2,20. Das sind schätzungsweise die Portokosten, die die Reise um die halbe Welt für das Buch gekostet hat. Da haben wir einmal den Fall, wo reichliche Werbemittel indirekt auch für *Esperanto* eingesetzt werden. Ein großer Prachtband enthält auf 527 Seiten 952 Abbildungen, die Zamenhof selbst oder Erinnerungswürdiges aus seinem Leben zeigen. Diese *Granda Galerio Zamenhofa* ist das Lebenswerk eines Bürgers der USA (Adolf Holzhaus) (Preis: DM 61,10). Japanische Esperantisten haben in zwei Prachtbänden die Jahrgänge 1922–1926 der Esperanto-Zeitschrift *Literatura Mondo* neu herausgegeben (Preis: DM 50,- je Band; vier weitere Bände sollen folgen)\*). Und daneben gibt es einen in seiner bescheidenen Schlichtheit rührenden Faksimile-Druck des ersten Büchleins, das nach den ersten Lehr- und Wörterbüchern der neuen Sprache einen literarischen Text brachte. Es handelt sich um Alexander Puschkins Erzählung *La Neĝa Blovado* in der Übertragung von A. Grabowski, Warschau 1888, 22 Seiten. Beachtlich ist auch eine der jüngsten Veröffentlichungen, das *Internacia komerca-ekonomika vortaro en 9 lingvoj.* Während in den Sprachen Deutsch, Spanisch, Französisch, Italienisch, Niederländisch, Portugiesisch und Schwedisch die etwa 2000 Stichwörter nur in einfachen Übersetzungen gegeben werden, sind

---

\*) Zwei sind es inzwischen.

sie auf Englisch und auf *Esperanto* außerdem noch genauestens begrifflich bestimmt. Das in den Niederlanden erschienene dicke, festgebundene Nachschlagewerk kostet 65,- gld. Natürlich gibt es auch *Esperanto*-Abzeichen zu kaufen, kleine Anstecknadeln mit dem grünen fünfstrahligen Stern, dessen Farbe die Hoffnung und dessen fünf Spitzen die fünf Kontinente symbolisieren, und Aufkleber *Esperanto* fürs Auto, Werbe-Klebemarken für Briefumschläge und Ansichtskarten von Oberkirch mit dem Kongreßstempel.

Allmählich ist es an der Zeit, daß ich meinen Kongreßbeitrag entrichte. Ich gehe zum *informejo* und erhalte einen Anhänger mit dem Text *Esperanto Turismo / 53a Germana Esperanto Kongreso / Oberkirch Pentekoston 1975* und eine rote Mappe Nr. 137 mit der Aufschrift *Kongreso de Esperanto.* Den Anhänger befestige ich sogleich an meinem Revers. Nun erst gehöre ich richtig dazu. Die Mappe, die sinnig mit einem grünen Streifen versehen ist, erweist sich als wahre Wundertüte. Da ist zunächst ein Exemplar der „Renchtal Zeitung" vom 16. Mai 1975. Dieses „Alleinige Heimatblatt im Renchtal" enthält eine ganze Seite, die ausschließlich dem 53. Deutschen Esperanto-Kongreß, gewidmet ist. Der Haupttext handelt allgemein von dem Kongreß, insbesondere von *Esperanto* als Sprache der Hoffnung und von ihrer leichten Erlernbarkeit. In einem besonderen Kästchen findet sich die Liste der Mitglieder des Ehrenkomitees. Sie enthält ganz hübsch prominente Persönlichkeiten, Minister, Bürgermeister, Mitglieder des Deutschen Bundestages und solche des Landtages von Baden-Württemberg u. a. In einem zweiten Kästchen entbietet das *Loka Kongresa Komitato* den Tagungsteilnehmern seinen Gruß auf *Esperanto,* in einem dritten und vierten tun es auf deutsch der Oberkircher Bürgermeister und der Minister für Wirtschaft, Mittelstand und Verkehr des Landes Baden-Württemberg. Ein paar Seiten weiter kündet noch ein Artikel davon, daß „es in Oberkirch keine Sprachschwierigkeiten gibt".

Weiter enthielt die Mappe eine Neufassung der Satzung des Deutschen Esperanto-Bundes E. V., eine Liste der *„Kongresanoj"* Tagungsteilnehmer, fünf zusammengeheftete Blätter mit *Esperanto*-Texten für den am Pfingstsonntag vorgesehenen ökumenischen Gottesdienst, ein Informationsblatt *El la Germana Esperanto-movado,* zwei Nummern der *Eǔropa Esperanto-Revuo* (Jan.-Febr. 75 und März 75) und eine Reihe von Werbeblättern, Reiseprospekten und Programmen. Die Teilnehmerliste war eine Woche vor Tagungsbeginn mit 133 Teilnehmern abgeschlossen worden. Es kamen dann aber noch soviele verspätete Anmeldungen, daß die Zahl 150 überschritten wurde. Obgleich dieser Kongreß speziell für die deutschen Esperantisten gedacht war, hatten sich auch einige Ausländer eingefunden: 8 Franzosen, 4 Österreicher, 2 Polen und 2 Schweizer.

Um 15 Uhr wurde durch eine kurze Ansprache, bei der die Kongreß-Teilnehmer zwanglos um den Sprecher herumstanden, zunächst die Ausstellung eröffnet, und schon eine halbe Stunde später setzte man sich zum Kongreß-Beginn an die in genügender Anzahl in Reihen aufgestellten Tische. Von festlicher Musik (ein Streichtrio spielte Beethoven, Schubert und Mozart) unterbrochen und eingerahmt, nahmen die Ansprachen ihren Lauf... auf deutsch. Der Deutsche Esperanto-Bund entbot seinen Gruß durch den stellvertretenden Bundesvorsitzenden Hermann Heiß, die Stadt Oberkirch tat es durch ihren Bürgermeister Erwin Braun und das örtliche Kongreß-Komitee durch seinen Vorsitzenden Walter Poppeck; Ehrengäste und Gäste aus dem Ausland folgten, wobei sich die Polen und Franzosen des *Esperanto* bedienten. Besonders liebenswürdig war die Ansprache von Prof. Dr. Hans Furler*), des ehemaligen Präsidenten des Europäischen Parlaments. Die eigentliche Festansprache über „*Esperanto* und Tourismus", um der Gäste und ihrer Unterrichtung willen auch auf deutsch, hielt der Vorsitzende des Deutschen Esperanto-Bundes und Lehrbeauftragte für *Esperanto* an der Universität Hamburg Dr. sc. pol. Werner Bormann. Seine Ausführungen waren von nüchternster Sachlichkeit getragen, der Tourismus, der immer noch in Expansion begriffen sei, sei das gegebene Feld, *Esperanto* als Mittel zu ausländischen Kontakten anzubieten, woraus sich von selbst das Begehren ergäbe, dieses Mittel auch anzuwenden.

Abends fand der Kongreßball statt. Die ausliegende Speisekarte war zweisprachig abgefaßt, und man konnte sich überlegen, ob man lieber auf deutsch ein „Kasseler Rippchen auf Sauerkraut, dazu Teigwaren" oder lieber auf *Esperanto* ein *Peklita porka kotleto kun fermentita brasiko kaj farunaĵoj* essen wollte. Der Preis war jedenfalls derselbe. Für Schlemmer gab

---

*) Es war vermutlich seine letzte, denn er starb bald darnach.

es z. B. *Pokalo da glaciaĵo kun fruktoj kaj kremaĵo.* Es wurde eifrig getanzt und geschwatzt, *germane* und auch *esperante.*
Ein freundlicher, etwa achtzigjähriger, gleichwohl aber rüstiger alter Herr, einer der aussterbenden Veteranen der Bewegung, erzählte mir von seiner Begegnung, die er als junger Mann mit Zamenhof gehabt hatte. Es war 1913 auf dem 9. internationalen Kongreß in Bern, dem letzten, den Zamenhof selbst mit machte. (Auf der Reise nach Paris zum 10. kehrte er wegen Ausbruch des ersten Weltkrieges wieder um, und 1917 starb er.) Der junge Mann also kam etwas verspätet in den Kongreßsaal. Alle Plätze waren besetzt. So setzte er sich verlegen auf einen der vorderen, reservierten Plätze. Gleich darauf erschien Zamenhof inmitten der ihn begleitenden Prominenzen. Schnell wollte sich der Jüngling verdrücken. Da aber nötigte ihn Zamenhof selbst zum Sitzen, er dürfe bleiben, wenn er nur verspräche, dem *Esperanto* treu zu bleiben. Nun, er hat sein Versprechen gehalten.
Am nächsten Morgen, Pfingstsonntag, fand dann um neun Uhr der ökumenische Gottesdienst statt, den *pastro* Roger Degrelle aus Nancy und *pastoro* Wilhelm Grillenberger aus Fürth gemeinsam zelebrierten. Es war eine hübsche Feierstunde, und da die Teilnehmer die *Esperanto*-Texte aus der roten Mappe zur Hand hatten, ging alles mit Hymnen, Wechselrede, Glaubensbekenntnis und Vaterunser in angenehmer und gleichsam gewohnter Weise vor sich.
Anschließend, um 10 Uhr, begann die Jahreshauptversammlung *(jarĉefkonveno)* des Deutschen *Esperanto*-Bundes. Sie dauerte bis in die Mittagszeit hinein. Und bei dieser Gelegenheit nun endlich hatte das *Esperanto* gewissermaßen seinen großen Auftritt. Der Hinweis „Die Arbeitssprache des Kongresses ist *Esperanto*" wurde genauestens beachtet. Auch nicht einer der Sprechenden scherte aus. Es war, und nicht nur für Neulinge, eindrucksvoll, zu erleben, wie hier selbst Leute aus einfachen, nicht mit höherer Bildung belasteten Berufen ihre Sprache korrekt, sicher und fließend sprachen, ohne je um den Ausdruck ringen zu müssen oder dabei nach Vokabeln zu suchen. Und da es auch Meinungsverschiedenheiten gab, kam es auch vor, daß der eine oder andere wohl auch einmal heftiger reagierte, immer aber wurde die Disziplin so weit gewahrt, daß das *Esperanto* als sprachliche Basis der Auseinandersetzung nicht aufgegeben wurde. Wer selbst mit Sprachen umgehen kann,

weiß, wieviel leichter, wenn auch noch immer beschwerlich genug, es sich mit Ausländern in deren Muttersprache sprechen läßt, als etwa mit einem Landsmann, und wie schnell man im letzteren Falle wieder in die eigene Sprache zurückfällt. Hier aber schien das *Esperanto* das leichtere und damit auch das angenehmere sprachliche Medium zu sein. Zum Beherrschen des *Esperanto* kommt bei seiner Anwendung mit wachsender Fähigkeit die durch kein Unsicherheitsgefühl getrübte Funktionslust. Wann denn erreicht man in einer der national gebundenen Fremdsprachen das Gefühl der s i c h e r e n Beherrschung? Ich fürchte, man erreicht es um so eher, je naiver man ist. Wie jede andere spielerische Betätigung, ob Golf, ob Schach, macht auch *Esperanto* ganz einfach . . . Spaß.
Der Nachmittag ging mit unterschiedlichen Arbeitssitzungen dahin. Es gab eine über Informationstätigkeit und Beziehungen zur Presse, in einer anderen versammelten sich die Mitglieder der Ludwig-Zamenhof-Gesellschaft. Gleichfalls hatten die *Esperanto*-Naturfreunde und die Ökumenische Liga e. V. (der deutsche Zweig der KELI) ihre Sondersitzungen. In der Sitzung des Internationalen *Esperanto*-Autoklubs wurden zwei farbige Werbefilme in *Esperanto* gezeigt, die von der Firma „Fiat" stammten. Die „Fiat Pubblicità" hat übrigens auch ein kleines sechssprachiges Heftchen (30 Seiten) *Malgranda vortaro aŭto-turisma* herausgegeben. Sondersitzungen hatten schließlich noch das Deutsche *Esperanto*-Institut, der Verband deutscher *Esperanto*-Lehrer und die Deutsche *Esperanto*-Jugend.
Der Abend galt der Entspannung und der Unterhaltung. Es spielten die „Renchtal-Musikanten Hesselbach". Ein Herr aus der Schweiz sprach über *Turismo kaj kulturo*. Man feierte das zehnjährige Jubiläum der besonderen Verbundenheit der *Esperanto*-Gruppen von Gray in Frankreich und Oberkirch in Deutschland. Schließlich spielten noch zwei polnische Schauspieler, ein Herr und eine Dame, Kalina Pienkiewicz und Zbigniew Dobrzynsky aus Warschau ein Zweipersonenstück *Proksima Nekonato* von Alexander Scibor-Rylski. An den nächsten beiden Tagen (Pfingstmontag und der darauffolgende Dienstag) gaben eine Wanderung, ein großes gemeinsames Mittagessen und Busfahrten Gelegenheit zu weiteren persönlichen Begegnungen.
Solche Landeskongresse halten ja wohl in etwa die Mitte zwischen den regulären Zusammenkünften örtlicher *Esperanto*-

Gruppen und alljährlich stattfindenden großen internationalen *Esperanto*-Kongressen, die durchschnittlich von etwa 2000 Menschen besucht werden. Sie sind unerläßlich zur Pflege, Tradierung und Fortentwicklung der *Esperanto*-Idee, darüber hinaus weisen sie dem einzelnen Esperantisten Wege zu Kontakten jenseits der Landesgrenzen und führen, die Erfahrung hat es gezeigt, zu dauerhaften Freundschaften mit Menschen, die sich oft nur durch *Esperanto* verständigen können, und sogar zu Eheschließungen.

Kehrt man aus einem solchen Kongreß wieder zurück in die gewohnte Umgebung, die gewohnten Straßen, Häuser und Läden mit ihren vielen Menschen, von denen kaum einer mehr als allenfalls gerade den Namen *Esperanto* kennt, kommt man sich selber vor wie ein Fremdling aus einer anderen Welt, verfremdeter als kehrte man aus Frankreich, England, Holland, Spanien, Italien oder sonstwoher zurück, denn das sind Wirklichkeiten, die die anderen auch kennen. Den nicht lokalisierbaren Planeten *Esperanto* kennen aber nur wenige.

Sechzehntes Kapitel / *Dek-sesa ĉapitro*

# Irgendeine Sekte / *Ia sekto*

Gehören Sie etwa zur Kirche Jesu Christi der Heiligen der letzten Tage? Sind Sie Mormone? Haben Sie unter Ihren Bekannten einen Mormonen? Es gibt deren etwa zweieinhalb Millionen. Wenn sie auch in den USA in Salt Lake City ihren Hauptsitz haben, so sind sie doch wie die Esperantisten über die ganze Erde verbreitet.
Sind Sie Anthroposoph? Anthroposophen gibt es auch mancherorts. Sie haben ihren Hauptsitz in Dornach in der Schweiz, wie etwa die Esperantisten in Rotterdam in Holland.
Gehören Sie zu der „Society of Friends"? Sind Sie ein „Zitterer", ein „quaker" oder Quäker? Davon gibt es über 200 000. Es gibt sie namentlich in England und in den USA. Sie sind, ganz wie die Esperantisten lose in örtlichen Gruppen organisiert und treten, genauso wie die Esperantisten, länderweise zu Jahresversammlungen zusammen und haben, ebenfalls wie die Esperantisten, auch Weltversammlungen.
Sind Sie Anhänger der von Mary Baker-Eddy gegründeten Glaubensgemeinschaft der „Christian Science"? Ihr Hauptort ist Boston. Es gibt über 3000 Zweiggemeinden. Sie haben, ganz wie die Esperantisten, ihre eigenen Zeitungen, z. B. die seit 1903 erscheinende Monatsschrift „Der Herold der Christlichen Wissenschaft". Das klingt sehr ähnlich wie der zwar erst 1920 gegründete, aber halbmonatlich erscheinende *„Heroldo de Esperanto"*.
Sie sind das alles nicht? Aber dann sind Sie vielleicht Briefmarkensammler! Wenn Sie einen Brief erhalten, fällt Ihr erster Blick auf die Briefmarke, erst dann auf den Absender. Sie wissen, wo in Ihrer oder in der nächsten Stadt sich ein Briefmarkengeschäft befindet. Sie haben Zusammenkünfte mit Betreibern des gleichen Hobbys, Sie sind Abonnent einer philatelistischen Zeitschrift, besitzen einen der großen Briefmarkenkataloge, sind vielleicht Mitglied eines philatelistischen Vereins, Sie wissen, wie man an Neuerscheinungen kommt, kennen die berühmten Marken mit Seltenheitswert, haben Briefmarkenausstellungen und Postmuseen besucht, Sie kennen sich aus mit Fälschungen, Wasserzeichen und Perforationsweiten, Sie wissen Pinzette, Lupe, Klebestreifen und Alben zu handhaben,

Sie haben sich längst spezialisiert, kurz, Sie beherrschen Ihre Liebhaberei, wie diese Sie beherrscht.
Am Ende sind Sie Vegetarier? Da kennen Sie natürlich die Schriften oder wenigstens die Namen von Ragnar Berg, M. Hindhede, Maximilian Bircher-Benner samt seinem Müsli, Werner Kollath, und Are Waerland samt seiner Kruska. Auf Reisen wissen Sie die vegetarischen Restaurants zu finden, kein Reformhaus entgeht Ihrem spürenden Blick, und Sie wissen, wohin man zur Kur und Erholung fährt, ohne Gefahr zu laufen, daß einem Schweinernes vorgesetzt wird.
Alle diese Gruppen, denen sich noch viele andere zugesellen ließen, haben Eines gemeinsam: die gleichgerichtete Idee, das gleiche Interesse, das sie verbindet und das sie verfolgen. Wenn Sie selbst ein Zeuge Jehovas, ein ernster Bibelforscher sind, so ist die Welt für Sie voller Zeugen Jehovas, dann sind Sie eingespannt in eben diese Welt besonderer geistiger Beziehungen. Gehören Sie aber nicht dazu, so wissen Sie allenfalls um die Existenz dieser Leute, die rührend geduldig mit ihrem „Wachtturm", den ihnen niemand abkauft, an der Straßenecke stehen.
Mit den Esperantisten ist es nicht viel anders. Solange Sie nicht dazugehören, sind Ihnen die so fremd wie die Botokuden oder Hottentotten, sind die für Sie ein zwar nicht räumlich, aber doch geistig sehr entlegener Volksstamm, von dessen Existenz Sie irgendwann einmal gehört haben, dem aber augenscheinlich keinerlei Bedeutung zukommt. Taucht einmal in einer Zeitung anläßlich eines Kongresses oder aus anderem Anlaß der Name *Esperanto* auf, so vermag er vielleicht auf einen Augenblick Ihr Interesse zu erregen, im nächsten Augenblick ist er aber durch die Fülle der geistigen Eindrücke, denen der moderne Mensch unentwegt ausgesetzt ist, wieder verdrängt. *Esperanto* bleibt für Sie etwas Unwirkliches, etwas Abseitiges, etwas Absurdes, ein „künstliches Kauderwelsch", seine Vertreter aber Sonderlinge, weltfremde Narren, unverbesserliche Weltverbesserer und Schlimmeres. Da mag man wohl mit Goethe sagen: „Und so sieht's auch der Herr Philister."
Und wie geht's weiter? „Kommt aber nur einmal herein! Begrüßt die heilige Kapelle; da ist's auf einmal farbig helle, ... "
„Von innen", sozusagen, sieht der Esperantismus völlig anders aus. Da sind die Esperantisten ein über die ganze Welt verbreitetes, zwar dünn gesätes, aber sehr lebendiges, fortschrittliches

und keineswegs weltfremdes Völkchen, das durch anhaltend gepflegte Kontakte innerhalb und außerhalb der Landesgrenzen oft unterschiedliche persönliche Absichten verfolgt, immer aber der gemeinsamen Sache dient. Ein beachtliches Ziel hat es sich vorgenommen, ein Ziel, dessen Verwirklichung aufs innigste zu wünschen ist, nämlich zu erreichen, daß eines Tages jeder auf diesem Erdball sich mit jedem unmittelbar verständigen kann, ohne Übersetzer, ohne Übersetzungsmaschinen, ohne Hilfe einer der komplizierten fremden lebenden oder toten Nationalsprachen, in einer neutralen und allen zugänglichen Sprache, die jedem in dem Maße gehört, wie er sie beherrscht und wie er sie mit seinem Geist erfüllt, eine Sprache, die den großartigsten Kompromiß darstellt, der denkbar ist, eine vorbildliche demokratische Angelegenheit, die der kleinsten sprachlichen Minderheit die gleichen Chancen gibt wie den sprachlichen Kraftprotzen, den Chinesen, den Russen, den Engländern, den Franzosen, eine Angelegenheit vorbildlicher Toleranz. Schon arbeitet eine zahlenmäßig schwer zu erfassende, aber keineswegs geringe Zahl von Schriftstellern, Dichtern, Übersetzern, Gelehrten, Linguisten, Sprachlehrern, Kursusleitern, Verlegern, Lexikographen, Journalisten u. a. für das Esperanto-Volk in aller Welt, das in sich schon dadurch, daß es die Mühe, denn eine Mühe ist es, auf sich genommen hat, *Esperanto* überhaupt zu lernen, eine Elite darstellt. Die Esperantisten wissen, wohin sie reisen können, um Esperantisten zu treffen, für sie ist die Welt mit Esperantisten erfüllt. Sie haben große und kleine Kongresse, eigene Ferienheime, und jede der weithin verstreuten Ortsgruppen freut sich über einen Besuch aus dem Ausland, der sich durch seine „Visitenkarte *Esperanto"* als zugehörig ausweist. Ja, als Mitglied der *Universala Esperanto-Asocio* steht dem reisenden Esperantisten ein aus mehr als 3000 Delegierten gebildetes Netz von Menschen zur Verfügung, die ihm im Rahmen des Möglichen mit Rat und Tat zu helfen bereit sind.
Nun wollen wir einmal einen Augenblick lang annehmen, daß uns alle im Stich lassen. Kein Wechselbüro will von unserem Zahlen-Kode etwas wissen. Die Bundesbahn pfeift uns was (mit ihrer stärksten Dampflok!). Die Post hat andere Sorgen; sie kommt ohnehin aus den roten Zahlen nicht heraus. Die Kirchen versteifen sich auf ihr Latein. Das ist wenigstens etwas Gebildetes. Rundfunk und Fernsehen sind davon überzeugt,

daß Unterhaltungsmusik und Krimis für ihre Bilanz wichtiger sind. Was möglicherweise sogar stimmt. Kurz, sie hätten sich alle verschworen, sprachlich so babilonisch weiterzuwursteln wie bisher, und *Esperanto* träfe überall nur auf taube Ohren. Von keiner staatlichen Stelle wäre Hilfe zu erhoffen. Alle überließen sie gleichgültig *Esperanto* seinem Sektierer-Dasein. Es wäre dennoch schon jetzt, nach dem gegenwärtigen Stand der *Esperanto*-Bewegung, aus den verschiedensten und selbst plump materialistischen Gründen sinnvoll, sich der *Esperanto*-Sekte anzuschließen und ihre Sprache zu erlernen, so sinnvoll, wie es etwa sinnvoll ist, für eine Italienreise italienisch zu erlernen, so sinnvoll, wie es sinnvoll ist, um ihrer Literatur willen eine fremde Sprache, und sei es auch eine tote, zu erlernen, so sinnvoll, wie es überhaupt sinnvoll ist, mit Ausländern Kontakt zu pflegen, und so sinnvoll, wie es überhaupt sinnvoll ist, sich geistig zu beschäftigen. So betrachtet z. B. der Universitäts-Professor Dr. Sarolea in Edinburgh „das Studium des Esperanto als ein im höchsten Grade philosophisches. Ohne Übertreibung gesagt kenne ich", so äußert er sich, „wenige Studienfächer, die förderlicher für den Geist sind als Esperanto." Sehr viel sinnvoller ist es jedenfalls, sich mit *Esperanto* zu befassen, als Kreuzworträtsel zu raten oder Patiencen zu legen.

Aber die oben aufgezählten Annahmen stimmem ja gar nicht. In allen aufgezählten Institutionen und noch anderen auch gibt es für *Esperanto* aufgeschlossene Menschen. Nur ist das Wissen um die Effizienz des *Esperanto* so gering, sind die Schwierigkeiten seiner amtlichen Einführung so groß, daß niemand einen wirklichen entscheidenden Anfang machen will und wie aus wohlerzogener Höflichkeit den Vortritt ... den andern überläßt. Dabei wären sie alle bestens bedient, wäre der große Schritt über die Schwelle erst geschehen.

Es wäre sicherlich interessant und gewiß auch eine echt wissenschaftliche Aufgabe, ein dankbares Thema für eine Doktorarbeit, einmal in aller Gründlichkeit zu untersuchen, woher es kommt, daß die Vorurteile gegen *Esperanto* sich so schwer ausrottbar festsetzen konnten: Sentimentale Überbewertung der „geheiligten Muttersprache", die ja niemandem genommen werden soll, aber im Vergleich zu der das ganz anders gelagerte *Esperanto* abgewertet werden mußte. Das Fiasko des Volapük, das als mißlungener Versuch alle ähnlichen Versuche einschließlich des *Esperanto* in Mißkredit brachte. Die Feindseligkeit der totalitären Staaten, die in ihrer weitreichenden Propaganda nichts unterließen, *Esperanto* nationalfeindlicher Umtriebe zu verdächtigen, wozu seine jüdische Herkunft nicht wenig beitrug, um es gewaltsam zu verfolgen. Die utopische Vorstellung, das Weltsprachenproblem sei ja mit der Vormachtstellung des Englischen längst gelöst und man brauche *Esperanto* gar nicht mehr. Vielleicht auch die Besorgnis aller derjenigen, die sich bereits jahrelang um den Besitz einer fremden Sprache abgemüht haben, *Esperanto* würde sie um die Früchte ihrer Arbeit bringen. Und nicht zuletzt die Scheu und Abneigung gegen alles Neue überhaupt, speziell in diesem Fall, wo die nicht für jeden einzelnen überall gleich ins Auge springenden Vorteile erst durch vorweg zu leistende Mühe (*Esperanto* lernen!) erworben werden müssen, wo Abwehr oder Gleichgültigkeit also eine Folge der Trägheit sind. Das alles findet sich dann noch verstärkt durch die Tatsache mangelhafter oder oberflächlicher Information, die durch die oft übertriebene propagandistische Versimpelung zu Unglauben und Skepsis führt. Wer z. B. weiß schon, daß der *Esperanto*-Weltbund *(UEA = Universala Esperanto-Asocio)* durch Beschluß der Generalversammlung der Kulturorganisation der Vereinigten Nationen seit 1954 den Rang einer mit der UNESCO zusammenarbeitenden Organisation hat?

Mit der Einführung des *Esperanto* von oben her ist nicht eher zu rechnen, als bis der Druck von unten her stark genug geworden ist, um die schwerfällige Bürokratie in Bewegung zu setzen. Da könnte ein einziges Elternpaar, das an einer einzigen Schule es fertig brächte, die Elternschaft auf Trab zu bringen, daß sie für ihre Kinder ein Jahr *Esperanto* und dafür ein Jahr Englisch weniger forderten, Wunder wirken. Das aber kann wieder nur ein Elternpaar zu Wege bringen, das selbst nicht nur mit *Esperanto* genügend vertraut ist, sondern auch hinlänglich über das Weltsprachenproblem unterrichtet ist, um allen Einwänden sachliche Argumente entgegensetzen zu können. Sie müßten also, um es mit andern Worten zu sagen, selbst tüchtige Esperantisten sein. Wo aber ein solcher Druck aus Elternkreisen fühlbar würde, würde auch, das darf man getrost annehmen, das betreffende Kultusministerium nachgeben. Wobei allerdings jedes unverbindliche Angebot von zusätzlichen und freiwilligen Arbeitsgemeinschaften oder Sonderkursen seine Gefahren birgt und besser abzulehnen wäre. Schüler

sind wohl bereit, sich mit großem Elan in ein solches Abenteuer zu stürzen, aber kaum imstande, es durchzuhalten, wenn die nüchterne Erfahrung gemacht wird, daß es ohne zusätzliche Mühe und Arbeit nicht geht. Es ist ungeheuer schwer, den Circulus vitiosus zu durchbrechen. Oben geschieht nichts ohne Druck von unten; unten wartet man, daß oben etwas geschehe. Unkenntnis und Vorurteile erschweren die Situation.
Die Entwicklung hat aber einen wirklichen kritischen Punkt erreicht, das Bedürfnis nach einer internationalen Gemeinsprache ist noch nie so groß gewesen wie jetzt. Und doch bleibt alles beim alten! Das *Esperanto*-Volk geht unbeirrt seinen Weg, aber es lebt wie eine Sekte, wie im inneren Exil, wie in der Diaspora, fast wie im Underground. Und das seit fast neunzig Jahren! Wie ist es zu erlösen? Ich glaube, den Weg dazu gewiesen zu haben. Jeder einzelne, energische aktive Esperantist ist als Kristallisationspunkt von immenser Bedeutung. Dennoch hat sich die Popularisierung des *Esperanto* auf dem Wege der Mitgliedergewinnung als unzulänglich erwiesen. So bleibt als viel zu wenig ausgeschöpftes Mittel die Infiltrierung. Der Zahlen-Kode an den Kassen der Banken und Institute, die zweisprachigen Beschriftungen mit *Esperanto* an allen Ballungszentren des Fremdenverkehrs, auf den Bahnhöfen, auf den Postämtern, das allsonntägliche *Patronia* in den Kirchen, die tägliche Minute angewandtes *Esperanto* im Rundfunk und im Fernsehen, sie alle sind, ein jedes für sich, unzulängliche Schritte, aber sie sind geeignet, beinahe ad hoc eine Hilfe zu sein und *Esperanto* ins Gespräch zu bringen, ohne daß zunächst überhaupt jemand *Esperanto* lernen müßte. Ein einziger liguistisch versierter Esperantist bei der Bundesbahn, ein einziger bei der Post, ein einziger bei jeder Rundfunk- oder Fernsehgesellschaft (bei gutem Einvernehmen, einer für alle zusammen) würden genügen, und die Geistlichen brauchten nur das *Patro-nia* richtig zu sprechen und könnten im übrigen bei ihrem Latein bleiben.
Weder einer dieser aufgezeigten Wege noch alle zusammen brächten die Leute zum *Esperanto*-Sprechen, sie würden aber das Bedürfnis nach *Esperanto*-Lehrgängen wecken und dadurch zur Vermehrung der Esperantisten beitragen. Schon heute gibt es Industrie-Unternehmungen und Firmen, die sich des *Esperanto* zu Werbezwecken bedienen. Sie erreichen die Esperantisten auf dem Wege über die *Esperanto*-Zeitungen und durch

Werbematerial, das sie an die *Esperanto*-Gruppen schicken. Genauso lassen Reisebüros ihre Prospekte an die Esperantisten gehen oder setzen *Esperanto*-Verleger ihre Bücher an die über die ganze Welt verstreuten Esperantisten ab. Das letztere geschieht also zumeist unter Ausschaltung des normalen Buchhandels, nicht eben um ihn auszuschalten, sondern weil der Absatz von Esperanto-Büchern es mit so ganz anders gearteten Bedingungen zu tun hat als der übliche Buchhandel. Das alles ist die Folge des sektiererhaften Abgesondertseins der Esperantisten. Für *Esperanto* wäre es zweifellos besser, jedermann sähe die vielen *Esperanto*-Bücher in allen Buchhandlungen, oder die Werbemittel der Industrie, des Handels und der Touristik gelangten in die Hände von potentiellen künftigen Esperantisten. Das aber gerade tun sie nicht.

Die Esperantisten ihrerseits finden nur schwer aus ihrer Sektiererexistenz heraus. Sie führen das scheue Leben religiöser oder sprachlicher Minderheiten, denken nicht daran, auf die Barrikaden zu gehen, gehen nicht einmal auf die Straße, um zu demonstrieren und um mit Riesenplakaten für ihre Sache, die die Sache aller ist, zu werben: *Lernu Espernanton!* oder *Esperanto en la lernejojn!* oder *Por Esperanto kaj paco!* oder *Esperanto la dua lingvo por ĉiuj!* oder *Vojaĝu kun Esperanto!* oder *Demokratio kaj Esperanto!* oder *Turismo per Esperanto kaj Esperanto per Turismo!* oder *Per Esperanto kontraŭ milito!* oder *Per Esperanto al paco!* oder *Por internacia scienco internacia lingvo!* oder *Esperanto en la fervojojn!* oder *Manĝi laŭ esperanta menuo!* oder *Esperanto tuj, senprokraste Esperanto!* oder *Homoj de ĉiuj landoj, unuiĝo!* oder *Unu mondo, unu lingvo!*

Denken Sie sich selbst noch einige weitere hübsche *sloganojn* aus!

Siebzehntes Kapitel / *Dek-sepa ĉapitro*

# Guten Appetit! / *Bonan apetiton!*

Lassen Sie uns einmal annehmen, daß jeder Versuch, die Vereinten Nationen, ich meine die „United Nations Organization", nein, vielmehr die „Organisation des Nations Unies", also die *Unuiĝintaj Nacioj* samt der UNESCO, ihrer Sonderorganisation, die berufen ist, die Zusammenarbeit der Mitgliedstaaten auf den Gebieten der Erziehung, Wissenschaft und Kultur zu fördern, vom Nutzen der allgemeinen Einführung des *Esperanto* zu überzeugen, aus welchen Gründen auch immer, nicht auf das gewünschte Verständnis und die erforderliche Bereitwilligkeit stößt, nehmen wir ferner an, daß wir auch bei den Kultusministerien der Bundesrepublik Deutschland einschließlich aller untergeordneter Dienststellen auch bei wiederholten Bemühungen auf taube Ohren stoßen, so wäre es vielleicht zweckmäßig, daß wir uns, anstatt an soche amtlichen Stellen, einmal an nüchtern und geschäftsmäßig denkende Leute der Praxis, z. B. einmal an die Vertreter der Spitzenverbände des Hotel- und Gaststättengewerbes wenden. Wir haben ihnen einen Vorschlag zu machen, der imstande ist, ihnen im Zusammenhang mit dem Dienst am Kunden eine gewisse Erleichterung zu verschaffen. Wir werden nicht viel von *Esperanto* oder Welthilfssprache reden, schon gar nicht von so lästigen Dingen wie Sprachenlernen, und sei es auch nur das Erlernen einer so angenehmen Sprache wie *Esperanto,* nein, wir würden sie darauf hinweisen, wie lästig es doch ist, daß, um einmal von Amsterdam zu sprechen, im Restaurant des Flughafens Schiphol oder in einem der vielen netten Gaststätten der Kalverstraat oder rund um den Leidseplein die Speisekarte jeden Tag von neuem auf niederländisch, englisch, französisch und deutsch geschrieben werden muß und daß damit doch dem Finnen, Norweger, Schweden oder Dänen, falls er weder niederländisch, englisch, französisch noch deutsch kann, aber trotzdem sich auch gerne etwas Substantielles zu Gemüte führen möchte, in keiner Weise gedient sei.

Wir würden die praktischen und geschäftsnüchternen Herren weiter darauf hinweisen, daß, wie den Nordländern, denen wir auch noch den Isländer zugesellen müssen, so auch den Südländern, wie z. B. dem Portugiesen, dem Spanier, dem Katalanen, dem Italiener, von den Balkan- und Ostblockstaaten, vom nahen und fernen Orient, von Afrika und Südamerika ganz zu schweigen, unter gleichen Bedingungen so auch nicht geholfen sei. Um dem nun ein für allemal abzuhelfen, hätten wir uns etwas ausgedacht. Gewiß, die Herren Restaurateure könnten ja täglich von ihren Gerichten Farbaufnahmen machen lassen und die auf die Speisekarte kleben, das werde ihnen niemand, und wir schon gar nicht, verwehren. Da hätten wir doch etwas ganz anderes! Wir hätten da so eine Liste aufgestellt, schon eher ein kleines Büchlein, das enthalte alle nur erdenklichen Gerichte, und falls wirklich noch etwas fehle, so etwas Besonderes, auf das man nicht sogleich käme, so solle man es uns nur mitteilen, wir würden Abhilfe schaffen und Sorge tragen, daß es auch noch auf die Liste käme. Wenn nun die Speisekarte geschrieben werden müßte, solle man so verfahren, daß man das betreffende Gericht an seiner alphabetischen Stelle in dieser Liste aufsuche und die, mag sein, etwas befremdlichen Ausdrücke, die man an dieser Stelle fände, mit auf die Speisekarte setze.

Was nun diese Ausdrücke anbelangt, seien es Ausdrücke, so würden wir den cleveren Herren des weiteren auseinandersetzen, die in einer Reihe von Sprachen ohnehin unmittelbar verständlich seien, ferner solche, die nach gewissen wissenschaftlichen Erkenntnissen der Interlingvistik (das klingt doch sehr hübsch!) geeignet seien, sich dem Gedächtnis verhältnismäßig leicht einzuprägen, drittens seien diese Ausdrücke den Reisenden aus den Speisekarten ihrer Heimat, wo man ja genauso verfahren würde, vertraut und viertens hätten die Reisebüros, das würde sich ja hoffentlich einbürgern, den Reisenden mit der Fahrkarte auch eine kleine Liste, so eine Art Schlüssel mitgegeben, in dem sie diese Ausdrücke nachschlagen und deren Bedeutung in ihrer Muttersprache feststellen könnten. So werde es künftig nicht mehr passieren, daß jemand statt eines Hirschbratens mit Kronsbeeren in der Pfanne gebratene Grützwurst mit Apfelmus nach der Art des Hauses oder statt eines Châteaubriant etwa Pomme de terre du Château neuf Henri IV, nämlich Bratkartoffeln bekommt, wobei die ausschweifendste Phantasie immer noch hinter den Wechselfällen der Verwechslungen des Lebens zurückbleibt. Wir, unter uns sei es gesagt, wissen natürlich ganz genau, was das für ein Wechselbalg ist, den wir hier dem Hotel- und Gaststättengewerbe unterschieben wollen.

Ob nun aber auch die betreffenden Herren, die den Dienst am Kunden geschickt mit dem Dienst an ihrem Girokonto zu verbinden wissen, das *Esperanto* wittern oder nicht, bleibt dabei völlig gleichgültig, wichtig ist nur, daß sie die Zweckmäßigkeit eines solchen Vorgehens, das einigermaßen risikolos ist, einsehen und die erforderlichen Schritte zu seiner Durchführung unternehmen. Das wäre wieder ein Stück eingeführtes *Esperanto,* ohne daß darum ein bewußter Lernprozeß stattfinden müßte. Gast und Kellner würden sich schon verständigen, und, wie wir an früheren Beispielen gesehen haben, beinhaltet schon ganz wenig Exsperanto-Text ein beachtliches Maß *Esperanto*-Struktur. Die Gerichte könnten, wie das schon heute vielfach üblich ist, mit Nummern versehen sein, wobei es angebracht wäre, hinter die Ziffer das dazugehörige Zahlwort in Buchstaben zu setzen, z. B. 7 *(sep),* was das Bestellen sehr erleichtern würde. Der Zahlen-Kode wäre hier die angemessene Ergänzung.

Was z. B. auf holländisch „asperge" sei, so würden wir mit unserem Sirenengesang fortfahren, das sei auf englisch „asparagus", auf schwedisch „sparris", auf dänisch „Asparges", auf deutsch „Spargel", auf französisch „asperge", auf spanisch „espárrago", auf potugiesisch „aspargo" und auf italienisch *asparago,* und just diese letzte Form des Wortes, die solle nun gemäß der Liste immer als zweiter Ausdruck auf der Speisekarte stehen. Was aber auf holländisch „oester" sei, sei in den obigen Sprachen in derselben Reihenfolge: „oyster, ostron, Østers, Auster, huître, ostra, ostra, ostrica". Dafür wolle man nun als zweiten Ausdruck immer *ostro* sagen. Mit dem holländischen „forel" könnten allerdings die Engländer, Franzosen, Spanier, Portugiesen und Italiener nichts anfangen, das hieße in den genannten Sprachen: „trout, truite, trucha, truta und trota", dafür wolle man also lieber *truto* setzen. Es sei eben durchweg nach Möglichkeit die verbreitetste und angenehmste sprachliche Form genommen worden. Was aber „peen" bedeute, könne kein Nichtholländer erraten. Mit *karoto* dagegen seien Angehörige der verschiedensten Sprachen sogleich im Bilde. Und mit *ananaso* seien sowohl Holländer als auch fast alle anderen gut bedient, da kämen sogar noch die Engländer mit, obwohl die lieber „pineapple" sagen. – Auf diese Weise oder ähnlich würden wir versuchen, mit unserer Liste den Herren den Mund wässerig zu machen, auf daß sie Appetit bekämen auf die neuen Namen altvertrauter Genüsse.

Kein Hotelier, kein Gastwirt, kein Kellner, kein Koch und kein Reisender brauchte darum *Esperanto* zu lernen oder zu sprechen. Aber es wäre wieder ein Schritt, und gewiß kein kleiner, in die gewünschte Richtung. Jeder Gast, dem eine solche Liste vor Augen kommt, sähe, daß *Esperanto* benutzt wird, außerdem kann er, während er die Speisekarte studiert, denn eine Speisekarte studiert man, gar nicht umhin, ein wenig *Esperanto* zu lernen; und ein wenig *Esperanto* bedeutet für *Esperanto* ja immer viel mehr, als es bei entsprechenden Verhältnissen für andere Sprachen bedeuten würde. Der Reisende, gesetzt der Fall, solche Speisekarten wären weitgehend eingeführt, dem in seiner Heimat schon oft bei den von ihm bevorzugten Gerichten die betreffende *Esperanto*-Bezeichnung begegnet ist, wird sie, kommt er ins Ausland, wieder erkennen und sich so orientieren. Und bliebe diese Einrichtung auch nur auf die Bundesrepublik beschränkt, so wäre sie dennoch wegen ihrer gegenüber den deutschen Bezeichnungen leichteren Verständlichkeit eine Hilfe für die des Deutschen unkundigen Gäste aus dem Ausland, ein Dienst an der Touristik, ein beachtliches Werbemittel, eine Kulanz an die Adresse der kleinen und also sprachlich benachteiligten Nationen, zu denen vorläufig auch noch die Esperantisten gehören, ob es ihrer nun zwei oder sechzehn Millionen gibt.

Wieder kommt es darauf an, *Esperanto* sofort in Gebrauch zu nehmen, einen kleinen Ausschnitt der Sprache, und sei er auch noch so unbedeutend, durch die Praxis zu lehren, es dadurch in die Praxis einzuleiten und damit die Praxis zu erleichtern. Und zwar wäre dieser Weg um so wirkungsvoller, wenn neben der Landessprache und *Esperanto* jede andere Mehrsprachigkeit von der Karte verschwände. Nach einer kurzen Übergangszeit, die keine Risiken oder Konflikte, kaum Anfangsschwierigkeiten zu gewärtigen hat, wüßten die reisenden Gourmands und Gourmets überall dasjenige auf der Speisekarte zu finden, wonach ihnen der Sinn steht. Auch hierbei bedarf es keiner verzögernder und komplizierender internationaler Abmachungen. Die Zweckmäßigkeit eines solchen Verfahrens ist so einleuchtend, daß sie selbst beispielgebend ihren Weg auch in andere Länder finden würde. Eine internationale Normierung könnte durchaus einer späteren Entwicklung vorbehalten bleiben.

Welch ein Triumph für die *Esperanto*-Bewegung, wenn in

anderen Ländern die *Esperanto*-Gruppen, statt bei den Verbänden des Hotel- und Gaststättengewerbes antichambrieren zu müssen, von diesen um Hilfe angegangen würden! Und welch ein Triumph für die Bundesrepublik, auf dem so wichtigen Gebiet internationaler Touristik in dieser Beziehung bahnbrechend gewesen zu sein!

Noch liegen solche Speisekarten nur in sehr vereinzelten Fällen aus*). Machen wir daher einmal einen kleinen privaten Vorstoß in die vorgeschlagene Richtung, und sehen wir uns die wenig umfängliche *Menukarto* aus der Stadthalle vom Oberkircher *Esperanto*-Kongreß an:

*Varmaj manĝajoj* warme Gerichte:
*unue* erstens: *Peklita porka kotleto kun fermentita brasiko kaj farunaĵoj* Kasseler Rippchen auf Sauerkraut, dazu Teigwaren; *due* zweitens: *Farĉita bovaĵrulaĵo kun farunaĵoj kaj salato* gefüllte Rinderroulade mit Teigwaren und Salat, *trie* drittens: *Bovidaĵa frikaso kun rizo kaj salato* Kalbsfrikassee mit Reis und Salat; *kvare* viertens: *Hungarmaniera gulaŝo kun spagetoj kaj salato* ungarischer Gulasch mit Spaghetti und Salat; *kvine* fünftens: *Kokaĵfrikaso laŭ hinda maniero kun Siam-Patna-rizo* Hühnerfrikassee nach indischer Art mit Siam-Patna-Reis; *sese* sechstens: *Pikanta acida rostaĵo kun farunaĵoj kaj salato* pikanter Sauerbraten mit Teigwaren und Salat

*Malvarmaj manĝajoj* kalte Gerichte:
*unue: Porcio da ŝinkolardo laŭ maniero de Nigra Arbaro kun pano kaj butero* Portion Schwarzwälder Schinkenspeck mit Brot und Butter; *due: Kolbasosalato kun pano* Wurstsalat mit Brot; *trie: Tranĉaĵo da pano kun kolbaso* Wurstbrot; *kvare: Tranĉaĵo da pano kun kuirita ŝinko* Schinkenbrot mit gekochtem Schinken; *kvine: Tranĉaĵo da pano kun nekuirita ŝinko* Schinkenbrot mit rohem Schinken; *sese: Tranĉaĵo da pano kun fromaĝo* Käsebrot

*Desertoj* Desserts:
*1e Glaciaĵtorto „Princo Piklero" kun kremaĵo* Fürst-Pückler-Eisschnitte mit Sahne; *2e Mokao-Nukso glaciaĵtorto kun kremaĵo* Mokka-Nuß Eiskremtorte mit Sahne; *3e Pokalo da glaciaĵo kun fruktoj kaj kremaĵo* Früchte-Eiskrem-Becher mit Sahne

*La prezoj inkluzivas la servmonon kaj la imposton* Bedienungs-

*) z. B. im „*Bareleto*" in Paderborn

geld und Umsatzsteuer sind in den Preisen enthalten. Und diese Preise in DM sind auf *Esperanto* dieselben. Sie brauchen also keinerlei *Esperanto*-Aufschlag zu zahlen. Es ist eben Dienst am Kunden. Nur heißt es dann nicht „DM", sondern *gmk (germanaj markoj).*

Nun stellen Sie sich einmal vor, daß das Schicksal oder Ihr Unternehmungsgeist Sie in ein Land verschlägt, wo statt des wohlvertrauten Deutsch Ihnen etwas völlig Unbekanntes vor die Augen tritt, griechische, hebräische, arabische, kyrillische oder chinesische Schriftzeichen oder auch, um es weniger schlimm zu machen, zwar das lateinische Alphabet, aber im Dienste einer Sprache, die mit den indogermanischen Sprachen so gar nichts gemein hat, wie etwa das Ungarische, das Finnische, das Estnische oder das Türkische, wären Sie da nicht glücklich, wenn sich auf der Speisekarte die zusätzlichen *Esperanto*-Angaben fänden? Mit Heißhunger würden Sie auch als Nichtesperantist mit dem Zeigefinger auf *kotleto* und *salato* tippen, auf *frikaso* oder *gulaŝo,* auf *spagetoj* und *ŝinko,* auf *butero* und auf *kremo,* und die komischen *o* am Ende der Wörter würden Sie vor Begeisterung gleich mit hinunterschlucken. Aber da Sie dies Buch bis zu dieser Stelle gelesen haben, sind Sie ja schon mindestens ein halber Esperantist und können den Herrschaften in Ihrer Begleitung, die von allem keine blasse Ahnung haben, noch weitergehende Aufschlüsse geben. Mit der Speisekarte in der Hand werden Sie ganz groß dasitzen. Besonders wenn Sie sich als vorwegnehmende Maßnahme auch noch die nachstehende Liste genau ansehen!

| | | | |
|---|---|---|---|
| *abrikotoj* | Aprikosen | *aveloj* | Haselnüsse |
| *acida brasiko* | Sauerkraut | | |
| *agarikoj* | Champignons | *bakaĵo* | Gebäck |
| *alkoholaĵoj* | Spirituosen | *banano* | Banane |
| *ananaso* | Ananas | *batita kremo* | Schlagsahne |
| *anaso* | Ente | *biero* | Bier |
| *angilo* | Aal | *bifsteko* | Beefsteak, Steak |
| *angla kukaĵo* | Pudding | | |
| *ansero* | Gans | *blanka brasiko* | Weißkohl |
| *antaŭmanĝeto* | Vorspeise | | |
| *apro* | Wildschwein | *blankaj fazeoloj* | Weiße Bohnen |
| *artiŝokoj* | Artischocken | | |
| *asparagoj* | Spargel | *blanka pano* | Weißbrot |

| | | | |
|---|---|---|---|
| *boligitaj ovoj* | gekochte Eier | *fabosupo* | Bohnensuppe |
| *botelo (da)* | Flasche | *fazano* | Fasan |
| *bovaĵo* | Rindfleisch, Ochsenfleisch | *fazeolsalato* | Bohnensalat |
| | | *femuro* | Keule |
| | | *fenkolo* | Fenchel |
| *bovidaĵo* | Kalbfleisch | *figoj* | Feigen |
| *brasiko* | Kohl | *fiŝsupo* | Fischsuppe |
| *brasikrapoj* | Kohlrabi | *florbrasika supo* | Blumenkohlsuppe |
| *bruna biero* | dunkles Bier | | |
| *bruna pano* | Schwarzbrot | *florbrasiko* | Blumenkohl |
| *brusto* | Brust | *fragoj* | Erdbeeren |
| *buljono* | Kraftbrühe | *framboj* | Himbeeren |
| *bulko* | Brötchen | *frikasaĵo* | Frikassee |
| *burĝonbrasiko* | Rosenkohl | *fritaj terpomoj* | Bratkartoffeln |
| *celerisalato* | Selleriesalat | *fritita kolbaso* | Bratwurst |
| *cepoj* | Zwiebeln | *fromaĝo* | Käse |
| *ceposupo* | Zwiebelsuppe | *fruktosalato* | Fruchtsalat |
| *cerbaĵo* | Hirn | *fruktosuko* | Fruchtsaft |
| *cervo* | Hirsch | *funga supo* | Pilzsuppe |
| *cikorio* | Chicorée | *fungoj* | Pilze |
| *ĉampano* | Champagner | *garneloj* | Garnelen |
| *ĉampanvino* | Champagnerwein | *gelataĵo* | Geleespeise |
| | | *gelato* | Gelee |
| *ĉefa manĝaĵo* | Hauptgericht | *glaciaĵo* | Speiseeis |
| *ĉerizbrando* | Kirschbranntwein | *grasa kokino* | Poularde |
| | | *graso* | Fett |
| *ĉerizoj* | Kirschen | *griaĵo* | Grießspeise |
| *ĉokolado* | Schokolade | *griosupo* | Grießsuppe |
| | | *grosoj* | Stachelbeeren |
| *daktiloj* | Datteln | *gulaŝo* | Gulasch |
| *deserto* | Nachspeise, Nachtisch | | |
| | | *hakaĵo* | Gehacktes |
| *diversaj viandaĵoj* | Aufschnitt | *hakviando* | Hackfleisch |
| | | *haringo* | Hering |
| *dorso* | Rücken | *hela biero* | helles Bier |
| | | *helikoj* | Weinbergschnecken |
| *eglefino* | Schellfisch | | |
| *endivisalato* | Endiviensalat | *hepato* | Leber |
| *ezoko* | Hecht | *hodiaŭa plado* | Tagesgericht |

| | | | |
|---|---|---|---|
| *itala salato* | italienischer Salat | *lardo* | Speck |
| | | *legoma supo* | Gemüsesuppe |
| | | *lentsupo* | Linsensuppe |
| *juglandoj* | Walnüsse | *leporo* | Hase |
| | | *likvoroj* | Liköre |
| *kafo* | Kaffee | *limonado* | Limonade |
| *kakao* | Kakao | *lumbajo* | Filet |
| *kantareloj* | Pfifferlinge | *lumbosteko* | Filetsteak |
| *kapono* | Kapaun | | |
| *kapreolo* | Reh | *makoronoj* | Makkaroni |
| *karafo (da)* | Karaffe | *makrelo* | Makrele |
| *karotoj* | Karotten | *maltbiero* | Malzbier |
| *karpo* | Karpfen | *malvarma viando* | kaltes Fleisch |
| *kaviaro* | Kaviar | | |
| *kirlovaĵo* | Rühreier | *mandarino* | Mandarine |
| *kirŝo* | Kirsch | *manĝajkarto* | Speisekarte |
| *kokaĵa salato* | Geflügelsalat | *marmelado* | Marmelade |
| *kokbuljono* | Hühnerbrühe | *matenmanĝo* | Frühstück |
| *kokino* | Huhn | *meleagro* | Truthahn |
| *kolbaseto* | Würstchen | *melono* | Melone |
| *kolbaso* | Wurst | *menuo* | Gedeck |
| *kolombo* | Tauben | *mielo* | Honig |
| *kompoto* | Kompott | *miksita salato* | Gemischter Salat |
| *konfitaĵa omleto* | Omelette confiture | *mikslaktaĵo* | Milchmischgetränk |
| *konjako* | Weinbrand | | |
| *kotleto* | Kotelett | *mineralakvo* | Mineralwasser |
| *kraboj* | Krebse | *mokao* | Mokka |
| *krabsupo* | Krebssuppe | *morkeloj* | Morcheln |
| *kremo* | Sahne, Crème | *mustardo* | Senf |
| *kruĉeto (da)* | Kännchen | | |
| *kuko* | Kuchen | *nudeloj* | Bandnudeln |
| *kukumoj* | Gurken | *nudelsupo* | Nudelsuppe |
| *kukumsalato* | Gurkensalat | | |
| *kukurbo* | Kürbis | *oleo* | Öl |
| *kuniklo* | Kaninchen | *omaro* | Hummer |
| | | *omleto* | Omelette |
| *lakto* | Milch | *oranĝaĵo* | Orangeade |
| *laktuko* | Kopfsalat | *oranĝoj* | Apfelsinen |
| *lango* | Zunge | *ostroj* | Austern |
| *langusto* | Languste | *ovoj* | Eier |

| | | | |
|---|---|---|---|
| *ovosalato* | Eiersalat | *rostaĵo* | Braten |
| | | *rostbifo* | Roastbeef |
| *pampelmoj* | Grapefruits | *rostitaj terpomoj* | Röstkartoffeln |
| *pano* | Brot | | |
| *paprikaj silikvoj* | Paprikaschoten | *rostita pantranĉaĵo* | Toast |
| *pasteĉo de anserhepato* | Gänseleberpastete | *ruĝa brasiko* | Rotkohl |
| | | *ruĝa vino* | Rotwein |
| *pasteĉo de folieca bakaĵo* | Blätterteigpastete | *rumpsteko* | Rumpsteak |
| | | *rusaj ovoj* | russische Eier |
| *patkuko* | Pfannkuchen | | |
| *perdriko* | Rebhuhn | *sabeliko* | Wirsingkohl |
| *persiko* | Pfirsich | *salato* | Salat |
| *petroselaj terpomoj* | Petersilienkartoffeln | *salato de kraba vosto* | Krebsschwanz-Salat |
| *pipro* | Pfeffer | *salmo* | Lachs |
| *piro* | Birne | *salo* | Salz |
| *pizoj* | Erbsen | *sandro* | Zander |
| *pizosupo* | Erbsensuppe | *sardeloj* | Sardellen |
| *plateso* | Scholle | *sardinoj* | Sardinen |
| *pomkaĉo* | Apfelmus | *sepio* | Tintenfisch |
| *pomo* | Apfel | *sodoakvo* | Sodawasser |
| *pomsuko* | Apfelsaft | *soleo* | Seezunge |
| *pomvino* | Apfelwein | *spagetoj* | Spaghetti |
| *porcio (da)* | Portion | *spinaco* | Spinat |
| *poreo* | Porree | *sprotoj* | Sprotten |
| *porkaĵo* | Schweinefleisch | *suflea omleto* | Omelette soufflée |
| *pruno* | Pflaume | *supo de asparago* | Spargelsuppe |
| *pudingo* | Pudding | | |
| *pulardo* | Poularde | *supo de testudo* | Schildkrötensuppe |
| *pulmaĵo* | Lunge | | |
| | | *sukeraĵoj* | Konfekt |
| *raguo* | Ragout | *sukero* | Zucker |
| *ravioloj* | Ravioli | | |
| *renoj* | Nieren | *ŝafaĵo* | Hammelfleisch |
| *riboj* | Johannisbeeren | | |
| | | *ŝafidaĵo* | Lammfleisch |
| *rizo* | Reis | *ŝampinjonoj* | Champignons |
| *rizosupo* | Reissuppe | *ŝaŭmvino* | Schaumwein |
| *rombofiŝo* | Steinbutt | *ŝinko* | Schinken |

| | | | |
|---|---|---|---|
| *tagmanĝo* | Mittagessen | *tranĉopeceto* | Schnitzel |
| *taso (da)* | Tasse | *trinkaĵokarto* | Getränkekarte |
| *teo* | Tee | | |
| *terpomaj kroketoj* | Kartoffelkroketten | *truto* | Forelle |
| | | *tunfiŝo* | Thunfisch |
| *terpomaj pecetoj* | Kartoffelchips | | |
| | | *vakcinioj* | Preißelbeeren |
| *terpoma kaĉo* | Kartoffelbrei | *vegetaĵoj* | Vegetabilien |
| *terpomobulo* | Kartoffelknödel | *verdaj fazeoloj* | grüne Bohnen |
| | | *vermiĉeloj* | Fadennudeln |
| *terpomosupo* | Kartoffelsuppe | *vespermanĝo* | Abendessen |
| | | *viandhakaĵo* | Haschee |
| *terpomsalato* | Kartoffelsalat | *viandrulaĵo* | Roulade |
| *tomatoj* | Tomaten | *viena tranĉopeceto* | Wiener Schnitzel |
| *tomatsalato* | Tomatensalat | | |
| *tomatsuko* | Tomatensaft | *vinagro* | Essig |
| *tomatsupo* | Tomatensuppe | *vinberoj* | Weintrauben |
| | | *vinbersuko* | Traubensaft |
| *torto* | Torte | *vinkarto* | Weinkarte |
| *tranĉaĵo (da)* | Scheibe, Schnitte | *virkoketo* | Hähnchen |

Bei ihrer Unvollkommenheit hat diese Liste, das versteht sich wohl von selbst, nur den Sinn, eine erste einführende Orientierung zu sein und Ihnen als künftigen *Esperanto*-Touristen eine Möglichkeit zur Vorbereitung zu geben. Ein brauchbares *vortaro* für die gastronomische Praxis im Sinne meines Vorschlages aufzustellen, dazu reichen, nicht vielleicht die sprachlichen, wohl aber die fachkundlichen Kenntnisse des Verfassers nicht aus.

Ein 128 Seiten umfassendes *„Gastronomia Terminaro kun Fakterminaro por Kelneroj kaj Kuiristoj de Erhard Urban"* gab 1958 die *Universala Esperanto-Asocio* in Rotterdam heraus.

Achtzehntes Kapitel / *Dek-oka ĉapitro*

# Das „leichte" Esperanto / *La „facila" Esperanto*

Immer wieder wird, zu Recht und Unrecht zugleich, auf die leichte Erlernbarkeit des *Esperanto* hingewiesen. Die vielgepriesene leichte Erlernbarkeit des *Esperanto* kann nur relativ verstanden werden, und was man darunter versteht, hängt auch von den Zielen ab, die man sich setzt: Aneignung umgangssprachlicher Wendungen für den Reisegebrauch; die Fähigkeit, schöngeistige oder andere Texte in *Esperanto* zu lesen ohne im übrigen sprechen zu können; die Fertigkeit im mündlichen Gebrauch der Sprache zu zwangloser Unterhaltung im Freundeskreis bis hin zur Beteiligung an Debatten in Versammlungen; die Fähigkeit, private oder geschäftliche Korrespondenz zu führen, selbst wissenschaftliche oder schöngeistige Texte abzufassen, und was es sonst noch an Möglichkeiten geben mag, wobei selbstverständlich das eine das andere nicht ausschließen muß.

Eine internationale Sprache muß, das ist die „conditio sine qua non", leicht erlernbar sein. Darum scheidet z. B. das Latein von vornherein aus. Jeder Lateinlehrer weiß, wie es selbst nach jahrelangem Unterricht mit den Lateinkenntnissen seiner Schüler bestellt ist, und wie sehr er selbst versagen würde, sollte er sich vor einem internationalen Forum etwa über pädagogische, didaktische oder sonstige, sein Fach betreffende Fragen in eine lateinisch geführte Diskussion einlassen müssen. Die Internationalität des Lateinischen im Mittelalter war eine höchst elitäre Angelegenheit, nur einer besonders begabten und wohl auch zumeist materiell zumindest so gestellten Schicht von Menschen vorbehalten, daß sie für sich oder ihre Kinder die für das Lateinstudium erforderliche Zeit und Mühe neben der unmittelbaren Sorge für die Existenz erübrigen konnte.

Die vielgepriesene Leichtigkeit des Englischen erweist sich bei näherer Betrachtung als Trugbild. Lernt man es, nachdem man schon angefangen hat, die alten Sprachen oder Französisch zu lernen, so mag man wohl mit Erleichterung die weitgehend reduzierte Grammatik, worunter im besonderen die Einfachheit der Konjugations- und Deklinationsformen zu verstehen ist, zur Kenntnis nehmen, je weiter man dann aber ins Englische hineinwächst, um so mutloser wird man wohl, wird man erst der nicht abreißenden Fülle der Idiotismen, des uferlosen Vokabulars (über 400 000) und der nuancenreichen Unregelmäßigkeiten der Aussprache gewahr. Das Englische als internationale Hilfssprache würde hoffnungslos in die Primitivität des Pidgin oder in die verkrampfende Simplizität des Basic English hinabsinken, es würde, wie es das allenfalls jetzt schon ist, eine Behelfs-, aber keine allen, den einfachsten wie den höchsten, Anforderungen gewachsene Hilfssprache sein. Ganz abgesehen von anderen politischen und soziologischen Umständen, die hier aber nicht zur Diskussion stehen, ist das Englische immer noch viel zu schwer, um als eine für alle verbindliche internationale Hilfssprache eingeführt zu werden. *Esperanto* zu lernen ist sehr viel leichter, als Englisch zu lernen, darüber gibt es nicht nur theoretische Überlegungen, sondern auch schulpraktische Versuche, aber ist es darum leicht?

Tolstoi sagt von sich, er sei nach weniger als zwei Stunden Beschäftigung mit den Grundlagen des *Esperanto* imstande gewesen, die Sprache zwar nicht schriftlich zu verwenden, aber doch, sie frei zu lesen. Nun, Tolstoi war nicht nur ein gebildeter Mann, er hatte gewiß auch ein überdurchschnittliches Gehirn, und die von ihm genannte Zeit dürfte eine Ausnahme sein. Wer aber könnte eine auch nur annähernd ähnliche Aussage über das Englische machen? Wieviel Stunden würde wohl selbst der Begabteste unter uns gebrauchen, bis er das Englische nur frei lesen könnte?

Pierre Janton, „Professeur à l'Université de Clermont-Ferrand", berichtet von einem Japaner, einem Menschen also, dessen Muttersprache keinerlei Beziehungen zur indo-europäischen Sprachenfamilie hat, der *Esperanto* innerhalb eines Monats beherrschen (maîtriser) lernte, während, wie er weiter ausführt, japanische Studenten im allgemeinen erst nach zwei oder drei Jahren diesen Stand erreichen, aber selbst nach achtjährigen Bemühungen mit dem Französischen noch immer die größten Schwierigkeiten haben. Leichter als irgendeine der anderen lebenden oder toten Sprachen ist *Esperanto* gewiß. Seine Erlernbarkeit aber hängt, das ist einleuchtend, von den verschiedensten Umständen ab, von der persönlichen Begabung des einzelnen, von seinem Intelligenzquotienten, wie man heute sagt, weitgehend auch von seinen Vorkenntnissen, davon, ob er schon die eine oder andere Sprache gelernt hat oder nicht und ob er etwa, wie das bei sprachlichen Minderheiten und in Grenzgebieten häufig der Fall ist, vielleicht schon zwei- oder gar mehrsprachig aufgewachsen ist, d. h. außer seiner Muttersprache wenigstens e i n e zweite Sprache funktionell und nicht nur rezeptiv beherrscht.

Auf die leichte Erlernbarkeit des *Esperanto* wird nun, das ist verständlich, von Esperantisten immer wieder nachdrücklich hingewiesen. Auch ich habe im ersten Absatz des ersten Kapitels, und jetzt will ich gestehen, daß es nicht ganz ohne Ironie war, gesagt: „So einfach ist Esperanto". Da gibt es z. B., und das ist eine schon seit den Anfängen des Esperantismus geübte Tradition, die Darstellung des *„Esperanto* auf einem Blatt" oder in einer Werbeschrift des Deutschen Esperanto-Bundes („Moderne Menschen sprechen") eine nur wenige Seiten umfassende Einführung ins *Esperanto: „Esperanto* im Fluge". Dagegen ist nicht viel einzuwenden, wenn der Adressat solcher Werbemittel sich über deren prospektiven Charakter nicht täuscht. Solche Übersichten enthalten in der Regel die notwendigen Angaben über die Aussprache, mehr oder weniger vollständig die 16 Regeln der Zamenhofschen Grammatik und das Wichtigste über die Wortbildungslehre samt einer Liste der häufigsten Vor- und Nachsilben, dazu eine Esperanto-Textprobe mit Übersetzung. Diese Art, *Esperanto* schmackhaft zu machen, kommt mir immer vor, als wolle ein Verkäufer einem Kunden ein Musikinstrument aufschwatzen, indem er ihm auseinandersetzt, er brauche nur dieses Loch zuzudecken und zu blasen oder an dieser Saite zu zupfen oder auf diese Taste zu drücken und schon erklinge der Ton a, und für h mache man es so, für c so usw. Damit aber kann der Käufer sein neuerworbenes Instrument noch nicht spielen, er ist noch weit davon entfernt, es zu beherrschen. Ohne Übung geht es nicht. Auch *Esperanto* ist so ein Instrument, dessen Beherrschung erst durch Üben und einige Mühe zu erwerben ist. Der Empfänger eines der oben genannten oder ähnlicher Werbemittel „kann" noch lange kein Esperanto und präge er sich auch deren Inhalt in allen Einzelheiten ein. Es muß, von der Kenntnis der rund tausend Wurzelwörter und weiterem Vokabular einmal abgesehen, noch etwas anderes dazukommen, nämlich die nur durch Übung und Anwendung zu bewirkende Verlebendigung des an sich toten Sprachmaterials. Diese *Esperanto*-Übersichten sind so etwas wie eine Art Schlüssel, mit dem man, je nach Geduld, Mühe, Begabung und Vorkenntnissen, aber wohl kaum ohne Wörterbuch, *Esperanto*-Texte entziffern kann. Für den jeder Fremdsprache Unkundigen dürfte ein solcher Schlüssel eher abschreckend wirken, für andere, die durch die reduzierte Grammatik geblendet werden, kann er sich leicht als trügerische Hoffnungen erweckendes Glatteis erweisen, denn auch *Esperanto* birgt seine Schwierigkeiten, die vielleicht schon mit der Aussprache, bestimmt aber mit der Wortbildungslehre und der Anwendung der Tabellenwörter beginnen und sich bis in die feinsten Stilfragen und Probleme der Entwicklung des *Esperanto* hinein fortsetzen.

Wir können also, wenn wir aufrichtig sein wollen, wenn wir nicht trügerische Hoffnungen wecken wollen, nur sagen, *Esperanto* sei leichter, nicht aber, daß es leicht sei, wie eben eine ältere Dame trotz des Komparativs jünger ist als eine alte Dame. Tolstoi macht in seiner Aussage einen einem jeden Sprachkundigen geläufigen Unterschied. Er spricht vom Lesen und vom Schreiben des *Esperanto*. Schreiben bedeutet hier, Tolstoi ist Schriftsteller, soviel wie Anwenden und Sprechen, Lesen bedeutet rezeptives Verhalten, Aufnehmen und Verstehen. Ein *esperanto*-sprachliches Milieu, in dem man durch Hören, Verstehen und gleichsam tastendes Imitieren in die Sprache hineinwachsen könnte, dürfte noch weiterhin eine seltene Ausnahme bleiben. Die Esperanto-Kongresse sind es immer nur auf wenige Tage. Wenn in der sprachlichen Entwicklung der Menschheit und ihrer Nachvollziehung durch unsere Kinder die gesprochene Sprache ihrer schriftlichen Fixierung zeitlich auch voraufgeht, so wird für den heutigen *Esperanto*-Beflissenen im allgemeinen der umgekehrte Weg der gegebene sein. Er wird sich am besten nach Erwerbung der Grundkenntnisse zunächst in die Sprache hineinlesen, ehe er dazu übergeht, sie schriftlich oder mündlich selbst anzuwenden. Reichliche, gewissermaßen vorbereitende und vorzugsweise laute Lektüre ist der sicherste Weg zur völligen Beherrschung des *Esperanto* in Wort und Schrift. Bei einiger Beharrlichkeit und Mühe wird man dann aber, und das liegt am Gegenstand selbst, über *Esperanto* besser und vollkommener verfügen, als man es je in einer anderen Sprache erreichen könnte.

Eine Sprache sprechen ist mehr als Schreibmaschine schreiben, rad- oder Autofahren oder stenographieren können. Sie ist wie diese zwar zunächst auch nur eine zu erlernende Fertigkeit, dann aber ein allmählich die ganze Persönlichkeit ergreifendes und tief in die Psyche hinabreichendes Ausdrucksmittel, das schließlich mit dem Denken eine nicht mehr lösbare Verbindung eingeht, da der menschliche Geist beim Denken nach und nach aufhört, in die andere Sprache zu übersetzen und dann das Übersetzte auszusprechen, sondern sich schließlich, unmittelbar wie in der Muttersprache, in dem neuen Medium manifestiert.

Diesen Grad der Beherrschung werden allerdings auf lange Sicht nur wenige anstreben und noch wenigere erreichen. Aber das wenig umfängliche *Esperanto,* das man benötigt, um eine Fahrkarte zu lösen, eine Briefmarke zu kaufen, sich im Hotel ein Zimmer geben zu lassen oder sich (mit Hilfe der Speisekarte!) mit dem Kellner zu verständigen, das könnte sehr bald Gemeingut vieler sein, wenn es erst einmal gelänge, *Esperanto* gewissermaßen von der Basis her in die Praxis einzuführen. Dem Sprechen, auch den ersten Anfängen dazu, ginge praktischerweise das Assimilieren von *Esperanto*-Vokabeln durch möglichst viele Begegnungen im täglichen Leben voraus. Viele werden sich dann damit durchwursteln, für manche wird es ein Anreiz sein, sich weitergehende Kenntnisse zu erwerben, und für den einen oder anderen wird es der Anfang eines regelrechten, alle Mühe reichlich lohnenden Studiums werden. Dazu bedarf es keiner staatlichen Autorität. Ist aber einmal dieser Zustand erreicht, dann dürfte der Druck von unten her auch stark genug werden, die staatlichen Instanzen zur Einführung des *Esperanto* in die Schulen zu bewegen, mit allen dazugehörigen, sehr weitreichenden Konsequenzen, als da sind Einrichtung von Universitätslehrstühlen für *Esperanto,* Aufstellung von Lehrplänen, Prüfungsordnungen, staatliche Examina, Diplome, Lehrerausbildung, Bereitstellung von Lehrmitteln, *Esperanto*-Abteilungen in Bibliotheken und Volksbüchereien, Ausschüsse für internationale Absprachen und Normierungen, evtl. Begründung einer staatlichen *Esperanto*-Akademie, Reduzierung des bisherigen Fremdsprachen-Unterrichts, und was sonst noch alles dazu gehören mag. Auch für *Esperanto* wird die Idee zur materiellen Gewalt, wenn sie die Massen ergreift.

Damit es aber dahin kommt, ist es nötig, daß man sozusagen tagtäglich irgendwo über *Esperanto* stolpert, gleichviel, ob man es versteht oder nicht. Aber so wird man anfangen, es allmählich zu verstehen. Sie aber, meine verehrten Leser, verstehen ja

bereits sehr viel. Versuchen Sie sich einmal an diesem Text:
*Lernebleco de Esperanto*
*Unu el la plej oportunaj kvalitoj de Esperanto estas sia relative facila lernebleco, t. e. ĝi estas relative facile lernebla. Plej ofte Esperanto jam povas esti lernata dum dekono de la tempo, kion oni bezonus por la lernado de nacia lingvo, eĉ por la plej facile lernebla. Tio ne estas nura konstato, sed fakto pruvita per sennombraj kursoj. Jam post 25 (dudekkvin) instruaj horoj oni eblas bone interkomprenigi sin kaj korespondadi per simplaj leteroj. Tiam oni estas preta por pluaj paŝoj al plena posedo de la lingvo Esperanto.*

Ohne weiteres werden Sie in dieser Probe die *Esperanto*-Wörter für: Qualität, relativ, oft, konstatieren, Faktum, Kursus, instruieren und korrespondieren erkannt haben. Die anderen sind uns bis auf nur wenige schon früher begegnet, so daß ich mich auf folgende Hilfen beschränken kann: *t. e.* = *tio estas* d. h. = das heißt, *eĉ* selbst, sogar, *pruvi* beweisen, *kompreni* verstehen, *plu* weiterhin, *plua* weiterer, weitere, weiteres und *paŝo* Schritt.

Neunzehntes Kapitel / *Dek-naŭa ĉapitro*

# Wege und Irrwege / *Vojoj kaj erarvojoj*

Man darf wohl annehmen, daß das Interesse für Esperanto bei sehr viel mehr Menschen vorhanden ist, als gemeinhin angenommen wird oder, besser gesagt, als es den Anschein hat. Es ist latent. Man spürt nichts davon. Man spricht nicht über *Esperanto,* weil kein Anlaß dazu gegeben ist. Man hört nichts über *Esperanto.* Man erfährt nichts über *Esperanto.* Man weiß auch nicht viel über *Esperanto.* Kommt aber doch einmal das Gespräch darauf, so stellt sich meist heraus, daß *Esperanto* für eine gute Sache gehalten wird. Irgendwie davon gehört hat man schon. Die Vorstellungen sind oft unklar, manchmal skeptisch. Oft auch kommen naiv verwunderte Äußerungen, warum es denn nicht schon längst eingeführt sei. Der Gedanke, es müsse auf demokratischem Wege erworben, ja, erkämpft werden, liegt den meisten sehr fern. Das sollen andere für sie machen. Sie selbst haben andere Sorgen. Die Zahl der Menschen, die, spräche man sie auf *Esperanto* hin (aber nicht auf *Esperanto)* an, positiv reagierten, ist gewiß recht groß. Nur, es spricht sie ja niemand an. Hier, scheint mir, liegt für Zeitungen und Zeitschriften die große Aufgabe vor, die ohne viel Aufwand zu leisten wäre, mitzuhelfen, daß *Esperanto* ins Leben einbezogen wird. Warum erkennen sie diese Aufgabe eigentlich nicht? Interessierte Leser könnten einiges bewirken. Sie sollten die Herausgeber ihres Leib- und Magenblattes einmal auf *Esperanto* hin anschreiben. Zeitungen und Zeitschriften haben für alle möglichen Dinge und Liebhabereien ihrer Leser Verständnis und räumen dafür Platz ein: die Rätselecke, die Rechts- oder Gesundheitsberatung, die Schachecke, die Tips für den Photoamateur, die Cartoons, die Witze, die Koch- und Schlemmerrezepte, die Gymnastik, die Anregungen für den Bastler, Denkspiele, die Lebensberatung, die Horoskope, die Anlage-Beratung, die Winke für die Hausfrau, der Kunstmarkt, die Wohnungsgestaltung, die Pflanzenpflege, die Tierhaltung, die Reiseberatung, das Briefmarkensammeln, der Sport in allen seinen Sparten, da gibt es fast nichts, das von Zeitungen, besonders in ihren Sonntagsbeilagen, und Zeitschriften, zu denen selbstverständlich auch die vielen Illustrierten zu rechnen sind, nicht gepflegt und gehätschelt wird, je nach Art des betreffenden Blattes bald dieses mehr und jenes weniger oder umgekehrt. Dabei handelt es sich auch oft um solche Dinge, die nur einen verhältnismäßig kleinen Prozentsatz der Leser ansprechen.

Es wäre gut, die Zeitungen würden erkennen, daß für *Esperanto* ein echtes, wenn auch kaum bewußtes, nicht gewecktes Interesse vorliegt. Eine Zeitung, die regelmäßig eine gut redigierte *Esperanto*-Seite oder auch nur -Spalte brächte, würde ohne Frage nicht nur bei den meisten ihrer Leser gewinnen, sondern sich möglicherweise, solange die Konkurrenz noch nicht damit aufwartet, auch neue Freunde erwerben. Wie müßte eine solche Seite beschaffen sein? Sie könnte eine oder mehrere Nachrichten aus der *Esperanto*-Welt bringen, wie sie jeder *Esperanto*-Zeitschrift zu entnehmen sind. Als wichtigsten Bestandteil aber müßte sie eine Art permanenten *Esperanto*-Kursus enthalten, der Woche für Woche in einer jeweils nur kleinen Lektion in stets wechselnden Zusammenhängen im Laufe der Zeit die gesamten Grundlagen des Esperanto an seine Leser heranträgt, evtl. mit einer Aufgabe, deren Lösung dann das nächste Mal vorgelegt wird, immer so, daß Neuinteressierte ohne weitere Vorkenntnisse jederzeit einspringen können. Das ist durchaus möglich. Der Abschluß könnte dann eine Kurzgeschichte oder Anekdote auf *Esperanto* sein, die sich an die Fortgeschrittenen und Könner wendet.

Um zu veranschaulichen, wie man sich einen solchen *Esperanto*-Kursus, der seiner methodischen Voraussetzung nach weder Anfang noch Ende hat, vorzustellen hat, gebe ich hier ein Modellstück, das selbstverständlich auch ganz anders aussehen könnte:

*LERNU ESPERANTON!*

Sprechen Sie *c* immer wie z, *s* wie ß, *v* wie w, *z* wie s in Rose, *ŝ* wie sch, *ĉ* wie tsch, *ĝ* wie g in gentleman, *ĵ* wie g in Genie und *aj* wie ai in Mai!)

| | |
|---|---|
| *Baletistino dancu la mazurkon!* | Tänzerin, tanz die Mazurka! |
| *Muzikisto, ludu la pianon!* | Musiker, spiel das Klavier! |
| *Spekulanto, aĉetu la akcion!* | Spekulant, kauf die Aktie! |
| *Boatisto, pilotu la boaton!* | Bootsmann, steure das Boot! |
| *Pasero, beku la paneron!* | Spatz, pick das Brotkrümchen! |

| | |
|---|---|
| *Hundo, manĝegu la oston!* | Hund, friß den Knochen! |
| *Dentisto, elŝiru la denton!* | Zahnarzt, zieh den Zahn! |
| *Amatoro, fotografu la katedralon!* | Liebhaber, photographiere die Kathedrale! |
| *Autoro, skribu la romanon!* | Verfasser, schreib den Roman! |
| *Kantisto, kantu la himnon!* | Sänger, sing die Hymne! |
| *Instruisto, lernigu la lernanton!* | Lehrer, unterrichte den Schüler! |
| *Slosisto, fajlu la ŝlosilon!* | Schlosser, feile den Schlüssel! |
| *Juĝisto, kondamnu la krimulon!* | Richter, verurteile den Verbrecher! |
| *Parlamentano, finu la debaton!* | Parlamentarier, beende die Debatte! |
| *Profesoro, komencu la prelegon!* | Professor, beginn die Vorlesung! |
| *Abonento, legu la jurnalon!* | Abonnent, lies die Zeitung! |
| *Maristo, levu la ankron!* | Seemann, hiev den Anker! |
| *Soldato, salutu la oficiron!* | Soldat, grüß den Offizier! |
| *Prezidanto, prezidu la kongreson!* | Präsident, sitz der Versammlung vor! |
| *Kelnero, alportu la bieron!* | Kellner, bring das Bier! |
| *Servistino, melku la bovinon!* | Magd, melke die Kuh! |
| *Medicinisto, receptu la medikamenton!* | Arzt, verschreibe die Arznei! |
| *Rajdanto,² sursaltu la ĉevalon!* | Reiter, sitz auf! |
| *Aŭtomobilisto, veturigu la aŭtomobilon!* | Automobilist, fahr das Auto! |

Übung 1: alles aufmerksam lesen
Übung 2: unter genauer Beachtung der Hinweise für die Aussprache die linke Spalte mehrmals lesen.
Übung 3: reche Spalte zudecken und die *Esperanto*-Sätze ins Deutsche übersetzen.
Übung 4: linke Spalte zudecken und umgekehrt verfahren, bis es fließend geht.
Übung 5: linke Spalte zudecken und die *Esperanto*-Sätze schriftlich wiedergeben.

(Die fünf Übungen brauchen nicht an einem Tage erledigt zu werden, aber zwei oder drei mündliche Wiederholungen an den folgenden Tagen sollte man nicht unterlassen.)

Wir verfahren also so, daß wir uns, abgesehen von den nötigsten Hinweisen für die Aussprache gewisser Buchstaben, jeder grammatischen Erklärung enthalten und den Leser seine Entdeckungen selbst machen lassen. So unterlassen wir bei den vorliegenden Beispielen auch den Hinweis, daß der Imperativ sich auch an mehrere Personen wenden kann oder daß er neben der vertraulichen Anrede auch für die höfliche Anrede gilt und in abhängigen Sätzen dem deutschen „sollen" entspricht. Wir verlieren kein Wort über den Artikel oder das Akkusativ-*n* oder über die Betonung, die wir durch Fettdruck des Vokals andeuten. Darauf wird jeder Leser instinktiv richtig reagieren. Wir wenden uns also ausschließlich an das Gedächtnis, das durch die Gleichartigkeit der Sätze gestützt wird, und auch die Vokabeln prägen sich so durch ihre Sinnbezogenheit leichter ein, als wenn man sie zu Lernzwecken isoliert. Durch dieses Verfahren ist gewährleistet, daß jeder jederzeit in den Kursus einspringen, ihn auch unbedenklich eine Zeitlang unterbrechen oder versäumen kann. Er wird langsam in die Sprache hineinwachsen, seine Vokabelkenntnis allmählich erweitern und sich wie von selbst der Analogie-Möglichkeiten des *Esperanto* bewußt werden. Außerdem sind mit dieser Methode Menschen der unterschiedlichsten Bildungs-, Begabungs- und Altersstufen ansprechbar. Ob wohl nicht mehr Leser daran Interesse fänden als an der Schachecke, und ob nicht vielleicht einige sogar ihr steriles Kreuzworträtsel darüber vergäßen? Das Wichtigste daran aber ist wiederum, daß *Esperanto* möglichst vielen Menschen möglichst oft begegnet, daß seine Existenz sich aufdrängt, es ins Gespräch kommt und aus seinem Schattendasein ans Licht gezogen wird.

Das nächste Mal wiederholen wir unsere Hinweise über Aussprache und Übungen und bringen vielleicht solche Sätze:

*LERNU ESPERANTON!*

| | |
|---|---|
| *La lampo pendas de la plafono!* | Die Lampe hängt an der Decke. |
| *La hundo kuŝas sub la tablo.* | Der Hund liegt unter dem Tisch. |
| *La stenotipistino maŝinskribas en la kontoro.* | Die Stenotypistin schreibt im Kontor auf der Schreibmaschine. |

| | |
|---|---|
| *La tapiŝo kuŝas sur la planko.* | Der Teppich liegt auf dem Fußboden. |
| *La laboristo laboras en la fabrikejo.* | Der Arbeiter arbeitet in der Fabrik. |
| *La muŝo zumas en la ĉambro.* | Die Fliege summt im Zimmer. |
| *La birdo flugas en la aero.* | Der Vogel fliegt in der Luft. |
| *La fiŝo naĝas en la akvo.* | Der Fisch schwimmt im Wasser. |
| *La luno lumas dum la nokto.* | Der Mond leuchtet während der Nacht. |
| *La suno brilas dum la tago.* | Die Sonne strahlt am Tage. |
| *La arbo staras en la ĝardeno.* | Der Baum steht im Garten. |
| *La junulo atendas sub la lanterno.* | Der Jüngling wartet unter der Laterne. |
| *La posteno atentas antaŭ la kazerno.* | Der Posten hat acht vor der Kaserne. |
| *La rano kvakas en la marĉo.* | Der Frosch quakt im Sumpf. |
| *La herbo kreskas en la herbejo.* | Das Gras wächst auf der Wiese. |
| *La fraŭlino telefonas en la telefonĉelo.* | Das Fräulein telefoniert in der Telephonzelle. |
| *La letero troviĝas sur la skribotablo.* | Der Brief befindet sich auf dem Schreibtisch. |
| *La rozo odoras en la vazo.* | Die Rose duftet in der Vase. |
| *La onklo sidas sur la sofo.* | Der Onkel sitzt auf dem Sofa. |
| *La infano ludas antaŭ la domo.* | Das Kind spielt vor dem Haus. |
| *La drinkulo dormas sur la benko.* | Der Trunkenbold schläft auf der Bank. |
| *La kasisto kalkulas en la banko.* | Der Kassierer rechnet in der Bank. |
| *La oratoro parolas sur la tribuno.* | Der Redner spricht auf der Tribüne. |
| *La pasaĝero promenas sur la ferdeko.* | Der Passagier geht auf dem Verdeck spazieren. |

Ein andermal bringen wir die erste Reihe in abgewandelter Form:

*La baletistino dancas la mazurkon.*
*La muzikisto ludas la pianon.*
*La spekulanto aĉetas la akcion.*
usw.

Oder wir setzen die zweite Serie in die Mehrzahl:
*La lampoj pendas de la plafonoj.*
*La hundoj kûsas sub la tabloj.*
*La stenotipistinoj maŝinskribas en la kontoroj.*
usw.

Oder wir geben eine Serie dieser Art:
*Hieraŭ mi ludis, hodiaŭ mi laboras.*
*Hieraŭ mi legis, hodiaŭ mi skribas.*
*Hieraŭ mi promenis, hodiaŭ mi veturas.*
usw.

Irgendwann folgt dann:
*Hodiaŭ mi laboras, morgaŭ mi ludos.*
*Hodiaŭ mi skribas, morgaŭ mi legos.*
*Hodiaŭ mi veturas, morgaŭ mi promenos.*
usw.

Oder:
*unu kaj unu estas du*
*du kaj unu estas tri*
*tri kaj unu estas kvar*
usw.

Oder:
*Malgranda domo estas dometo.*     ... Häuschen.
*Malgranda strato estas strateto.*    ... Gasse. (!)
*Malgranda arbo estas arbeto.*      ... Strauch. (!)
usw.

Oder wir wandeln die erste Serie nochmals ab:
*La mazurko estas dancata de la baletistino.*
*La piano estas ludata de la musikisto.*
*La akcio estas aĉetata de la spekulanto.*
usw.

Oder:
*Tiu ŝipo estas la via, tiu ĉi estas la mia.*
*Tiu valizo estas la lia, tiu ĉi estas la ŝia.*
*Tiu vagonaro estas la nia, tiu ĉi estas la ilia.*
usw.

Es ist also immer das gleiche Prinzip, durch gleichartige Satzserien, *Esperanto* dem aufmerksamen Leser durchsichtig zu machen, ihm Wortmaterial zu vermitteln und ihn überhaupt zu interessieren, am Ende in ihm den Wunsch zu wecken, *Esperanto* nun einmal „ordentlich" lernen zu wollen, durch Besuch eines Kursus auf der Volkshochschule oder mit Hilfe eines Lehrgangs zum Selbstunterricht. Wenn von Zeit zu Zeit eine kleine Preisaufgabe erschiene, bei der es ein *Esperanto*-Buch zu gewinnen gäbe, wäre der Anreiz natürlich noch größer. –
Jahr für Jahr kaufen sich unzählige Menschen Taschenkalender, Agenden und alle möglichen Jahrbücher, und unzählige Firmen verschicken Jahresprospekte, Abreiß- oder sonstige Wandkalender und Jahreskataloge. In einem solchen Taschenkalender finde ich: Angaben über die Ferienordnung an öffentlichen Schulen, über Postgebühren, über Tarife und Entfernungen bei der Eisenbahn, mathematische Formeln zur Berechnung von Flächeninhalten und Körpermaßen, Listen von Einheiten im Meßwesen, dezimale Vielfache und Teile von Einheiten, eine Liste über Rauminhalte einer Ladung von 10 t Gewicht, eine Umrechnungstabelle für Temperaturgrade nach Celsius und Fahrenheit, Listen über Entzündungstemperaturen und über Schmelz- und Siedepunkte, eine Zusammenstellung von chemischen Zeichen, eine Übersicht über Ländergrößen, ihre Bevölkerungszahlen und -dichte, eine Darstellung von Sirenenzeichen, die Nationalitätszeichen, die Herkunftsbezeichnungen der Kraftfahrzeuge, ein Städteverzeichnis, die Autokennzeichen der DDR, eine farbige Übersicht über die wichtigsten Verkehrszeichen, eine ebensolche über die Warnzeichen und Blinkanlagen an Bahnübergängen und schließlich noch ein paar farbige geographische Karten (Deutschland, Westeuropa, Alpenländer). Das ist sehr viel für relativ wenig Geld, aber Esperanto fehlt, und doch ließen sich bequem die Grundlagen des Esperanto, etwa nach dem Muster „*Esperanto* auf einem Blatt" auf drei bis vier Seiten solcher Taschenkalender und Almanache unterbringen. Ich frage mich, ob es auf die Dauer gesehen, nicht nützlicher wäre, statt der einen oder anderen der aufgezählten Angaben, wenn nicht überhaupt zusätzlich, *Esperanto* aufzunehmen. Noch wertvoller wäre es, würden in den Kalendarien die deutschen Namen der Monate und Wochentage von ihrer *Esperanto*-Bezeichnung, und sei es auch in

Klammern oder kleinerem Druck, begleitet sein. Das wäre wieder eine, wenn auch bescheidene, praktische Anwendung des *Esperanto*. -
Sehr viel sprachlicher Aufwand wird von manchen Herstellern für ihre Fabrikate getrieben. Da liegen den Packungen umfängliche Gebrauchsanweisungen und Garantieerklärungen in manchmal mehr als einem halben Dutzend Sprachen bei. Ich habe eine hübsche kleine Kollektion davon. Und gerade diese ständig zunehmende Zahl der berücksichtigten Sprachen weist deutlich wie kaum etwas anderes darauf hin, daß dieser Weg ins Absurde führt. Immer wird es, mit zunehmender internationaler Verbreitung des Produkts, noch eine Sprachengemeinschaft geben, die noch nicht berücksichtigt ist, ja, die sich übergangen fühlen wird. Da habe ich mir z. B. einen Rasierapparat gekauft und mit der Ware eine schon zu einer kleinen Broschüre angeschwollene elfsprachige Gebrauchsanweisung erhalten: Hinweise zum Gebrauch, Instructions for Use, Mode d'emploi, Instrucciones de uso, Istruzioni per l'uso, Gebruiksaanwijzing, Brugsanvisning, Upotstvo za upotrebu, Kullanilişi hakkinda malûmat und zwei weitere. Solche Firmen würden sehr bald die Früchte ihres Bemühens ernten, wenn sie sich entschließen könnten, ihren Fabrikaten nur noch zweisprachige Prospekte und Anweisungen beizugeben. Gerade Gebrauchsanweisungen, wenn sie bebildert sind, eignen sich gut dazu, mitzuhelfen, *Esperanto* in die Praxis einzuführen. Ein jeder Vorstoß in diese Richtung ist eine Pioniertat. Sie enthält zunächst Nötigung, alsdann Belehrung und im Endeffekt eine allgemeine befreiende Erleichterung. Jedem Empfänger würde die Existenz des *Esperanto* in praktischer Anwendung vor Augen geführt, ihm würde aufgehen, daß es eine nützliche Sache wäre, *Esperanto* zu können, und irgendwie zu helfen wüßte er sich allemal. Er würde entweder selbst mit Hilfe des Objektes, der Abbildungen und der beiden Textfassungen (Ursprungssprache + *Esperanto*) herausknobeln, was gemeint ist, oder in seinem Bekanntenkreis oder seiner Nachbarschaft jemanden finden, der ihm helfen kann. Gerade sprachliche Minderheiten sollte man in dieser Hinsicht nicht unterschätzen. Die betreffende Firma aber könnte sich, stolz wie die HAPAG in Hamburg, zu der Devise bekennen: „Mein Feld ist die Welt". -
Geradezu grotesk aber ist es, wenn eine Firma dem Käufer ihres Farbbandes für Schreibmaschinen in sechs Sprachen das

mitteilt, was er ohnehin sieht, nämlich daß er ein „Farbband, Typewriter ribbon, Ruban à ecrire, Inklint, Cinta mecanográfica, Nastro dattilogràfico" in der Hand hält, auf *Esperanto* also in genauester Ausführlichkeit ein *kolorita rubando por skribmaŝino* oder, nicht ganz so umständlich, ein *rubando por maŝinskribi* oder, noch einfacher, ein *skribmaŝina rubando* oder schließlich, ganz einfach, wenn der Zusammenhang klar ist, ein *kolorrubando*. Weiterhin erfährt der Käufer, ebenfalls in sechs Sprachen, daß sein eben erstandenes *kolorrubando* aus *natura silko,* nämlich aus Naturseide ist und daß es zur Gruppe, group, groupe, groep, grupo und gruppo 1 gehört, wobei wir anmerken wollen, daß das vorletzte (spanische) Wort genau dem *Esperanto*-Wort *grupo* entspricht. Das ist doch alles sehr traurig. Traurig, daß diese leistungsfähige Firma den Absatz ihrer Fabrikate auf die paar Millionen Menschen beschränken will, die die obigen sechs Sprachen sprechen. Traurig auch, daß der Zusatz „farbaktiv" geheimnisvoll nur dem deutschen Käufer vermittelt und den anderen fünf Sprachen vorenthalten wird, wenn auch der so angesprochene deutsche Käufer sich kaum mehr darunter vorstellen kann als der übergangene, des Deutschen unkundige. Wäre denn ein Farbband, das nicht „farbaktiv" ist, überhaupt noch ein Farbband in dem erwarteten Sinne? Übersetzen wir es also getrost, auch wenn wir keinen rechten Sinn darin sehen: *kolorefika, koloraktiva, tinkturefika, tinkturaktiva*. Welchen Ausdruck würden Sie vorziehen? Etwa *farbaktiva?* Auch das ginge zur Not.

Zwanzigstes Kapitel / *Dudeka ĉapitro*

# Ein Bettelweib mit Konsequenzen / *Almozulino kun konsekvencoj*

Ich habe Ihnen schon von meinen Begegnungen mit der *Esperanto*-Literatur erzählt. Ich möchte darauf noch einmal zurückkommen. Es gilt, dabei dreierlei zu unterscheiden. Ein Verfasser kann etwas gleich auf *Esperanto* schreiben oder es aus seiner oder einer anderen Nationalsprache ins *Esperanto* übersetzen. Zamenhof hat alle drei Wege beschritten und dabei Vorbildliches geleistet. Wenn bei uns Übersetzungen aus dem Englischen, dem Französischen und anderen Sprachen erscheinen, so sind sie, mit ganz seltenen Ausnahmen, von Deutschen gemacht, die sich die nötigen Sprachkenntnisse, im Englischen oder Französischen usw., erworben haben, und nicht etwa Engländer und Franzosen, die soviel Deutsch gelernt hätten, um solche Übersetzertätigkeit zu leisten, weil das einfach zu schwer ist. Man kommt eher dahin, das kann ja gar nicht anders sein, eine Sprache in allen Feinheiten rezeptiv zu überblicken, als sie selbst in allen Feinheiten anwenden zu können. Von einem guten Übersetzer erwartet man also einmal genügendes Verständnis für die Sprache, aus der er, und genügende Ausdrucksfähigkeit für die Sprache, in die er übersetzt.

Beim *Esperanto* sind ganz andere Voraussetzungen gegeben. Hier übersetzt man in der Regel aus der eigenen Sprache, die einem ja besser als jede andere und besser als jedem anderen, der nicht von Kindesbeinen an ihr zugehört, vertraut ist, in die internationale Sprache, die durch ihre Anpassungsfähigkeit und ihre schier unausschöpflichen Möglichkeiten der Wortbildung es erlaubt, feinste sprachliche Unterscheidungen wiederzugeben, die die originale Ausdrucksweise sogar noch an Treffsicherheit überbieten können. Außerdem ist *Esperanto* nicht, wie die Nationalsprachen, durch festgefahrene sprachliche Gewohnheiten eingeengt. Das „it is grammatically, correct, but they don't say so" gibt es im *Esperanto* nicht.

Zamenhof hat durch seine Schriften und Übersetzungen seinen Nachfolgern einen Weg gewiesen, der von den besten unter ihnen mit anhaltendem Erfolg noch immer begangen wird. Er hat der Sprache das schwer zu definierende Etwas gegeben, das eine Sprache überhaupt erst zur Sprache macht. Wer nun ins

*Esperanto* übersetzt, muß, wenn seine Übersetzung überhaupt *Esperanto* sein soll, sich in diese Tradition einfügen. Das *Esperanto* hat also etwas durchaus Eigenständiges, das es verbietet, ihm beim Übersetzen Besonderheiten der nationalen Sprachen aufzuzwingen. Auch beim *Esperanto* muß eine Art Umwandlung, eine Art Umdenken der Textvorlage erfolgen. Dabei ist es aber durchaus möglich, soviel von der nationalsprachlichen Prägung des Textes, seines besonderen literarisch-stilistischen Charakters ins *Esperanto* zu übernehmen, daß das Original noch durchschimmert, weit mehr als bei einer Übersetzung in andere Sprachen, und zwar ohne daß nun wiederum das *Esperanto* dadurch beeinträchtigt werden müßte.

Diese theoretischen Ausführungen blieben wohl etwas blaß und, um mit Goethe zu reden, taugten nicht viel „ohne Gegenwart und Sinn". Ich habe daher für Sie ein bestes Stück deutscher Literatur übersetzt, noch dazu von einem Schriftsteller, dessen eigenwilliger, in geballten und bis zum Bersten gefüllten Satzkaskaden einherrollender Stil ganz unverkennbar ist. Sie sollen sich selbst ein Urteil bilden können. Unter Heinrich von Kleists acht berühmten Erzählungen findet sich auch die ganz kurze, kaum drei Seiten beanspruchende Erzählung „Das Bettelweib von Locarno". Sie paßt vorzüglich in unsere heftig parapsychologisch bewegte Zeit.

Wenn Sie es sich bequem machen wollen, gehen Sie also an Ihren Bücherschrank, nehmen Sie sich Kleists Werke zur Hand und vergleichen Sie meine Übersetzung mit dem Original. Ich möchte Ihnen freilich lieber einen umständlicheren, aber wirksameren Weg anraten. Da Sie ja schon die *Plena gramatiko de Esperanto* kennengelernt haben und auch sonst schon einiges über *Esperanto* wissen, versuchen Sie doch einmal, ohne Übersetzung mit dem Text fertig zu werden. Machen Sie sich als Vorbereitung einen „Mogelzettel" mit den biestigen Tabellenwörtern (S. 111), nehmen Sie drei Lesezeichen, eines für die Seiten 111 bis 114, da finden Sie die Wortbildungssilben und je eines für die beiden Vokabellisten, Seite 53 bis 58 und Seite 87 bis 94. Und da ich es gut mit Ihnen meine, gebe ich Ihnen für die Stellen, für die die obigen vier Stützen nicht ausreichen, noch weitere Hilfen.

Werden Sie nicht ungeduldig, wenn es nicht gleich klappt! Denken Sie, Sie hätten ein Kreuzworträtsel vor sich! Sehr bald werden Sie dahinterkommen, daß es für das Verstehen eines

Esperanto-Textes vor allen Dingen wichtig ist, zu erkennen, wie sich die Wörter zusammensetzen, und das ist reine Übungssache. So hat z. B. *supremenciata* nichts mit *premi* (drücken) zu tun, sondern setzt sich zusammen aus *supre* (oben), *mencii* (erwähnen) und dem Kennzeichen des Präsens-Passiv-Partizips *-ata*, heißt also „obenerwähnt". Die Verbform *ektimigita* hat als Kern die Wortwurzel *tim- (timo* = Angst, *timi* = fürchten), *tim/ig/i* heißt dann ängstigen, Angst einflößen, *ek-* bedeutet plötzliches Einsetzen der Handlung, *ektimigi* also erschrecken, davon ist *ektimigita* das Perfekt-Passiv-Partizip mit der Bedeutung erschrocken. Das Feld heißt auf Esperanto *kampo*, die Gesamtheit der Felder *kamp/ar/o* (das flache Land im Gegensatz zur Stadt), und der Mann, der dazu gehört *(-an)*, der Landmann, ist dann der *kamparano*, die Mehrzahl *kamparanoj* (Landleute).

Sie verfahren am besten so, daß Sie den Text erst einmal lesen, ohne dabei groß um Verständnis bemüht zu sein. Dann lesen Sie ihn ein zweites Mal und versuchen, ihn zu entziffern, ohne sich dabei lange bei den Stellen aufzuhalten, die sich nicht gleich erschließen lassen wollen. Morgen nehmen Sie sich ihn noch einmal vor und versuchen, etwas mehr herauszubekommen. Das können Sie dann notfalls noch zwei- oder dreimal so weiter machen. Erst wenn Sie gar nicht mehr vorankommen, sollten Sie sich die verflixte Alte aus dem Bücherschrank holen. Wenn Sie diese Aufgabe nämlich geduldig meistern, dann haben Sie nicht nur diese eine Esperanto-Erzählung gelesen, sondern an ihr gelernt, wie man überhaupt sich ins *Esperanto* hineinliest. Jedes einmal mit Überlegung selbst aufgeschlüsselte Wort hat die Tendenz, zu Ihrem dauernden geistigen Besitz zu werden.

Hat man nämlich überhaupt erst einmal in *Esperanto* Fuß gefaßt, so vervollkommnet man sich am besten, ohne groß im Wörterbuch nachzuschlagen, durch eifriges Lesen. Auf *Esperanto* gibt es mehr Unterhaltungsliteratur, als Sie je bewältigen könnten. Auch spannende Kriminalromane sind darunter. Gestern stieß ich bei meiner Lektüre auf ein mir unbekanntes Wort: *Ni ne estas s t r u t o j , kiuj enŝovinte la kapon en la sablon, opinias ke ĉio estas en ordo.* (Wir sind keine ......., die, nachdem sie den Kopf in den Sand gesteckt haben, meinen, daß alles in Ordnung ist). Wissen S i e jetzt, was *strutoj* bedeutet?

## LA ALMOZULINO DE LOKARNO *(de Henriko de Klajsto)*

Ĉe la bazo de la Alpoj apud Lokarno en la supra Italujo troviĝis malnova, al markizo aparteninta kastelo, kiun oni nun, kiam oni venas de la Sankta-Gothardo, vidas kuŝi kiel ruboj kaj ruinoj: kastelo kun altaj kaj vastegaj ĉambroj, en unu el kiuj iam sur pajlo, kiun oni subŝutis al ŝi, maljuna malsana virino, kiu almozpetinte antaŭ la pordo alveninta estis, de la mastrino, pro kompato, kuŝigita estis.
(Basis, Fuß; Alpen; Marquis; *aparteni* gehören; *kastelo* Schloß; *kuŝi* liegen; *rubo* Schutt; *ruinoj* Trümmer, *alta* hoch, *vasta* geräumig; *pajlo* Stroh; *sub* unter; *ŝuti* schütten; *juna* jung; *sana* gesund; *pordo* Tür; *mastro* Hausherr; *kompato* Mitleiden)
La markizo, kiu, post la reveno de la ĉaso okaze eniris la ĉambron, kie li kutimis demeti sian pafilon, ordonis al la virino malafablege, el la angulo, en kiu ŝi kuŝis, leviĝi kaj post la fornon transmetiĝi.
(*ĉaso* Jagd; *okazi* sich ereignen; *kutimi* gewohnt sein; *pafi* schießen; *afabla* freundlich; *angulo* Winkel; *leviĝi* sich erheben; *forno* Ofen; *trans* hinüber)
La virino, kiam ŝi levis sin, elglitis per la lamulbastono sur la glitiga planko kaj difektis al si, en danĝera maniero, la krucon; tiele, ke kvankam ŝi ankoraŭ per nedirebla peno stariĝis kaj rekte, kiel estis postulite, tra la ĉambro iris, tamen post la fornon, kun ĝemoj kaj ĝemado, malleviĝis kaj ekmortis.
(*gliti* gleiten; *lama* lahm; *bastono* Stock; *planko* Fußboden; *difekti* beschädigen; *danĝera* gefährlich; *maniero* Art und Weise; *kruco* Kreuz; *kvankam* obgleich; *peno* Mühe; *stari* stehen; *tra* durch; *tamen* dennoch; *ĝemi* seufzen; *morti* sterben)
Pluraj jaroj poste, kiam la markizo, pro milito kaj miskresko, falinta estis en dubaj kapitalcirkonstancoj, aperis ĉe li firenza kavaliro, kiu aĉeti volis de li, pro ĝia bela situo, la kastelon. La markizo, kiun multe gravis la afero, mandatis al sia edzino, loĝigi la fremdulon en la supremenciata, malenloĝata ĉambro, kiu tre bele kaj lukse garnita estis.
(*pluraj* mehrere; *milito* Krieg; *mis-* Miß-; *kreski* wachsen; *fali* fallen; *duba* bedenklich; *kapitalo* Kapital; *cirkonstanco* Umstand; *aperi* erscheinen; *firenza* florentinisch, aus Florenz; *kavaliro* Ritter; *situo* Lage; *gravi* wichtig sein; *afero* Handel; *mandati* beauftragen; *edzo* Ehemann; *loĝi* wohnen; *tre* sehr; *bela* schön; *luksa* prächtig; *garni* einrichten)
Sed kiom estis malagrable tuŝitaj la geedzoj, kiam la kavaliro

*meze de la nokto, konfuzita kaj pala, venis malsupren al ili, certigante firme kaj forte, ke fantomumas en la ĉambro, ĉar io, estante malvidebla por la rigardo, kun brueto, kvazaŭ kuŝinte sur pajlo, estis en la ĉambrangulo stariĝinta, per aŭdeblaj paŝoj, malrapide kaj kaduke, rekte tra la ĉambro irinta, kaj post la forno, kun ĝemoj kaj ĝemado, malleviĝinta.*
(*tuŝi* berühren; *mezo* Mitte; *konfuzi* verwirren; *pala* bleich; *certa* sicher; *firma* fest; *fantomo* Spuk; *brui* lärmen; *paŝo* Schritt; *rapide* schnell; *kaduke* gebrechlich)
*La markizo, ektimigita, li mem ne ĝuste sciis kial, kun ŝajnigata gajeco mokridis la kavaliron, kaj diris, ke li tuj volas ellitiĝi, kaj pasigi, por lia trankviligo, kun li en la ĉambro la nokton. Sed la kavaliro petis la komplezon, permesi al li, ke li tranoktu sur apogseĝo, en lia dormoĉambro, kaj kiam la mateno venis, li igis jungi, adiaŭis kaj forvojaĝis.*
(*ĝusta* richtig; *ŝajni* scheinen; *gaja* heiter; *moki* spotten; *tuj* sofort; *pasi* vorübergehen; *komplezo* Gefälligkeit; *permesi* erlauben; *apogi* stützen; *seĝo* Stuhl; *mateno* Morgen; *jungi* anspannen; *adiaŭ* lebewohl)
*Ĉi tiu okazo, kiu kaŭzis eksterordinaran sensacion, fortimigis, en al la markizo ekstreme malagrabla maniero, plurajn aĉetontojn; tiele, ke, ĉar inter sia propra domservistaro, mirege kaj nekompreneble, la famo estiĝis, ke en la ĉambro, je la meznokta horo, fantomumas, li, por tion kvietigi per definitiva procedo, decidis, dum la plej proksima nokto mem espolori la aferon.*
(*kaŭzi* verursachen; *ordinara* gewöhnlich; *sensacio* Aufsehen; *ekstrema* äußerst; *miri* sich wundern; *kompreni* verstehen; *famo* Gerücht; *kvieta* ruhig; *definitiva* entscheidend; *procedo* Verfahren; *espolori* untersuchen)
*Sekve li igis, ĉe l'ekiĝo de l'krepusko, starigi sian liton en la dirita ĉambro kaj atendis, ne dormante, la mezonokton.*
(*sekvi* folgen; *krepusko* Dämmerung)
*Sed kiom emociata li estis, kiam efektive, kun la ekbato de la fantomhoro, li perceptis la nekompreneblan brueton; estis, kvazaŭ homo de sur pajlo, kiu sub li kraketis, leviĝis, iris rekte tra la ĉambro, kaj malleviĝis, kun ĝemetado kaj stertorado, post la forno.*
(*emocii* erschüttern; *percepti* wahrnehmen; *kraketi* knistern; *stertori* röcheln)
*La markizino, la sekvantan matenon, kiam li venis malsupren, demandis lin, kiel la esploro pasis; kaj kiam li, per timemaj kaj*

*malcertaj rigardoj, ĉirkaŭvidis, kaj, riglinte la pordon, certigis, ke estis vere pri la fantumado, tiam ŝi ektimis, kiel neniam en sia vivo, kaj petis lin, antaŭ kiam li sciigos la aferon, ankoraŭ unufoje, en ŝia kunesto, subigi ĝin al malpasia ekzameno.*
*(demandi* fragen; *ĉirkaŭ* um... herum; *rigli* verriegeln; *fojo* Mal; *pasia* leidenschaftlich; *ekzameno* Prüfung)
*Sed efektive, ili aŭdis, kun fidela servisto, kiun ili estis kunprenintaj, en la sekvanta nokto, tiun saman nekompreneblan, fantomspecan brueton, kaj nur la urĝa deziro, liberigi sin, tiom kostus kiom volus, de la kastelo, kapabligis ilin, subpremi, en la ĉeesto de la servisto, la teruregon, kiu ilin ekkaptis, kaj substitui al la okazo ian seninteresan kaj hazardan kaŭzon, kiu lasus malkovri sin.*
*fidela* treu; *sama* derselbe; *speco* Art; *kapabla* fähig; *teruro* Schrecken; *kapti* fangen; *substitui* unterschieben; *interesa* interessant; *hazarda* zufällig; *kauzo* Ursache; *kovri* bedecken)
*En la vespero de la tria tago, kiam ambaŭ, por ĝisfunde esplori la aferon, kun troa korpulsado ree supreniris la ŝtuparon al la gastoĉambro, hazarde alvenis antaŭ ties pordo la domhundo, kiun oni estis liberiginta de la ĉeno; tiamaniere, ke ambaŭ, sen pozitiva interkonsento, kredeble per la nearbitra intenco, ĉehavi krom si mem ankoraŭ ion trian, vivan, prenis la hundon kun si en la ĉambron.*
*(ĝis* bis; *fundo* Grund; *tro* zu, zu sehr; *pulsi* klopfen; *ŝtupo* Stufe; *ĉeno* Kette; *pozitiva* bestimmt; *konsenti* zustimmen; *kredi* glauben; *arbitra* willkürlich; *intenco* Absicht)
*La geedzoj, du lumoj sur la tablo, la markizino nesenvestiginte, la markizo spadon kaj pistolojn, kiujn li el la ŝranko preninta, apud si, sidiĝis, ĉirkaŭ la dek-unua horo, ĉiu sur sia lito; kaj dum ili provas, tiel bone kiel ili povas, distri sin per interparoloj, la hundo, kapon kaj gambojn kunkaŭriginta, en la mezo de l'ĉambro kuŝiĝas kaj ekdormas.*
(*spado* Degen, *pistolo* Pistole; *ŝranko* Schrank; *provi* versuchen; *distri* unterhalten; *kapo* Kopf; *gambo* Bein; *kaŭri* kauern)
*Poste, dum la momento de la mezonokto, la terura brueto ree aŭdiĝas; iu, kiun neniu homo povas vidi per okuloj, leviĝas, per lambastonoj, en la ĉambrangulo supren; oni aŭdas la pajlon, kiu susuras sub li; kaj ĉe la unua paŝo: tap! tap! la hundo vekiĝas, subite, streĉante la orelojn, supren de sur la planko leviĝas, kaj murmuregante kaj bojante, tute kvazaŭ homo venis paŝanta rekte kontraŭ ĝi, malantaŭen al la forno ĝi iras flanken.*

(*momento* Augenblick; *susuri* rascheln; *paŝo* Schritt, *subita* plötzlich; *streĉi* anspannen; *orelo* Ohr; *murmuri* murmeln; *boji* bellen; *flanko* Seite)

Ĉe tiu spektaklo la markizino, kun stariĝantaj haroj, sin ĵetas el la ĉambro; kaj dum la markizo, ekpreninte la spadon, krias: „Kiu estas?" kaj, ĉar neniu respondas al li, same kiel furiozulo, en ĉiujn direktojn trabatas la aeron, ŝi igas jungi, decida, momente, ekveturi al la urbo.

(*spektaklo* Anblick; *haro* Haar; *krii* rufen; *furiozi* wüten)

Sed ankoraŭ antaŭ kiam, post ekprenigo de kelkaj aĵoj, ŝi el la pordego veturilbruinta, ŝi jam ĉiuflanke flamlume bruli vidas la kastelon.

(*kelkaj* einige; *flamo* Flamme; *bruli* brennen)

La markizo, troekscitata pro teruro, estis kandelon preninta, kaj ĝin, ĉie per ligno garnita kiel ĝi estis, al ĉiuj kvar anguloj, laca de sia vivo, ekbruliginta.

(*eksciti* reizen; *kandelo* Kerze; *ligno* Holz; *laca* müde)

Vane ŝi ensendis homojn, por savi la malfeliĉulon; li jam estis pereita en la plej mizera maniero, kaj ankoraŭ nun kuŝas, amasigitaj de la kamparanoj, liaj blankaj ostoj en la angulo de l' ĉambro, el kiu li ordonis levigi sin al la almozulino de Lokarno.

(*vane* vergebens; *homo* Mensch; *perei* umkommen; *mizera* elendiglich; *amaso* Haufe; *blanka* weiß; *osto* Knochen)

Wenn Sie sich mit dem Text genügend vertraut gemacht haben, sollten Sie sich einmal einen Absatz auf Deutsch und dann auf *Esperanto* laut vorlesen. Ich glaube, Sie werden nicht umhinkönnen, festzustellen, daß der Kleistsche Stil, dieses eigenartige Gefälle seiner Sätze, ihr dahinstürzender Rhythmus, mehr jedenfalls, als es in einer anderen Sprache möglich wäre, auch noch im *Esperanto* zu spüren ist.

Einundzwanzigstes Kapitel / *Dudek-unua ĉapitro*

# Nur Esperanto / *Nur Esperanto*

Es gibt immer noch viele Menschen; für die das Sprachenproblem nicht existiert. Sie leben in ihrer engeren Heimat, unberührt von fremden Touristen, fahren ihrerseits nicht ins fremdsprachliche Ausland, kennen auch keine Ausländer und, wenn sie etwas lesen, fragen sie kaum darnach, ob es etwas Originalsprachiges oder etwas Übersetztes ist. Es besteht aber wohl kein Zweifel, daß die Zahl dieser Menschen zurückgeht und immer mehr von ihnen in fremdsprachliche Kontakte hineingezogen werden. Sie kommen zwar immer noch irgendwie zurecht, aber keineswegs immer ohne Ärger und Mißverständnisse, ohne irgendwelche materielle Einbuße, von der geistigen gar nicht zu reden, ohne Zeitaufwand und Prestigeverlust; Zeitaufwand auch durch jahrelanges Sprachenlernen und Prestigeverlust wegen der häufig unbefriedigenden Ergebnisse dieses Bemühens um fremde Sprachen, das sie immer wieder in benachteiligte Situationen bringt.

Die erste Gruppe wird wohl geneigt sein, die Lösung des Problems schlurren zu lassen, es geht sie nichts an, für sie existiert es nicht. Und sie existieren für uns in diesem Zusammenhang auch nicht. Die andern aber, die, aus welchen Umständen auch immer, genötigt oder gewillt sind, fremdsprachliche Kontakte zu haben, werden sich ihre Gedanken darüber machen. Sie haben Englisch zu lernen angefangen, sie haben Französisch zu lernen angefangen, aber dann stellte es sich heraus, daß sie eigentlich Russisch, Spanisch oder Italienisch, Arabisch oder Türkisch, Griechisch, Chinesisch, Japanisch oder was sonst, eher benötigt hätten. Dann kommt ihnen eines Tages der Gedanke, wie gut es wäre, alle Menschen würden sich auf eine und dieselbe Sprache einigen, oder wenigstens auf mehrere, z.B. Deutsch, Englisch und Französisch, so wie sie selbst es getan haben. Eine dieser Sprachen wenigstens sollte jeder lernen, meinen sie. Na ja, da haben nun ein Türke sich für Deutsch und ein Italiener sich für Französisch entschieden. Wie werden sich nun dieser Türke und dieser Italiener verständigen? Auf diese Weise am besten wohl gar nicht . . .

Also müßte es doch wohl nur eine einzige für alle verbindliche zweite Sprache sein, das Englische natürlich, wie sie meinen.

Aber davon wollen nun merkwürdigerweise die Russen gar nichts wissen. Sie denken gar nicht daran, den USA und Großbritannien einen solchen weithinreichenden Einfluß einzuräumen, und die Chinesen weisen sogar darauf hin, daß sie ja so viele sind. Man sollte doch, das wäre nur recht und billig, ein die chinesischen Dialekte überbrückendes genormtes Chinesisch nehmen. Die Franzosen erheben ihrerseits Anspruch darauf, ihre Sprache als Weltsprache in Vorschlag zu bringen, und sie haben gute Gründe dafür anzuführen. Die Deutschen haben durch ihren bald nach dem Kriege einsetzenden wirtschaftlichen Aufschwung auch noch mitzureden. Das Deutsche steht bei einigen Völkern als Fremdsprache durchaus in gutem Ansehen. Mit anderen Worten, keine der Mächte dieser Erde wäre bereit, durch weltweite Anerkennung einer fremden Sprache dieser eine kulturelle, wirtschaftliche und politische Vorrangstellung einzuräumen, die sie selbst anstreben.
Also, meinte da ein Schlaukopf, dann sollte man doch einfach die Sprache eines kleinen Volkes nehmen. Es müßte eben eine neutrale Sprache sein, etwa Dänisch oder Portugiesisch. Wir verzichten einmal für einen Augenblick auf die Vorstellung, wie alle Chinesenkinder in ihren Schulen eifrig Dänisch lernen, so glücklich sind wir darüber, daß die Engländer bereit sind, sich mit Dänisch abzufinden. Aber leider sind die Franzosen für Portugiesisch. Die Russen aber wollen gar, daß es dann wenigstens eine slawische Sprache, Tschechisch oder Slowakisch, zum mindesten aber Estnisch oder Ungarisch sein müßte. Diese wenigen Beispiele zeigen, daß ein solcher Vorschlag utopisch ist. Es gibt unter den nationalen Sprachen, falls es sie überhaupt je gegeben hat, heute keine Neutralität mehr, bei den kleinen Völkern genau so wenig wie bei den Großmächten. Keine der nationalen Sprachen kommt dafür in Betracht, durch „consensus omnium" zur allgemein verbindlichen zweiten Sprache bestimmt zu werden, auch nicht das Englische, auch nicht in seiner vereinfachten Form des „Basic English", das ja nur der Schrittmacher für das eigentliche Englisch wäre und damit wie dieses selbst zum unerwünschten Politikum würde. Stellen Sie sich einmal im Geiste vor, wie es sich ausnehmen mag, wenn auf Bahnhöfen, in Postämtern und Banken, die Beschriftungen zweisprachig sind: auf *Esperanto,* das würden Sie entweder begrüßen oder sich damit abfinden; auf Englisch, das würde Sie vermutlich empören, Ihnen das

Gefühl geben, die Bundesrepublik sei zur angelsächsischen Kolonie geworden.

Bei diesen Überlegungen sind wir zwangsläufig auf die Notwendigkeit gestoßen, daß eine internationale Sprache neutral sein muß. Daß sie darüber hinaus auch „mundgerecht", das heißt angenehm im Gebrauch, sein muß und nicht zu schwer erlernbar sein darf, haben wir dabei noch ganz außer acht gelassen. Das Latein, als tote Sprache, würde zwar die Forderung nach Neutralität, nicht aber die nach leichter Erlernbarkeit erfüllen. Das „latino sine flexione" von Peano ist zwar weitaus leichter zu erlernen als das unbeschnittene Latein, seine Grammatik ist aufs äußerste reduziert, auch ist es für jeden, der bereits Latein gelernt hat (!), bestechend und fast „ad hoc" verständlich. Der Pferdefuß zeigt sich aber, sobald es erlernt und gebraucht werden soll. Schon sein „Geburtsvokabular" beläuft sich auf 14 000 Wörter, und es hat nicht annähernd die Flexibilität und sprachschöpferischen Möglichkeiten des *Esperanto*. Das Hauptbedenken gegen das „latino sine flexione" und die vielen anderen Sprachprojekte, die immer wieder auftauchen, ist aber, daß ihrer keines bisher über die Theorie hinausgekommen ist und praktische Bedeutung erlangt, keines die Feuerprobe der Bewährung durchgemacht hat. Bald enthalten sie mehr, bald weniger Grammatik als *Esperanto,* ersetzen diese oder jene Einzelheit durch etwas anderes, haben bald mehr germanischen, mehr romanischen, mehr slavischen Charakter und sind im Grunde ohne Zamenhofs geniales Vorbild nicht zu denken.

Wie man es immer dreht und wendet, *Esperanto* ist nicht eine Lösung des Weltsprachenproblems unter anderen, sondern es ist die einzige wirklich akzeptable und durch die geschichtliche Entwicklung bestätigte Lösung. Ja, wer weiß? vielleicht ist es sogar die einzige Möglichkeit, uns davor zu bewahren, daß wir oder unsere Kinder eines Tages Russisch oder gar Chinesisch sprechen m ü s s e n . Häufig wird gegen *Esperanto* vorgebracht, es sei letzten Endes doch nur eine auf den indo-germanischen Sprachkreis (als ob das nicht schon viel wäre!) beschränkte Angelegenheit. Das mag bezüglich des Basisvokabulars richtig sein, schon bezüglich des nach § 15 der grundlegenden Grammatik in die Sprache neueingeführten internationalen Vokabulars dürfte es nicht mehr so ganz stimmen, dafür hat *Esperanto* aber etwas, wodurch es sich von allen flektierenden,

also auch von den indo-europäischen Sprachen, unterscheidet und den indo-chinesischen und Türk-Sprachen nahe rückt, nämlich seinen isolierend-agglutinierenden Charakter. *Esperanto* hat, auch das ist eine nicht mehr zu übersehende Tatsache, auch unter den nicht indogermanischen Völkern seine bedeutende Anhängerschaft. *Esperanto* ist seiner Anlage und potentiellen Möglichkeiten nach nicht nur international, es ist universal. Keine lebende und keine tote Nationalsprache ist imstande, das zu leisten, was *Esperanto* leisten könnte und in bescheidenem Umfange heute schon leistet. Keines der bisherigen zahlreichen, schon fast nicht mehr zu überblickenden Sprachenprojekte hat ihm bisher den Rang ablaufen können. Sie waren alle totgeborene oder schnell wieder dahinsiechende Kinder. Erst recht wird kein künftiges Projekt imstande sein, den Vorsprung, den *Esperanto* durch seine bald neunzigjährige Anwendung und Bewährung erreicht hat, einzuholen. *Esperanto* wird neben dem Dialekt unserer engeren Heimat und neben unserer Nationalsprache unser drittes, weltweites Verständigungsmittel werden, oder wir werden es überhaupt zu einem solchen nicht bringen.
Je eher wir, jeder einzelne unter uns, jede Gemeinde, in der wir leben, jede Nation, der wir angehören, uns entschließen, *Esperanto* zu akzeptieren, je eher wird das Ziel, daß jeder auf dieser Erde sich mit jedem anderen unmittelbar verständigen kann, erreicht werden. Ist denn das ein Zustand, daß bei allen möglichen internationalen Zusammenkünften, seien sie politischer, wirtschaftlicher oder wissenschaftlicher Art, mit umständlichem Aufwand an Dolmetschern und kostspieligen Simultan-Übersetzungseinrichtungen mit Kopfhörern nicht mehr unmittelbar der Redner, sondern sein Übersetzer gehört wird, und daß nach beendeter Sitzung im Saal und in den Gängen des Gebäudes die Teilnehmer in ihre sprachliche Isolierung wieder zurückfallen?
Sprechen Sie schon eine fremde Sprache? Lernen Sie sofort *Esperanto* dazu. Es wird Ihnen, bei Ihren bereits vorhandenen Sprachkenntnissen, sehr leicht fallen und Freude machen. Außerdem werden Sie als Esperantist auch der Möglichkeiten, sich des *Esperanto* schon heute zu bedienen, gewahr werden. Sind Sie gerade dabei, eine Sprache zu lernen? Unterbrechen Sie dieses Studium sofort und lernen Sie zunächst *Esperanto,* dann werden Sie nicht nur in einer einzigen fremdsprachlichen

Volksgruppe, sondern überall auf der Welt Freunde finden. Die *Esperanto*-Organisationen werden Ihnen dabei helfen. Außerdem, es könnte sein, daß man bereits morgen allerorts nach tüchtigen Esperantisten schreit, und es wäre gut, Sie wären darauf vorbereitet. In einem Bruchteil der Zeit, die Sie für eine Nationalsprache aufwenden müssen, sagen wir bescheidener Weise ein Fünftel, vielleicht ist es auch nur ein Zehntel, können Sie *Esperanto* lernen, um es dann aber bei einiger Ausdauer sicherer zu sprechen, als es bei jeder anderen Fremdsprache der Fall wäre. Warten Sie nicht ab! Werden Sie kein später Mitläufer oder Nachzügler! Seien Sie ein Pionier auf einem Gebiet, das schon heute nicht nur ideelle, sondern auch praktische Vorteile hat, lernen Sie *Esperanto!* Es gibt nur *eine* wirkliche, echte, demokratische, ja, wahrhaft geniale Lösung des Weltsprachenproblems. Ich nenne sie Ihnen noch einmal auf Deutsch und Esperanto zugleich: *Nur Esperanto!*
Unzählige Gruppen weltanschaulicher, politischer, religiöser Orientierung bis hin zu den Vegetariern, Alkohol- und Tabakgegnern, Tierschutzvereinen, Bürgerinitiativen, der Heilsarmee und dem Roten Kreuz sind bemüht, Schäden an unserer Gesellschaft, die ihnen bedrohlich scheinen, zu bekämpfen, und die Welt in ihrem Sinne zu verbessern. Auch wenn sie nicht ans Fanatische grenzende Entartungserscheinungen aufweisen, wie das vorkommt, so stoßen sie auch sonst häufig auf schier unüberwindliche Barrieren von Gleichgültigkeit, Unverständnis und Unvernunft. Dabei ist nicht zu leugnen, daß es mit unserer Gesellschaft ohne solche Bestrebungen weit schlechter noch bestellt wäre, als es ohnehin schon der Fall ist. Uns Menschen ist immer wieder aufgegeben, um die Erhaltung unserer kulturellen Existenz zu kämpfen. Freiheit und Demokratie sind nicht Errungenschaften, die, hat man sie einmal erreicht, dann für immer gesichert wären, sondern es gilt, sie immer wieder aufs neue gegen Bedrohungen abzusichern. Ein Mittel dazu, ein sehr eingreifendes, gewissermaßen die ganze Welt ergreifendes Mittel und für viele andere fortschrittliche und dringliche Bestrebungen vorauszusetzendes Mittel ist Esperanto. Käme diese Erkenntnis erst einmal richtig in Bewegung, spränge sie gewissermaßen um sich greifend von Bewußtsein zu Bewußtsein, sie würde eine geistige Revolution auslösen, die alles bisher Dagewesene in den Schatten stellen würde. Das psychische Klima

dieser Erde würde eine ungeheure Intensivierung erfahren. Reizt es Sie nicht, das mitzuerleben? Einer der größten Denker der ersten Hälfte dieses Jahrhunderts, Pierre Teilhard de Chardin, hat uns eindringlich auf das Phänomen hingewiesen, daß die Evolution mit dem Auftreten des Menschen auf der biologischen Ebene, der Biosphäre, im wesentlichen aufgehört hat und sich zunehmend in die Sphäre des Geistes, die Noosphäre, verlagert. Die Esperantisierung der Menschheit, *Esperanto* als zweite Sprache für jedermann, wäre ein solcher weiterer, aus einer Sackgasse ins Freie führender Entwicklungsschritt. Und er ist gewiß in der heutigen Situation auch einer der vordringlichsten, der für viele andere, um ihrer Existenz willen zu leistende, Aufgaben der Menschheit unabdingbare Voraussetzung ist. Es ist letztlich das Leben, dieses wunderbare, unerhörte, immer wieder neue und sich verjüngende Leben selbst, das uns Esperanto aufzwingen wird, und jeder einzelne mag sich fragen, ob er es vorzieht, abseits zu stehen und sich von der Entwicklung überrollen zu lassen oder lieber sich in den Strom hineinbegibt, um mitzuschwimmen und sich tragen zu lassen. Und noch eins, wenn wir glauben, daß es sich um dieses Leben lohne, das Mögliche an den menschlichen Einrichtungen zu verbessern, können wir dann überhaupt abseits stehen? Jeder von uns ist ja ein Glied seiner Gemeinde, in der er lebt, ein winziger Bestandteil der Bundesrepublik, ein noch winzigeres Stück Menschheit. Und diese Menschheit muß sich auf diesem Planeten miteinander abfinden. Überspitzt könnte man sagen: „*Esperanto* oder die Atombombe." Das nämlich ist die wirkliche Alternative und nicht „*Esperanto* oder Kopfhörer" oder „*Esperanto* oder Basic English". Wir alle haben einen Bezirk, einen Bezirk sehr privater Natur, in dem es uns ganz frei steht, mitzuhelfen, da wir souverän über ihn verfügen, und das sind wir selbst. Indem wir *Esperanto* lernen, verändern wir unser Bewußtsein, nehmen eine Veränderung vor, die zunächst nur uns selbst betrifft, dann aber, weil wir eben doch keine Robinsons sind, sondern in sozialen Bindungen leben, auch auf unsere Umwelt übergreift. Indem wir uns selbst verändern, verändern wir die Welt. Denn wir sind ja selbst ein Stück Welt. Ein Esperantist hat, schon bei dem gegenwärtigen Stand des Esperantismus, einen bedeutend weiteren Horizont als der des *Esperanto* Unkundige. Freilich verlangt uns *Esperanto* auch etwas ab, denn ein Esperantist ist ja wohl nur der, der diese Sprache auch beherrscht, und nicht der, der sich damit begnügt, sie für nützlich zu halten.

*Nur Esperanto* war die Antwort auf die Frage, welche Sprache denn zur Lösung des Sprachenproblems, das auf der enger werdenden Erde immer lästiger wird, in Frage käme. Fangen wir aber einmal an, etwas eingehender über unsere, das heißt der Menschheit Situation auf dem Raumschiff Erde nachzudenken, über Krieg und Frieden, Freiheit und Demokratie, Terror und Unterdrückung, Bevölkerungsexplosion und Entwicklungshilfe, schwindende Wälder und sterbende Meere, wachsende Wüsten und Umweltverschmutzung, Raumflug und Bodenschätze, Wirtschaftsverflechtung und Energieverteilung, Hunger und Welternährung, dann zeigt sich, daß die Basis, von der aus überhaupt erst richtig und erfolgversprechend alle diese Probleme in Angriff genommen und gemeistert werden können, nur eine ist, nämlich *NUR ESPERANTO*.

## Zweiundzwanzigstes Kapitel / *Dudek-dua ĉapitro*

# Wie ich Esperantist wurde / *Kiel mi fariĝis Esperantisto*

Hier lege ich Ihnen nun einen *Esperanto*-Text vor, ohne zusätzliche Hilfen zu geben. Versuchen Sie sich einmal daran, und seien Sie nicht bekümmert, wenn Sie nicht alles herausbekommen. Es ist wirklich nicht sehr wichtig, daß Sie erfahren, wie ich Esperantist wurde. Wichtig ist vielmehr, daß Sie sich auch ohne Wörterbuch einem Esperanto-Text gegenüber als mutig erweisen.

*La problemo de la lingvoj sin montris al mi la unuan fojon, kiam mi, sesjara knabeto, kun miaj gepatroj restadis en Parizo. Mi klare memoras, kiel afabla servistino de la hotelo, en kiu ni loĝis, supreniris kun mi ŝtuparon, tenante min per la mano. Dum ni ambaŭ grimpis malrapide de ŝtupo al ŝtupo, ŝi nombris „un, deux, trois..." ĝis dek, kaj denove „un, deux, trois..." ktp. De la tiama vojaĝo al Parizo mi hejmenportis la scion de la franclingvaj nombroj de unu ĝis dek. Estis malmulte. Tio okazis en 1912.*
*Kvar jarojn poste, en la lernejo, komenciĝis por mi la instruado de la franca lingvo. Mi brilis pro miaj francaj nombroj kaj estis fiera pri ili. Sed tiu ĝojiga stato pasis rapide. Lingvo konsistas ja ne nur el la nomoj de dek nombroj. Kvankam sufiĉe bona lernejano en ĉiuj aliaj fakoj, mi malsukcesis pli kaj pli en la franca lingvo, kaj unu jaron poste, kiam oni lernigis al ni ankaŭ la anglan lingvon, mi egale malsukcesis en la angla lingvo. Nenia dubo pri tio: Mi ne estis talenta por lerni fremdajn lingvojn. (Estu dirite inter ni: Mi estis maldiligenta.)*
*Por kompensi tiun hontan lernejan malsukceson, mi kune kun mia amiko Herberto inventis... propran artefaritan sekretlingvon por nia persona interamika uzo. Ni elpensis laŭ-kapricajn strangajn silabojn por la de ni uzataj germanaj vortoj, inskribis ilin en malgrandan kajeron kaj lernis ilin parkere. Tiu naive sengramatika terura volapuko baldaŭ montriĝis maltaŭga kaj ni rezignis ĝin. Ni anstataŭis ĝin per alia interkomprenilo, simple elparolante germanajn vortojn de malantaŭe antaŭen. Ekzemple anstataŭ „Ich habe heute Käse auf meinem Butterbrot" (Mi hodiaŭ havas fromaĝon sur mia buterpano.), ni diris „Chi eba*

*eteu esäk fau meneim tubrettorb".* Ni eĉ akiris certan sperton pri tiu parolmaniero.
Jen en iu tago ni eksciis pri la tiel nomata „a-vo-lingvo". Tiu estas lingvo, kiu per simpla artefiko estiĝas el iu ajn lingvo, ŝanĝante ties fonetikan karakteron kaj farante ĝin nekomprenebla al personoj, kiuj al tiu artefiko kutimiĝintaj ne estis. Oni simple metadas la du literojn a kaj vo antaŭ ĉiu vokalo de la vortoj elparolotaj. Anstataŭ „Ich habe heute Käse auf meinem Butterbrot" la avolingvano do diras „Avich havabave haveutave Kaväsave avauf maveinavem Bavuttaverbravot", aŭ sammaniere esperante „Mavi havodaviavaŭ havavavas fravomavaĝavon savur maviava bavutaverpavanavo." - Herberto kaj mi estis solvintaj nian problemon: Ni parolis strangan lingvon, kiun neniu komprenis; ni parolis sufiĉe flue fremdaspektan, laŭŝajne fremdnacian lingvon.
En la tiama tempo en preskaŭ ciuj paperaj- kaj libroj-vendejoj estis haveblaj malgrandaj popular-sciencaj libretoj de la tiel nomata Miniatur-Biblioteko, kies unuopaj numeroj kostis po dek pfenigoj kaj temis pri la plej diversaj materioj. Mi estis kolektanta tiujn flavokolorajn libretojn. Unu el ili rilatis al la tri mondlingvoj Volapuko, Esperanto kaj Ido. Estis la unuan fojon ke Esperanto kaj mi renkontiĝis. Mi tiam havis dek-tri aŭ dek-kvar jarojn. La libreto estis traktaĵeto, ĝi ne estis lernolibro. Kvankam mi interesiĝis, mi ne bone komprenis. Mi ankoraŭ ne estis sufiĉe matura. La libreto perdiĝis, kaj mi forgesis la tutan aferon. Sed la semgrajno ne perdiĝis, ĝi falis en fekundan teron por ĝermi nur multe pli poste; ĉar la tero ankoraŭ ne estis sufiĉe bone kulturita.
Vi komprenu, tiu tero estis mi! Kaj pri mi la instruistoj diris: „Bedaŭrinde, tiu knabo ne ŝajnas malinteligenta, sed kiel en la franca tiel en la angla li havas la noton kvin, ni ne povos promocii lin, li neniam sukcese trapasos la abiturientan ekzamenon." - La noto kvin estis la plej malbona. Intertempe mi jam estis fariĝinta dek-sesjara junulo kaj plenplene konsciiĝis pri la graveco de mia lerneja situacio. Mi ekkomprenis, ke mi devus ege streĉi min, ke mi devus multe kaj diligente labori, se mi ne volis malsukcesi, se mi volis atingi la lernejan celon. Kaj laŭ mia ekkompreno mi agis, ege mi streĉis min, multe kaj diligente mi laboris. La noto kvin fariĝis kvar, la kvar fariĝis tri, la tri fariĝis du; la franca lingvo sukcesplene fariĝis mia speciala fako por la abiturienta ekzameno, tiamaniere ke mi decidis min por la studado de lingvoj.
En la universitato mi lernis la latinan lingvon, mi studadis la novlatinajn lingvojn, legis tekstojn ne nur francajn, sed ankaŭ

*italajn kaj hispanajn, okupis min je la provencalaj idiomoj, la antikva kaj la moderna, koncize parolate kaj per unu vorto, mi fariĝis filologo, t. e. amiko de la vorto. Lingvolernado fariĝis por mi tute memkomprenebla, kvazaŭ natura okupo, kiel por aliaj mortuloj ekzemple manĝado aŭ dormado. Psikologoj en tiaj kazoj parolas pri trokompenso de sento de malplivaloro.*

*En 1932, kiel 26jara studento, mi partoprenis internacian instruist-kongreson en Hamburgo. Estis vera babela lingvo-orgio; kaj kiam unu el la kongresanoj laŭte kaj imprese proponis, ke oni por eventuala venonta kongreso nepre lernu Esperanton, li rikoltis multan aplaŭdon. Silente mi promesis al mi mem, sekvi tiun proponon. Unu lingvo pli aŭ malpli, kion gravis tion al mi? Mi ja estis filologo. Mi jam rutiniĝis pri lingvolernado.*

*Tiam la atmosfero estis plena de Esperanto. Ĉie en la gazetkioskoj oni vidis certan porlaboristan ilustritan ĵurnalon, kies lasta paĝo montris bildojn kun esperanta teksto. En la Hamburga gazeto „Fremdenblatt" mi trovis varbfolion titolata „Die Esperanto-Sprache auf einem Blatte" kun libro-indikoj de la eldonejo „Friedrich Ellersiek". Mi venigis al mi lernolibron kaj, tiel plenumante mian promeson, lernis en malmulte da tempo Esperanton, la lingvon por la tuta mondo. Mi eĉ baldaŭ faris adepton. Estis mia amiko Herberto, kun kiu min interligis vigla korespondado. Li ankaŭ lernis Esperanton, kaj ree la revo de mia infanaĝo efektiviĝis: Ni posedis veran lingvon, kiun, almenaŭ en nia ĉirkaŭaĵo, neniu komprenis: VERAN SEKRETLINGVON!*

Dreiundzwanzigstes Kapitel / *Dudek-tria ĉapitro*

## „To take arms against a sea of troubles" (Hamlet) / *„Sin armi kontraŭ la tuta maro da mizeroj" (Hamleto)*

Vermutlich haben Sie sich beim Lesen dieses Buches schon mehr als einmal gefragt, was denn das überhaupt für ein Buch sei, das ich Ihnen vorgelegt und Sie erstanden haben. Zunächst einmal ist es kein Lehrbuch, obgleich es sich manchmal den Anschein gibt, ein solches zu sein. Eine wissenschaftliche Abhandlung ist es aber auch nicht, obgleich ich anzunehmen wage, daß es so ganz unwissenschaftlich, sagen wir populärwissenschaftlich, wiederum auch nicht ist. Manchmal ist es recht trocken und nüchtern, manchmal emotionell engagiert, manchmal gibt es sich autobiographisch, dann wieder distanziert historisch, kurz gesagt, man kann nicht recht klug daraus werden. Ich kann Ihre Verwunderung verstehen, und solange Ihre Verwunderung nicht in Ärger oder Enttäuschung ausartet, ist ja alles gut. Im übrigen, Sie haben das Buch gekauft und sitzen nun damit da. Das beste ist wohl „to make the best of it". Was das nun sei, darüber will ich mich hier nicht auslassen. Es könnte zu Meinungsverschiedenheiten führen. Immerhin will ich doch einiges erklären. Vielleicht beruhigt es Sie und stimmt Sie milder.

Sagt es der Titel nicht eigentlich ganz genau? Es ist das Buch eines Verliebten. Was können Sie von einem Verliebten denn groß erwarten? Mal hebt er den Gegenstand seiner Liebe in den Himmel, mal schmollt er mit ihm und zieht sich grollend in sich zurück, und was sich aus seiner Sicht ganz folgerichtig und vernünftig ausnimmt, das erscheint den Außenstehenden launisch und verquer. Zucken Sie also nachsichtig mit den Schultern, aber lesen Sie weiter. Schließlich haben Sie das Buch bezahlt, aber lassen Sie sich um Gottes willen nicht von dem Verliebten anstecken! Es könnte schreckliche Folgen für Ihr ganzes weiteres Leben haben. Nicht nur werden Ihre Verwandten und Freunde Sie für ein bißchen plemplem halten, Sie selbst werden unmerklich gräßliche Veränderungen an sich erfahren. Ihre Freizeitbeschäftigungen werden sich durchgreifend verlagern, vieles, das Ihnen bisher ungeheuer wichtig erschien, wird merkwürdig an Bedeutung verlieren. Sie werden Ihre Reisepläne völlig umkrempeln, was wiederum zu den unglaublichsten Spannungen mit Ihren Angehörigen führen wird. Schließlich werden Sie noch anfangen, auf *Esperanto* zu träumen und dadurch Ihren Psychiater, den haben Sie nämlich inzwischen auch nötig, veranlassen, seine Stirne in Falten zu ziehen und bedenkliche Äußerungen zu tun. Möglicherweise wird Ihr Freund Sie verlassen, falls Sie eine verehrliche Leserin sind und einen haben, oder, falls Sie ein geschätzter Leser sind und eine Freundin haben, wird sie es tun, und was dergleichen Dinge mehr sind.

Wenn aber alle meine Warnungen nichts nützen und Sie, ähnlich wie der Zeitungsleser in Kapitel 19 den permanenten *Esperanto*-Kursus, meine unterschiedlichen Dauerberieselungen mit und über *Esperanto* satt haben und endlich einmal „ordentlich" und „richtig" und „von Grund auf" und „wie es sich gehört" *Esperanto* lernen wollen, dann bleibt mir wohl nichts anderes übrig, als Ihnen ein paar diesbezügliche Winke zu geben. Mit diesem Buch können Sie, und auch nur, wenn Sie es geschickt anfangen, nur eines erreichen, sich einen Begriff davon machen, was *Esperanto* eigentlich ist, und sich ein wenig, wohlgemerkt nur ein wenig, in die Sprache hineinfinden, sich hineinlesen. Dieses Buch, und das ist wohl bei aller Verliebtheit sein eigentlicher Sinn, soll Sie in die Lage versetzen, sich darüber klar zu werden, ob Sie sich auf *Esperanto* einlassen wollen oder nicht.

Wenn Sie es also wollen, benötigen Sie als erstes ein paar Adressen:

Schlagen Sie zunächst einmal im Telefonbuch Ihres Wohnsitzes unter *Esperanto* nach, vielleicht gibt es dort einen Esperanto-Verein. Das wäre das Günstigste. Zögern Sie nicht, sich an diese Leute zu wenden. Die werden Sie mit Hallo begrüßen. Sie sind die Schlimmsten nicht (Thomas Mann hat es gesagt).

Vielleicht hat auch die Volkshochschule Ihres Wohnsitzes einen *Esperanto*-Kursus laufen. Das läßt sich ebenfalls durch ein Telefongespräch feststellen, macht außerdem diese Institution darauf aufmerksam, daß ein reges (denn Sie regen sich ja) und vielseitiges (ein anderer ruft ja vielleicht in gleichem Sinne an; gegebenenfalls könnten *Sie* dafür sorgen) und brennendes (das können Sie selbst bestätigen) Interesse für Esperanto vorliegt. Man wird sich also genötigt sehen, schleunigst

einen solchen Kursus einzurichten, falls es noch nicht geschehen ist.
Schreiben Sie auch ruhig einmal an „Deutscher *Esperanto*-Bund e. V.", 85 Nürnberg 2, Welserstraße 69, Postfach 2113, und bitten Sie um gefällige Auskunft. Wenn Sie es eilig haben: Tel. (0911) 46 36 49 und 51 42 69.
Sind Sie noch Teenager oder beginnender Twen, dann wenden Sie sich an die „Deutsche Esperanto-Jugend" Bundesleitung, 4401 Westbevern, Vadrup 276 (Tel. 0 25 04-83 60).
Streben Sie gleich ins Weite und suchen Sie insbesondere auch Kontakte mit Angehörigen der sozialistischen Länder des Ostblocks, dann ist die *Universala Esperanto-Asocio* Nieuwe Binnenweg 176, Rotterdam, Niederlande, die richtige Adresse. Dort gibt es auch eine der größten *Esperanto*-Bibliotheken.
Kraftfahrer, kommst du dorthin, so besichtige sorgsam die Bücher!
Siehst du gern sie dir an, sieht man auch gerne dich dort.
Sind Sie klassenbewußter Arbeiter und wollen Sie weder mit dem Groß-, noch Mittel-, noch Kleinbürgertum, kurz, mit der gesamten Bourgeoisie nichts zu tun haben, so kann Ihnen auch geholfen werden. Schreiben Sie an „Freier Esperanto-Bund für deutsche Sprachgebiete", 4 Düsseldorf, Eisenstraße 106.
Die Arbeiter-Esperantisten haben auch einen Weltbund, die *Sennacieca Asocio Tutmonda* 67, avenue Gambetta, Paris 20, Frankreich; *sennacieca* verstehen Sie doch? (ohne Nation; nationslos). Als ich Kind war, stand Bismarck hoch im Kurs und die Sozis schimpfte man „vaterlandslose Gesellen". Das war schlimmer als „Lump, Vagabund und Clochard", alles in einem.
Vielleicht aber sagt Ihnen eine der folgenden Adressen noch mehr zu:
*Unuiĝo Franca por Esperanto* 4 bis, rue de la Cerisaie, F 75004 Paris.
„Österreichische *Esperanto*-Vereinigung" Wien XV, Fünfhausgasse 16–18.
„Schweizerischer *Esperanto*-Verein" Langenthal/BE, Schorenstraße 32.
„Verband Deutscher *Esperanto*-Lehrer" Rektor Helmut Sonnabend, 3161 Dollbergen, Im Eckerkampfsfeld 11 a.
„Vereinigung deutscher Eisenbahner-Esperantisten im Bundesbahn-Sozialwerk", 6 Frankfurt/M. 9, Karlstraße 4–6.

„Christl. Intern. *Esperanto*-Liga" Deutsche Abteilung, „Oekumenische Liga e. V.", 287 Delmenhorst, Schützenhofstraße 4.
„Internationale Kath. *Esperanto*-Vereinigung" Landesvertreter Gerhard Wagner, 7145 Markgröningen, Am Mühlberg.
Eine bemerkenswert aktive Esperanto-Vereinigung, die besonders den humanitär-weltbürgerlichen Esperantismus im Sinne Dr. Zamenhofs pflegt, ist der „Saarländische Esperanto-Bund e. V.", 6602 Dudweiler, Franz-Schubert-Straße 26.
Interessant ist auch die Tätigkeit von Prof. Dr. phil. Helmar Frank vom Institut für Kybernetische Pädagogik, 479 Paderborn, Postfach 1567, der Esperanto hauptsächlich für sprachgrenzübergreifende *europäische* Verständigung eingesetzt sehen will.
Sind Sie aber Einzelgänger, Individualist, Einsiedlerkrebs, kontaktscheu mit Robinson-Aspirationen, vielleicht auch Snob oder hochmütiger Intellektueller und wollen Sie Esperanto autodidaktisch lernen, so brauchen Sie ein vernünftiges Lehrbuch, nicht so ein Wederfischnochfleischbuch wie das, das Ihnen hier vorliegt und das sich, um mit Schleiermacher zu reden, an die Gebildeten unter ihren Verächtern wendet, nicht zwar der Religion, sondern der *Esperanto*sprache, was beides vielleicht nicht einmal so gänzlich unterschiedlich ist, wie es sich ausnimmt. Ein Lehrbuch also brauchen Sie. Da wenden Sie sich an den „*Esperanto*-Buchdienst" Ludwig Pickel, 85 Nürnberg 2, Postfach 2113.
Da gibt es z. B. „Wir lernen Esperanto" von Wilhelm und Hans Wingen, mit einem „Schlüssel zum Lehrbuch Wir lernen Esperanto". Dieses 76 Seiten starke Büchlein ist eine schlichte, solide Sache in zwölf Lehrstücken, geeignet für Lehrgänge und zum Selbstunterricht. Natürlich enthält es die Zamenhofsche Tabelle und eine Übersicht über die Wortbildungssilben, aber auch eine Liste der Präpositionen, und es gibt Ihnen Ratschläge für die Fortbildung. Es ist erschienen im Verlag Limburger Vereinsdruckerei Limburg/Lahn 1973.
In die praktische Anwendung des Esperanto, wie sie sich etwa auf einem internationalen Jugendtreffen ergeben mag, führt ein das vier Hefte, vier kleine Schallplatten und Informationen umfassende Schulungsmaterial von Hermann Behrmann: *Esperanto-programita,* Ludwig Bechauf Verlag, Bielefeld 1973 (das Programm ist für Volksschüler des 9. Schuljahres erstellt).
Ein einsprachiges, nur auf *Esperanto* abgefaßtes Lehrbuch, das

dem Schüler dazu verhilft, möglichst bald auf *Esperanto* zu denken, ist der zehn Hefte umfassende Lehrgang *Esperanto laŭ metodo Friis,* Dansk Esperanto-Forlag-Aabyhøj, 1971. Der von Zeichnungen unterstützte Text ist so eingerichtet, daß er sich fortschreitend selbst erhellt.

Wenn Sie gut Französisch können, könnten Sie ja einmal versuchen, *Esperanto* vom Französischen her zu lernen. Da gibt es nämlich ein sehr lebendiges und unterhaltendes Lehrbuch nach der Assimil-Methode mit Schallplatten, „l'espéranto sans peine" par J. Thierry, ASSIMIL, 5, rue Saint-Augustin (Bourse), Paris (2ᵉ), 1973.

In einer deutschen Bearbeitung liegt neuerdings vor das von W. Auld verfaßte Lehrbuch *„Esperanto:* a new approach".

Deutsch von R. Haupenthal: *„Esperanto* einmal anders" (erschienen bei *Heroldo de Esperanto,* 12, rue de la Reinette, B-1 Brüssel).

Einen kleinen *Esperanto*-Sprachführer mit Alltagsredewendungen gibt es in der bekannten Sammlung Polyglott. Polyglott-Verlag GmbH, München 1960.

Was nun die Wörterbücher anbelangt, so ist es damit in Deutschland zur Zeit nicht gerade üppig bestellt. Ich selbst benutze immer noch am liebsten mein altes Deutsch-*Esperanto*-Wörterbuch von P. Christaller, *Esperanto*-Verlag Ellersiek & Borel GmbH, Berlin und Dresden 1923.

Von Hans Wingen liegen vor „Wörterbuch Deutsch-*Esperanto*" (1954) und „Wörter der Gegenwart Deutsch-*Esperanto*" (1962). *Esperanto*-Verlag Limburger Vereinsdruckerei GmbH.

Das Gegenstück dazu ist das „Wörterbuch *Esperanto*-Deutsch" von Butin und Sommer, ebenfalls im Verlag der Limburger Vereinsdruckerei GmbH.

Ein Handwörterbuch *„Esperanto*-Deutsch" und „Deutsch-*Esperanto*" ist auch vom Österreichischen *Esperanto*-Institut herausgegeben. Verlag „Tramondo", Wien I.

Eine wirklich bedeutende Leistung stellt das 1970, Paris, *Sennacieca Asocio Tutmonda,* erschienene *Plena Ilustrita Vortaro de Esperanto* dar. Es ist einsprachig, erklärt also die *Esperanto*-Wörter auf *Esperanto,* und ist daher für den Anfänger schwierig, zwingt aber zum Denken auf *Esperanto* und ist für denjenigen, der in der Sprache wirklich heimisch werden will, das beste Hilfsmittel. Es lohnt sich durchaus, sich als Anfänger etwas abzuquälen. Man wird durch schnelle Fortschritte belohnt. Damit Sie sich eine ungefähre Vorstellung davon machen können, wie es eingerichtet ist, schlagen wir z. B. einmal das Stichwort *gramofono* auf. Da erfahren Sie, daß es ein *aparato reproduktanta la sonojn per plataj diskoj* ist. Überdies werden Sie durch ein schwarzes Händchen auf die verwandten Begriffe *fonografo* (*malnova formo de gramofono, uzanta cilindrojn el vakso anstataŭ platajn diskojn*) und *magnetofono* (*aparato servanta por magnete registri sur bendon sonojn, parolon, muzikon kaj tiel plu, kaj por reprodukti ilin en laŭtparolilo aŭ telefono*). Sollte Ihnen nun z. B. in der Definition das Wort *sono* unverständlich sein, so daß Sie nicht dahinterkommen, was denn dieser durch platte Scheiben hervorbringende Apparat eigentlich erzeugt, ob er Eier legt oder Tilsiter Käse auswirft, dann müssen Sie eben auch *sono* nachschlagen. Dort lesen Sie *audebla aervibrado*. Und damit Ihnen dann letzte Zweifel über die Bedeutung des Wortes genommen werden, werden aus der *Esperanto*-Literatur noch fünf Beispiele zitiert, in denen das Wort in sinnbezogenem Zusammenhang vorkommt. Also: 1. *sonoj de voĉo, de instrumento;* 2. *la sonoj venis de la maldekstra flanko;* 3. *la sonorilo havas mirindan sonon;* 4. *ĉiu kompetenta homo scias, ke la natura sono por la litero j estas juste tiu sono, kiun ĝi havas en Esperanto;* 5. *poton taksu laŭ sono, sinjoron laŭ tono*. Inzwischen sind Sie dann auf so viele andere unbekannte Wörter gestoßen, denen Sie erst einmal nachgehen mußten, daß Sie unmöglich die Übersicht über alle Nachschlageverzweigungen bewahren konnten. Der Zusammenhang, um dessentwillen Sie das *Plena Ilustrita Vortaro* aufschlugen, ist Ihnen bereits nicht mehr gegenwärtig. In Ihrem *Esperanto*-Roman sind Sie keine Zeile weitergekommen. An das Wort *gramofono* denken Sie schon überhaupt nicht mehr. Außerdem wußten Sie ja ohnehin, daß es „Grammophon" bedeutet. Es war sehr leichtsinnig von Ihnen, es überhaupt nachzuschlagen. Aber *Esperanto* haben Sie auf diese Weise eine ganze Menge gelernt.

Nachdem ich Sie so mit Adressen, Lehrbüchern und Nachschlagemitteln versehen habe, verbleibt mir nur noch, Sie auf einige weitere, das Weltsprachenproblem und *Esperanto* betreffende Veröffentlichungen aufmerksam zu machen.

An erster Stelle wären da zu nennen die von Reinhard Haupenthal herausgegebenen und eingeleiteten Beiträge zur Interlinguistik: PLANSPRACHEN (Wissenschaftliche Buchgesellschaft Darmstadt 1976). Dieses soeben erschienene Werk wendet sich in erster Linie an Wissenschaftler (Linguisten und Interlinguisten) und geht das Weltsprachenproblem von allen Seiten an. Es enthält neben seinen rund zwei Dutzend Aufsätzen namhafter Verfasser auch eine ausführliche, weiterführende Bibliographie.

*Fundamento de Esperanto,* große wissenschaftliche, kritische Ausgabe von Dr. A. Albault, *membro de la Akademio de Esperanto, Esperantaj Francaj Eldonoj,* Marmande 1963[9], Frankreich. Es enthält, kritisch kommentiert, die Fotokopie der ersten Ausgabe des „Fundaments" von 1905 mit *Antaŭparolo; franc-, angla-, german-, rus- kaj pollingva Gramatiko; Ekzercaro* und das fünfsprachige *Universala Vortaro.*

Ein von umfänglicher Sachkenntnis zeugendes und hervorragend angelegtes Büchlein mit dem bescheidenen Titel „L'Espéranto" schrieb Pierre Janton, professeur à l'Université de Clermond-Ferrand; Sammlung „Que sais-je" n° 1511, Presses Universitaires de France, Paris 1973. Es behandelt die Stellung des *Esperanto* innerhalb der „langues construites", seine Ursprünge, seinen Aufbau, seine Ausdrucksmöglichkeiten, seine Literatur und die durch *Esperanto* ausgelöste Bewegung. Es wird voraussichtlich demnächst auch auf deutsch vorliegen.

*Dek du prelegoj pri la internacia lingvo kaj la sociaj sciencoj* enthält *BONA ŜANCO* von Dr. sc. pol. Werner Bormann, Lehrbeauftragter für Esperanto an der Universität Hamburg. Bormann geht dem Weltsprachenproblem nüchtern und sachlich nach und kommt nach gründlicher Beleuchtung aus soziologischer Sicht zu dem Ergebnis, daß Umstände und Aussichten für *Esperanto* günstig sind.

Von dem langjährigen Generalsekretär und späteren Präsidenten des Esperanto-Weltbundes Prof. Dr. Ivo Lapenna stammen die *Elektitaj Paroladoj kaj Prelegoj,* Rotterdam 1966. Sie sind ein Supplement zu seiner früher erschienenen *Rektoriko* und enthalten viele, auch weniger allgemein bekannte, Informationen über die *Esperanto*-Bewegung und ihren Stand bis zum Erscheinungsjahr des Buches.

Alle bisherigen Publikationen über den Esperantismus übertrifft das von Ivo Lapenna redigierte, großenteils von ihm selbst verfaßte Werk *ESPERANTO EN PERSPEKTIVO (faktoj kaj analizoj pri la internacia lingvo)* (London und Rotterdam 1974, *Centro de esplorado kaj dokumentado*). Um dieses und die an-

deren zuletzt genannten Bücher lesen zu können, müssen Sie allerdings *Esperanto* schon gelernt haben.
Nun, ich breche die Liste ab und verzichte darauf, Ihnen noch weitere Bücher vorzuführen. Wenn Sie allen meinen bisherigen Winken nachgegangen sind, sind Sie selbst nicht nur schon längst ein Vollesperantist, sondern Vorsitzender eines alle Säle Ihres Wohnsitzes sprengenden *Esperanto*-Vereins. Sehr bald werden Sie selbst die nötigen Verbindungen und Kontakte haben und wissen, wo Sie Ihre *Esperanto*-Bedürfnisse befriedigen können.
Als allererstes, und darum habe ich es mir bis zum Schluß dieses Kapitels aufgehoben, sollten Sie sich vom Deutschen Esperanto-Bund e. V. die kleine, nur 40 Seiten umfassende und billige Broschüre „Moderne Menschen sprechen" schicken lassen. Sie enthält auf knappstem Raum, in gedrängter Zusammenstellung eine Fülle von Informationen über *Esperanto,* die Sie benötigen, um mit allen denen fertig zu werden, die Sie am *Esperanto*-Lernen hindern wollen. Denn die Vorurteile gegen *Esperanto* sind oft unerschütterlich tief eingewurzelt. Sie reichen hinab in unsere seelische Unterwelt und sind oft rational kaum aufzulösen. Erst unlängst schrieb mir einer unserer Schriftsteller, dessen Name einen weithinreichenden Klang hat: „Mir ist die ‚künstliche Sprache' unheimlich ..."
Dieser Ausdruck „unheimlich" ist bezeichnend. *Esperanto* wird als bedrohlich empfunden. Aber wen oder was bedroht es eigentlich? Die Muttersprache doch nicht! Die ist weit mehr bedroht durch Überflutung mit internationalen Modewörtern, durch Bildungsrückgang und schlechtes Zeitungsdeutsch. Sollte diese Abwehr am Ende der Befürchtung entspringen, man müßte, bei besserer Einsicht, denn vom Moralischen geht Zwang aus, sich erneut der Mühe des Sprachenlernens unterziehen? Das wäre allerdings eine Bedrohung. Oder sollte sie der Befürchtung entspringen, daß man, wenn man trotz besserer Einsicht es unterläßt, sich *Esperanto* anzueignen, es riskiert, eines Tages in einer *Esperanto* sprechenden Welt als Nicht-Esperantist dazustehen? Auch das wäre eine Bedrohung.
Ganz gewiß aber ist, daß *Esperanto* für jeden, der sich damit beschäftigt, alle Bedrohlichkeit, alle Unheimlichkeit verliert, daß es vielmehr einen Bereich erschließt, in dem Klarheit, Logik, Zweckmäßigkeit, Schönheit und Verständigungsbereitschaft beheimatet sind.

Vierundzwanzigstes Kapitel / *Dudek-kvara ĉapitro*

# Lili Marleen / *Lil-Marlin'*

*En la jaro 1915 dudek-unujara filo de Hamburga haven-laboristo staradis postene antaŭ kazerno en Berlino. Li estis mobilizita kiel gardo-fuziliero kaj nun estis ekmarŝigota al la fronto jam la venontan tagon. Lia animstato estis multkompleksa kaj rilatis al la plej diversaj kor-sentoj. Jen, el la inspiro de la momento, tiu animstato koncentriĝis en li, estigante malgrandan poeziaĵon. Multe da eldirita kaj ankoraŭ pli multe da ne-eldirita eniris en tiujn versojn. Kuniĝis senpotenca ribelo kontraŭ la soldata kaj kazerna vivmaniero, amsopiro, strebado hejmen kaj timo antaŭ la morto: ĉio ĉi tio antaŭ la fono de tiu Berlina militatmosfero plena de odoroj, bruoj kaj lanternlumo. En iu ajn maniero ĉiu soldato iam jam spertis tion, kion la versoj eldiras. En ili li trovas esprimata sian propran sentadon kaj en la Lil-Marlino la adoratinon de sia propra koro.*

*Dum la dua mondmilito la „Lil-Marlin'" fariĝis, konscie aŭ ne konscie, esprimilo de la per la naziismo tiom kruele insultegata kaj sufokata humaneco. Kvankam Gobjelso (germane: Goebbels), la ministro por propagando, kiu tre ĝuste estis ekkoninta la moligantan kaj antimilitan karakteron de la kanto, furiozis en Berlino, la militlacaj soldatoj insistis pri ĝi kaj kantis sian „Lil-Marlin'" spite la malpermeson des pli ofte.*

*Ĉi tiu poeziaĵo estas hodiaŭ, post jardekoj, komunaĵo, se eble ne de ĉiuj popoloj, tamen de ĉiuj soldatoj de nia planedo. En ĉiam pli da lingvoj ĝi estas kantata. Ĝi posedas, same kiel Esperanto, pasian forton por transsalti landlimojn kaj, kie ajn oni ĝin kantas, ĝi, same kiel ankaŭ Esperanto, interligas la homojn. La komponisto Norberto Ŝulco (Norbert Schultze), kiu komponis ĝin, kaj Lalino Anderso (Lale Andersen), kiu rekantadis ĝin, kaj fatalaj tempo-cirkonstancoj, kiuj kaŭzis la konsolbezonantan pretecon por akcepti ĝin, certe ĉiu havis egan parton en ĝia multŝatateco kaj disvastigateco, ... la vivantan Lil-Marlinon tamen konis nur unu, nome Ĵano Lajpo (Hans Leip), kiun oni pro siaj versoj, kiuj fariĝis kvazaŭ anonima popolkanto, nepre ne forgesu. La centmiloj, en kies koro la Lil-Marlino vivadas, apenaŭ konas lian nomon.*

*Kiam Ĵano Lajpo hodiaŭ en sia alte super la Ŝvaba Lago (Bodensee) situanta kampodomo rerigardas la trakuritan vojon de sia „Lil-*

*Marlin'"* kaj rememoras ties mondampleksan disvastiĝon, tiam li scias, ke per ĝi venis en la mondon io en la estonton kondukanta, kies energi-fluoj ankoraŭ longe ne estos elĉerpitaj kaj kiu siavice originas el la kristana-humanisma tradicio de la okcidento.

Kiam mi nun prezentas ĉi tie esperantigon de la poeziaĵo, tiam mi faras tion pro la signifo, kiun ĝi havis por mi dum mallumaj jaroj kaj ankoraŭ nun havas en mia memoro, kaj esperante, ke ĝi akiru, tiel lingve internaciigita, novajn amikojn.

Profesoro Ĵano Lajpo kompleze permesis la publikigon de la traduko.

Lili Marleen

*Lil-Marlin'*

Vor der Kaserne,
vor dem großen Tor
stand eine Laterne,
und steht sie noch davor,
so wolln wir uns da wiedersehn,
bei der Laterne wolln wir stehn,
wie einst, Lili Marleen.

*Je la kazerno,
antaŭ l'ega pord'
staris ja lanterno,
kaj staras ĝi laŭ ord',
revidi volas tie ĉi
kaj stari sublanterne ni
iame, Lil-Marlin'.*

Unsre beiden Schatten
sahn wie einer aus;
daß wir so lieb uns hatten,
das sah man gleich daraus.
Und alle Leute solln es sehn,
wenn wir bei der Laterne stehn
wie einst, Lili Marleen.

*Niaj ombroj iĝis
kune unuaĵ';
ke ambaŭ enamiĝis,
tuj iĝis videblaĵ'.
Kaj vidu nin la pasantar':
jen sub lantern' amanta par'
iame, Lil-Marlin'.*

Schon rief der Posten:
Sie blasen Zapfenstreich;
es kann drei Tage kosten! -
Kamerad, ich komm ja gleich. -
Da sagten wir auf Wiedersehn.
Wie gerne wollt ich mir dir gehn,
mit dir, Lili Marleen!

*Gardist' per gesto:
Eksonas dormsignal';
tri tagojn en aresto! -
Kamarad', ja estus mal'. -
Ni tiam diris ĝisreviď.
Volonte irus mi en fiď
kun vi, ho Lil-Marlin'!*

Deine Schritte kennt sie,
deinen zieren Gang,
alle Abend brennt sie,

*Vian paŝiradon
belan konas ĝi,
donas noktlumadon,*

| | |
|---|---|
| mich vergaß sie lang. | *pensas ne pri mi.* |
| Und sollte mir ein Leids geschehn, | *Kaj se atingus min fatal',* |
| wer wird bei der Laterne stehn | *ĉu starus sub lantern' rival'* |
| mit dir, Lili Marleen? | *ĉe vi, ho Lil-Marlin'?* |
| | |
| Aus dem stillen Raume, | *El kvieta loko,* |
| aus der Erde Grund | *el la tera kuŝ'* |
| hebt mich wie im Traume | *levas min rev-voko* |
| dein verliebter Mund. | *de l'enama buŝ'.* |
| Wenn sich die späten Nebel drehn, | *Dum turnas sin malfru-nebul',* |
| werd ich bei der Laterne stehn | *mi ree estos lanternul'* |
| wie einst, Lili Marleen. | *ĉiame, Lil-Marlin'.* |
| | |
| (Hans Leip) | *(ĴANO LAJPO)* |

Als im Jahre 1915 der junge, einundzwanzigjährige, als Gardefüsilier mobilisierte, Hamburger Schauermannssohn in Berlin stationiert war, vor der Kaserne Posten schob und am nächsten Tage zur Front in Marsch gesetzt werden sollte, da verdichtete sich in ihm die vielschichtig zusammengesetzte, in viele Bezüglichkeiten eingebettete Stimmung, in der er sich befand, zu einem kleinen, aus der Eingebung des Augenblicks herausgeborenen Liede. Viel Ausgesprochenes und mehr noch Unausgesprochenes aus der unsäglichen Verquickung von ohnmächtiger Auflehnung gegen das Soldaten- und Kasernendasein, von Liebesverlangen, von Sehnen nach der Heimat und von Todesbangen innerhalb der von Düften, Geräuschen und Laternenschein erfüllten Berliner Atmosphäre des Kriegsjahres 1915 ist in diese Verse eingegangen. Und was sie beinhalten, ist jedem Soldaten in ähnlicher Form vertraut. Unmittelbar findet er sich selbst in ihnen wieder und in der Lili Marleen die Angebetete seines Herzens.

Während des Zweiten Weltkrieges wurde die „Lili Marleen", bewußt oder unbewußt, zu einem Ventil für die durch den Nazismus so grausam geschändete und erstickte Menschlichkeit. Mochte auch der Propagandaminister Goebbels, der den weichmachenden und antimilitärischen Charakter des Liedes sehr richtig erkannt hatte, in Berlin toben, die kriegsmüden Soldaten bestanden auf ihre „Lili Marleen" und sangen sie trotz des Verbotes nur um so öfter.

Dieses Lied ist heute, nach mehr als einem halben Jahrhundert, Gemeingut, wenn nicht vielleicht aller Völker, so doch aller Soldaten dieser Erde. In immer neue Sprachen wurde es übersetzt, in immer neuen Sprachen wird es gesungen. Ihm wohnt, genau wie der *Esperanto*-Sprache, eine unbändige Kraft inne, Grenzen zu sprengen, und, genau wie *Esperanto* auch, verbindet es die Menschen, wo immer es gesungen wird. Der Komponist Norbert Schultze, der es komponierte, und Lale Andersen, die es sang, und verhängnisvolle Zeitumstände, die die trostbedürftige Aufnahmebereitschaft für dieses Lied schufen, haben gewiß bedeutenden Anteil an seiner Popularisierung und Verbreitung gehabt, ... die lebende Lili Marleen aber hat nur einer gekannt, nämlich Hans Leip, den man über seine gewissermaßen zum anonymen Volkslied gewordenen Verse nicht vergessen sollte. Die Hunderttausende, in deren Herzen die Lili Marleen lebt, kennen seinen Namen kaum.

Wenn Hans Leip heute in seinem hoch über dem Bodensee gelegenen Landhaus auf den Werdegang seines Liedes zurückblickt und sich dessen weltweite Verbreitung vergegenwärtigt, so weiß er, daß mit diesem Lied etwas Zukunftweisendes in die Welt gekommen ist, dessen Kraftströme noch lange nicht erschöpft sind und die ihrerseits aus der christlich-humanistischen Tradition des Abendlandes stammen.

Wenn ich nun hier eine *Esperanto*-Übersetzung des Liedes vorlege, geschieht es aus Dank für das, was mir dieses Lied in finsteren Jahren bedeutet hat und in der Erinnerung noch immer bedeutet, und es geschieht in der Hoffnung, es möge sich, so sprachlich internationalisiert, neue Freunde erwerben.

Prof. Hans Leip hat den Abdruck der Originalfassung gestattet und sich zu der *Esperanto*-Übersetzung zustimmend geäußert.

Fünfundzwanzigstes Kapitel / *Dudek-kvina ĉapitro*

# Kinderkrankheiten und Leitgedanke
*Infanmalsanoj kaj interna ideo*

Über die Geschichte des *Esperanto* liegt ein umfangreiches Material vor. Da gibt es einmal die Zeitschriften, die den Lebensweg des *Esperanto* fast von den ersten Anfängen an begleitet haben (so verfügt z. B. das 1974 begründete spanische *Esperanto*-Museum über fast 2000 Jahrgänge verschiedenster Esperanto-Zeitschriften), zum andern zeitgenössische Darstellungen, Lebenserinnerungen und auch bereits regelrechte historische Darstellungen in Buchform. Auch die Untersuchungen über das Leben Zamenhofs, das ja aufs engste mit dem Leben seiner Sprache verquickt ist, gehören hierher, ebenso seine Korrespondenz und die anderer führender Persönlichkeiten der das Esperanto betreffenden Organisationen.

Wirft man nun einen auch nur summarischen Blick auf die Geschichte des Esperantismus und namentlich auf dessen Anfänge, und dies ja mittlerweile schon aus beträchtlichem zeitlichen Abstand, so kann man nicht umhin, immer wieder auf zwei Phänomene zu stoßen. Das eine ist das Ringen um die Beschaffenheit der Sprache selbst, das andere ist das Ringen um das, was die Esperantisten als *interna ideo* bezeichnen und was von Außenstehenden oft mit argwöhnendem Mißtrauen angesehen wurde.

Beim Erlernen der Sprache, in die ein Kind hineingeboren wird, findet irgendeine Kritik nicht statt, weder an ihrem phonetischen System, noch an ihrer grammatischen Struktur, noch an ihrem Wortschatz. Das Menschenjunge nimmt sie als naturgegeben hin. So ist sie, so muß sie sein. Zwar kommt es bei Kindern zu sprachlichen Analogiebildungen, die häufig durch ihre Folgerichtigkeit verblüffen, aber gleichzeitig dadurch, daß sie ungewöhnlich sind, zwar drollig wirken, von den Erwachsenen aber abgelehnt werden und allenfalls in der Witzecke irgendeiner Zeitung landen. Kritik der eigenen Sprache gegenüber ist ein sehr spät auftretendes Verhalten. Am ehesten setzt es noch bei der Orthographie ein, bei der schwerverständliche Eigenheiten (man vergleiche etwa: rad- und Auto fahren) am augenfälligsten sind. Bei einer künstlichen Sprache aber, und das ist ein Schicksal, das dem *Esperanto* nicht wenig zu schaffen machte, hält jeder sich für berechtigt, auch wenn er nicht über die geringste diesbezügliche Vorbildung oder praktische Erfahrungen verfügt, Änderungs- und Verbesserungsvorschläge zu machen und zu propagieren. Zamenhof hat mit unendlicher Geduld alles geprüft, was an ihn herangetragen wurde. Dabei stellte sich dann zumeist heraus, daß gerade das, woran der eine Anstoß nahm, einem andern besonders gut gefiel. Ging man den Dingen auf den Grund, so handelte es sich vielfach gar nicht um Fragen der Zweckmäßigkeit, sondern eher um rein geschmackliche Präferenzen oder Ablehnungen. Über nichtige Dinge, selbst etwa darüber, ob das griechische *kaj* nicht besser durch das lateinische *et* zu ersetzen sei, hat man sich gestritten und oft zerstritten. In dieser Verunsicherung erwartete man viel von staatlichen Institutionen oder sprachlichen Autoritäten, erwartete die Lösung unnötig aufgeworfener Probleme von wissenschaftlichen Kommissionen oder Gott wer weiß woher, und nicht zuletzt war Zamenhof selbst bereit, sich zu unterwerfen, auf *Esperanto* zu verzichten, sofern nur eine andere Lösung des Weltsprachenproblems gefunden würde. Sie konnte aber gar nicht gefunden werden, weil sie ... in einem einzigen ungeheuren genialen Wurf bereits gefunden war, mochten auch Zamenhof selbst und seine ersten Jünger angesichts der Titanentat so etwas wie Beklemmung empfinden. Wenn nun in der Folgezeit, verärgert über das ewige Tauziehen und den anhaltenden Schwebezustand, manche sich wieder vom Esperantismus abwandten, die große Mehrheit der Esperantisten, das *Esperanto*-Volk, kümmerte sich überhaupt nicht oder kaum um die Bemühungen ihrer *Esperanto*-Regenten und die Auseinandersetzungen der *spertuloj*. Im Jahre 1908 kam es sogar zu einer regelrechten Spaltung der Bewegung, bei der sich die Anhänger des „Ido" genannten Plansprachenobjektes, das ein stark verändertes *Esperanto* war, von den Esperantisten ablösten. Sie waren höchstens ein Fünftel der organisierten Esperantistenschaft und verloren, losgelöst von ihrer weit lebenskräftigeren „Muttersprache", rasch jegliche Bedeutung. Alles das blieb natürlich nicht ohne negative Auswirkungen, und vielleicht ist manch überkommene Skepsis dem *Esperanto* gegenüber auf diese frühen Auseinandersetzungen zurückzuführen. Andererseits ist nicht zu leugnen, daß das *Esperanto* aus diesen Kinderkrankheiten gestärkt hervorgegangen ist und die Esperantisten in aller Welt verstanden haben, daß das *FUNDAMENTO* der „rocher de bronze" ist, der die Einheitlichkeit ihrer Sprache garantiert.

Ja, wollte heute eine angesehene internationale Autorität, die UNO etwa, versuchen, am *Esperanto* Änderungen vorzunehmen oder *Esperanto* überhaupt um eines der UNO genehmeren Sprachenprojektes willen zurückzupfeifen, es dürfte ein ungleich schwierigeres, wenn nicht gar unmögliches Unterfangen sein, schwieriger jedenfalls, als *Esperanto* einfach durch wohlwollende Unterstützung zu fördern. Wer einmal *Esperanto* gelernt hat, ist damit Träger einer in ihm verlebendigten Sprache. Und diese Sprachenträger des *Esperanto* haben lediglich durch ihr Vorhandensein eine Tatsache geschaffen, mit der jeder, der an das Weltsprachenproblem herangeht, zu rechnen hat. Gelernt ist gelernt. Der Esperantist wendet seine Sprache an in seiner Korrespondenz mit seinen ausländischen Freunden, im mündlichen Verkehr mit ihnen, bei seiner Lektüre von Zeitschriften und Büchern, für die verschiedensten persönlichen und allgemeinen Zwecke in den mannigfaltigsten Organisationen. Versuche, vom grünen Tisch her in eine lebendige Sprache einzugreifen, sind meistens zum Scheitern verurteilt. Wer sagt denn etwa: „Ich habe eben mit ihm ferngesprochen", oder verlangt am Postschalter: „Geben Sie mir bitte zehn Postwertzeichen zu…"? Im Ersten Weltkrieg gelang es tatsächlich, die deutsche Sprache von einigen Ausdrücken des „Erbfeindes" zu befreien, Perron, Adieu, Trottoir, Coupé u. a. verschwanden tatsächlich aus dem Gebrauch. Aber schon bei Wörtern wie Appetit, Ballon, Balkon, Bonbon, Rendezvous und vielen anderen schlug der Versuch fehl. Wenn er überhaupt in bescheidenem Umfang gelang, so doch nur, weil er von nationaler Begeisterung getragen wurde. Ich entsinne mich genau, wie schwer es namentlich älteren Leuten fiel, aller vaterländischen Gesinnung zum Trotz, auf lebenslange Gewohnheiten zu verzichten und etwa statt wie bisher „adieu!" plötzlich nur noch „auf Wiedersehen!" zu sagen.

Die Geschichte des Esperantismus zeigt es, wird *Esperanto* irgendwo unterdrückt oder kommt es aus nicht immer leicht durchschaubaren Gründen in irgendeinem Land zum Erlahmen der Bewegung, dann springt irgendwann von irgendwoher ein Funke wieder über und die Bemühungen um *Esperanto* gehen in lebhafteren Ansätzen als bisher und mit größerer Zuversicht wieder weiter. Nur Außenstehende und Nichtinformierte können die dem *Esperanto* innewohnende Kraft verkennen und glauben, man könne es grundsätzlich verändern, könne es durch ein anderes Projekt ersetzen oder, auch solche frommen Wünsche mag es geben, wieder ausrotten. *Esperanto* ist sehr zäh. Es ist ein Faktor, mit dem jeder, gleichviel, wo er steht, zu rechnen hat und mit dem zu rechnen, er klug tun würde.

Etwas anderes ist es natürlich, wenn Linguisten, Herausgeber von Lehr- und Wörterbüchern u. a. in der vom „Fundament" gewiesenen Richtung allen Esperanto-Beflissenen Hilfen geben, sie z. B. auf das vorzugsweise zu benutzende Vokabular hinweisen oder auf die Eigenheiten der Nationalsprachen bezogene, zusätzliche Regeln aufstellen. Das tun sie nicht gegen *Esperanto,* sondern im Gegenteil im Dienst an seiner Einheitlichkeit, weltweiten Verständlichkeit und vielseitigen Verwendbarkeit. Außerdem entsprechen sie damit einem echten Bedürfnis aller derjenigen Esperantisten, die ihre Sprache pflegen wollen.

Gleichzeitig mit dem Ringen innerhalb der Esperantistenschaft um die endgültige Form und Einheitlichkeit des *Esperanto* gingen einher die Auseinandersetzungen um die *interna ideo*. Ohne sie ist *Esperanto,* auch wenn heute von diesem Begriff nur noch selten gesprochen wird, nicht zu denken. Ja, sie war eigentlich schon vorher da. Sie ist es, die *Esperanto* überhaupt hat entstehen lassen. Der kleine Junge in Bialystok hatte ja nicht die Absicht gehabt, das Einkaufen auf dem Markt oder das Verhandeln mit Handwerkern innerhalb der mehrsprachigen Einwohnerschaft seiner Vaterstadt zu erleichtern, sondern er wollte die unter den Sprachengruppen herrschenden gegenseitigen Verdächtigungen und Feindseligkeiten überwinden helfen, an denen seine Sensibilität ihn leiden ließ. In die gleiche Richtung wiesen ja auch seine frühen Zukunftsphantasien, die a l l e Menschen betrafen. Er war *homarano,* Anhänger der Menschheit, lange ehe er Esperantist war. Er schuf *Esperanto* nicht, um die internationale Touristik zu erleichtern, sondern er schuf es, aus dem Wissen um das Leid und Elend, das aus der Sprachentrennung erwachsen kann. Daß es da, wo Menschen die gleiche Sprache sprechen, keine Mißverständnisse, Verdächtigungen, Verfolgungen, Pogrome, Krieg und Folter geben würde, hat er ja wohl, jedenfalls nicht mehr als Erwachsener, nicht geglaubt. Aber er war doch wohl zutiefst davon überzeugt, daß diese Menschheitsübel bei sprachlicher

Verständigungsmöglichkeit weniger leicht aufbrechen und leichter zu überwinden sein würden. An einer gemeinsamen Sprache für alle lag ihm unbedingt, nicht ganz so unbedingt an seinem *Esperanto*. Trotz der gewaltigen Mühen, die er dafür aufgewendet, und Opfer an Zeit und Geld, die er dafür gebracht hatte, war er bereit, es aufzugeben, falls nur die gemeinsame Sprache, wodurch oder durch wen auch immer, wie auch immer, verwirklicht würde. Und wenn er darum bemüht war, *Esperanto* sozusagen auf eigene Füße zu stellen, es von seiner Person abzulösen, so war er es zunächst, damit es sich, wie jede andere Sprache auch, freiheitlich entwickeln könne, später war er es aber auch, damit die Entwicklung des *Esperanto* nicht durch seine „privaten" Ideen, die sich eben am besten durch *homaranismo* bezeichnen lassen, belastet und gehemmt würde. Zwar war *Esperanto* für ihn ohne die *interna ideo* einer weltweiten Menschlichkeit, ohne Völkerverständigung und -verbrüderung, ohne eine demokratische Internationalität nicht denkbar. In dieser Idee eben bestand das, was er als die Neutralität seiner Sprache bezeichnete. Aber von Außenstehenden wurde das nicht immer so gesehen oder gar begrüßt. Internationalität klang damals in vielen Ohren verdächtig. Gerade war 1889 in Paris die Zweite Internationale gegründet worden. Wurde auch die frühe *Esperanto*-Bewegung von ausschließlich bürgerlichen Kräften getragen, ihre Internationalität schien einer Gesellschaft, die in überspitztem Nationalismus befangen war, dennoch verdächtig. (Die *Sennacieca Asocio Tutmonda* entstand erst 1921). Das mußte Zamenhof trotz aller Ehrungen, die ihm auch von höchsten Regierungsstellen zuteil wurden, wohl fühlen. Er wollte die Freiheit haben, seinen *homaranismo,* seinen Pazifismus und seine Vorstellungen von einer geläuterten, die konfessionellen Gegensätze überbrückenden Weltreligion äußern und verbreiten zu können.

Viel von dem, was der *interna ideo* des Esperanto entspricht, hat sich längst in anderen Formen Wege in die Zukunft gesucht. Die UNO mit ihrer allgemeinen Erklärung der Menschenrechte und mit der UNESCO und zahlreiche andere internationale Bestrebungen, seien sie bürgerlicher, seien sie proletarischer Natur, gehören heute dazu. Die *interna ideo* ist weitgehend Gemeingut geworden. Um sie brauchen sich die Esperantisten nicht mehr in Sonderheit zu bemühen. So spricht man denn auch unter Esperantisten nicht mehr allzu viel von ihr, und wenn, dann geschieht es eher als historische Reminesszenz, denn als bewegende und gleichsam unentbehrliche Voraussetzung des Esperanto. Es ist vielmehr so, daß die *interna ideo* vielfältig auch außerhalb des Esperanto nach Realisierung strebt. Abgesehen von dem unmittelbaren, praktischen Zwecken dienenden Gebrauch des *Esperanto,* bietet es sich heute an als die Sprache der Wahl, als ein, nein als das zweckmäßigste Hilfsmittel in allen erdenklichen Organisationen für die Aufgabe der Verwirklichung der *interna ideo*.

Mag man heute auch den praktischen Nutzen des *Esperanto* in den Vordergrund stellen, ja würde es auch in internationalen Verbrecherkreisen oder bei Generalstäblern zur Verständigung mit den Verbündeten benutzt, also sogar der Kriminalität und dem Kriege dienstbar gemacht, so ist es seiner tiefsten Natur nach doch verbindend und zielt letztlich auf umfassende menschliche Gemeinsamkeit ab. Es ist eine *homarana lingvo*. Als solche wird es hoffentlich dazu beitragen, die Grundlage zu schaffen, auf der Konflikte nicht mehr in der „Biosphäre" ausgetragen werden müssen, sondern in der „Noosphäre", und nur in dieser, ausgetragen werden können.

Sechsundzwanzigstes Kapitel / *Dudek-sesa ĉapitro*

# Verschiedenes / *Diversaĵoj*

Wenn *Esperanto* eingeführt werden soll, muß es Esperantisten geben. Wenn es Esperantisten geben soll, muß *Esperanto* eingeführt werden. E i n e n Esperantisten schaffen kann jeder: sich selbst. In dieser Angelegenheit ist ein jeder das Zünglein an der Waage.
Wie Gott für den nicht existiert, der nicht an ihn glaubt, so existiert auch *Esperanto* nicht für den, der nichts von ihm wissen will. Wie Gott für den, der an ihn glaubt, wirksam wird, so wird auch *Esperanto* wirksam für den, der es lernt.
Wer *Esperanto* lernt, erwirbt zwar keine neue Staatsangehörigkeit, aber er erwirbt eine neue Volkszugehörigkeit. Wenn sein Volk auch in der Diaspora lebt, es lebt, und das gelobte Land ist ihm verheißen.
Es muß unter den Älteren aus der Zeit vor Hitler noch viele Esperantisten geben. Sie zählten damals in Deutschland nach Tausenden. Wo sind sie? Sie können doch nicht alle tot sein. Sind sie mutlos geworden? Sind sie enttäuscht? Sind sie abtrünnig geworden? Sie sollten sich wieder regen. Man wartet auf sie, braucht sie, und sei es auch nur um der Statistik willen.
Es gibt unter den Eisenbahnern einen höheren Prozentsatz Esperantisten als unter vielen anderen Berufen. Warum tragen sie zu ihrer Dienstkleidung keine Armbinde mit der Aufschrift „*Esperanto*" und dem grünen Stern? Das sollten sie doch wohl durchsetzen können. Einen billigeren Kundendienst kann die Bundesbahn gar nicht haben. Auch wenn zunächst nur selten ein Fahrgast diese *Esperanto*-Eisenbahner um Auskunft oder Hilfe anspricht, der grüne Stern würde zeigen, daß *Esperanto* lebt und angewendet wird. Das wäre wirksame Werbung und zugleich eine gute Möglichkeit, die „Marktlage" des *Esperanto* zu testen. Außerdem: Die *Esperanto*-Zeitungen in der ganzen Welt würden das Loblied auf die Bundesbahn und ihre braven Männer singen.
Es gibt unter den Esperantisten Autofahrer, die haben den grünen *Esperanto*-Stern an ihrem Wagen. Haben ihn aber wirklich alle? Besser als der Stern, der sozusagen nur internes Kennzeichen ist, da viele Menschen gar nicht wissen, was er bedeutet,

wäre eine möglichst große und auffällige Aufschrift *ESPERANTO*.
Die *Esperanto*-Bücher finden ja auf besonderen Wegen zu ihren weithin verstreuten Lesern. Der Sortimentsbuchhandel kann da nur in Ausnahmefällen helfen. Trotzdem sollte jede Buchhandlung mindestens *ein Esperanto*-Buch im Schaufenster haben. Wie anders soll denn die große Menge der Leser erfahren, daß es so etwas wie *Esperanto*-Bücher und sogar eine beachtliche Literatur in dieser Sprache und zugleich auch über sie überhaupt gibt? Auch könnte die Nachfrage nach *Esperanto*-Büchern plötzlich sehr rege werden. Da wäre es gut, die Buchhändler hätten schon ihre *Esperanto*-Geschäftsverbindung. Von dem Bewußtsein und der damit verbundenen Befriedigung, durch eine solche Hilfestellung einen kleinen Beitrag für eine nützliche Sache zu leisten, schweige ich lieber. Sortimenter sind Geschäftsleute.
Die großen Warenhäuser sollten mindestens von den Damen, die in der Auskunft sitzen, falls eine solche eingerichtet ist, die Kenntnis des *Esperanto* verlangen und durch ein großes Schild auf diese Tatsache hinweisen. Auch hier böte sich eine gute Möglichkeit zur Erfassung der *Esperanto*-Marktlage, eine Möglichkeit, herauszufinden, wie oft eine solche Einrichtung benutzt wird und wie sich die Inanspruchnahme von Jahr zu Jahr ändert.
Wo immer jemand ist, der *Esperanto* kann, er sollte nicht zögern, falls er nur igendeine Möglichkeit dazu sieht, durch den Hinweis *Ĉi tie oni parolas esperante* oder *Mi ankaŭ korespondas esperante* darauf aufmerksam zu machen. Ich wäre nicht dafür, daß Esperantisten aus Begeisterung für ihre Sache aufdringlich würden und ihren Mitmenschen lästig fielen, aber auf ihre *Esperanto*-Kenntnisse und Dienstwilligkeit sollten sie hinweisen. Damit daß jemand in seinen vier Wänden ein eifriger Esperantist ist und einmal im Jahr einen Kongreß besucht, ist es nicht getan. *Multaj estas tute kontentaj,* schreibt Werner Bormann, *ĝui la agrablan atmosferon en la internaciaj rondoj de la esperantistaro.* Das sei ihnen nicht verwehrt, aber schön wäre es, wenn sie darüber hinaus wenigstens zeigten, daß es sie gibt.
Warum kommt kein Hotelier, kein Restaurateur, kein Inhaber eines Cafés, einer Bar, eines Erfrischungsraumes, einer Imbißstube auf den Gedanken, einmal mit seiner Belegschaft *Esperanto* zu lernen und seinen Betrieb etwa *Hotelo Esperanto* oder

*Kafejo Zamenhof* zu nennen. Damit dürfte er bei *Esperanto*-Touristen schnell populär und international bekannt werden. Im Ausland gibt es so etwas schon. (Und in Paderborn das *Bareleto.)*
Lehrkräfte aller Schulzweige kommen immer wieder in die Verlegenheit, plötzlich eine Vertretungsstunde geben zu müssen, noch dazu häufig in Klassen, in denen sie selbst sonst nicht unterrichten. Wir wär's, wenn sie solche Stunden benutzten, ihre Schüler für *Esperanto* zu interessieren? Dabei könnten sie es ganz sachte selbst lernen, denn „docendo discitur" wußte schon der jüngere Seneca, und „una lectione doctior" würde ja im Anfang vollauf genügen. Das kleine Zamenhofsche Gedicht *Ho mia kor'* wäre ein hübscher Gegenstand für eine solche Vertretungsstunde oder die Zamenhofschen Tabellen-Wörter oder ein Kapitelchen Wortbildungslehre oder eine Rechenstunde mit *Esperanto*-Zahlen. Kämen sie bei späterer Gelegenheit vertretungsweise wieder in dieselbe Klasse, so gäbe es eine weitere *Esperanto*-Spritze. Die Schüler sprächen zu Hause davon. Die Kollegen natürlich auch. Der Englisch-Lehrer vor allem wäre ungehalten. Möglicherweise gäbe es Ärger. Wie schön! Den längeren Atem hat *Esperanto*.
Das alles sind kleine, unbedeutende Schritte, aber schließlich, auch der größte Strom hat sich aus Tropfen gebildet.
Ein ganz großer, ja möglicherweise ein entscheidender Schritt aber wäre ein Film über Zamenhofs Leben, nicht ein kleiner trockener oder auch nicht trockener, gutgemeinter Kulturfilm, sondern eine große Darstellung des Lebens dieses ebenso bescheidenen und selbstlosen wie bedeutenden Mannes, geschaffen von einem der großen Regisseure unserer Zeit.
In einem solchen Film dürfte nichts synchronisiert sein. Da sprechen die Juden jiddisch, die Polen polnisch, die Russen russisch, die Deutschen deutsch, die Franzosen französisch, die Engländer englisch und die Esperantisten ... *Esperanto*. Da müßten die Zuschauer an sich erleben, wie bedrückend es sein kann, wenn man eine Sprache nicht versteht, und in den Esperantoszenen sollten sie dann bei anderen sehen, wie erleichternd es ist, wenn die Sprachenschranken fallen, und hören, wie angenehm ein gut gesprochenes *Esperanto* klingt. (Je näher dem Italienischen, desto besser: a, e und o als offene, i und u als geschlossene Vokale, nicht zu lang, nicht zu kurz; Zungenspitzen-r; nichtaspirierte Tenues.)

Mich wundert, daß dieser interessante und hochdramatische Stoff, der so reich ist an Möglichkeiten filmischer Gestaltung, bisher noch keinen Bearbeiter gefunden hat. Man denke an den Gegensatz zwischen den bedrückenden osteuropäischen Verhältnissen in der polnisch-russischen Bezirkshauptstadt Bialystok und dem Glanz der Belle Époque im europäischen Westen, in Paris, Boulogne-sur-Mer, Genève, Cambridge, Dresden, Barcelona, Antwerpen und Bern. Dazu kämen noch Abstecher nach Krakau und in die USA nach Washington. Im einzelnen wären weiter zu nennen: Zamenhofs Kindheit, der sensible und intelligente Knabe, sein Elternhaus, seine Eltern, seine Geschwister, seine jüdische Umwelt und Erziehung, die ethnische Verschiedenheit der Einwohner Bialystoks, Polen, Russen, Deutsche, Juden, ihre Zwistigkeiten, die Pogrome, die keimende Idee der Weltsprache, die Übersiedelung nach Warschau zum Besuch des Gymnasiums, die einsame Arbeit an der Kunstsprache, das erste entwickelte Projekt, die „lingwe uniwersala", die Feier zu ihrer Einweihung, die Begeisterung der Mitschüler, die Ansprachen, das Absingen der Brüderschaftshymne, die Auseinandersetzung mit dem Vater, vorläufige Resignation, dann die Studentenjahre in Moskau, die Einsamkeit, die Heimkehr ins Elternhaus, die verbrannten Manuskripte, unverdrossene Wiederaufnahme der Arbeit, die Heirat mit Klara Silbernik, in Nürnberg macht Volapük von sich reden, der hilfreiche Schwiegervater, endliche Drucklegung und erste Veröffentlichung des *Esperanto,* erste Anhänger, daneben Unverständnis, Spott und selbst Feindseligkeiten, Tod der Mutter, Tolstois Eintreten für *Esperanto,* die russische Zensur, Zamenhof als Augenarzt in Warschau, der erste *Esperanto*-Weltkongreß in Boulogne-sur-Mer, das Pfingstwunder, Zamenhofs Ansprache, Begeisterung, immer wieder aber auch Skepsis, offener oder kaum verhohlener Spott, im Hintergrund die russische Revolution von 1905, im Westen Glanz und nationalistisches Friedenspathos, jedes Jahr ein neuer internationaler Kongreß, *Esperanto* gewinnt immer mehr an Boden, Aufstieg, staatliche Repräsentanten, Würdenträger, Absingen der *Esperanto*-Hymne, die „Ido"-Spaltung, Treuebekenntnis zum *Fundamento,* 1914 Zamenhof auf der Reise zum 10. Kongreß nach Paris, Ausbruch des Ersten Weltkrieges, Mobilisation, Zamenhof muß die Reise abbrechen, Völkermorden, Zamenhofs letzte Lebensjahre, Augenarzt der Armen, unermüdliche Schreib-

tischarbeit für *Esperanto,* Verbrüderungsgedanken und Vorstellungen von einer Weltreligion, Krankheit und Tod noch vor Ende des Krieges 1917, stilles Begräbnis, keine Regierungsvertreter, keine große Feierlichkeit, nur ein paar Freunde und Angehörige ...
Als Schluß dann, gewissermaßen als Apotheose, das Wiederaufleben des *Esperanto,* der 12. und erste internationale Kongreß der Nachkriegszeit 1920 in Den Haag, die erste internationale Anerkennung des Esperanto durch den Völkerbund 1924 als „offene Sprache" für das Telegraphenwesen, 1962 die Aufnahme der *Universala Esperanto-Asocio* unter die Organisationen, die mit der UNESCO zusammenarbeiten (wodurch *UEA* seitdem eine der des Roten Kreuzes analoge Stellung einnimmt), *Esperanto* in Anwendung bei einem internationalen Jugendtreffen, eine Klasse chinesischer Schüler, die *Esperanto* lernen, und anderes.

Siebenundzwanzigstes Kapitel / *Dudek-sepa ĉapitro*

# Aus zwei Briefen an einen Europäer / *El du leteroj al eŭropano*

I.

... Nun, ich schreibe Ihnen diesen Brief nicht, um Ihnen angenehme Dinge zu sagen, die Ihnen gewiß oft genug schon von anderer Seite gesagt worden sind, noch um Ihnen etwas über meine ganz unwichtige Person zu erzählen. Etwas anderes bewegt mich dazu: Europäer sein kann man imgrunde doch nur, wenn man ein europäisches Bewußtsein hat. Das Bewußtsein aber hängt ganz unmittelbar mit dem Phänomen der Sprache zusammen. Man muß sich einmal in aller Deutlichkeit ein europäisches Jugendtreffen vorstellen – auf die Jugend kommt es doch wohl ganz besonders an – und sich dabei die Frage nach der sprachlichen Verständigung vergegenwärtigen. Wie sollen der junge Finne und der junge Portugiese miteinander sprechen? Lateinisch? Französisch? Englisch? Deutsch? oder immer nur mit Hilfe von Dolmetschern? Es versteht sich von selbst, daß keine dieser Lösungen befriedigend, jede nur ein Notbehelf ist.

Meine Bekanntschaft mit Ihnen ist ja jung, gerade 14 Tage alt. Soweit ich bis jetzt unterrichtet bin, und ich bin es nur sehr wenig, sprechen Sie dieses europäische Sprachenproblem nicht an, und doch kann ich mir nicht vorstellen, daß Sie es nicht auch schon durchdacht haben sollten.

Sehen Sie, ich bin Anhänger der Internationalen Sprache und habe es auf Kongressen erlebt, wie sich Menschen verschiedenster und selbst entlegenster Herkunft unterschiedlicher Sprachen zwanglos und unmittelbar miteinander verständigen, dabei oft nicht einmal wissen, welcher Nation ihr Gesprächspartner angehört. Daß *Esperanto* als Weltsprache konzipiert ist, macht es nicht untauglich, im europäischen Bereich zu dienen. Ich halte es für überaus wichtig, daß man im Hinblick auf die für Mai 1978 geplanten Wahlen zum Europäischen Parlament ein sorgfältig vorbereitetes Programm zur Sprachenfrage vorlegen kann. *Esperanto* würde eines Tages ganz von selbst zur Verhandlungssprache werden, wenn man sich entschließen könnte, zunächst *alle* europäischen

Sprachen, die verbreiteten wie die zahlenmäßig unbedeutenden, als Mittel der mündlichen und schriftlichen Äußerung (aktiver Sprachgebrauch) zuzulassen. Anschließend müßte dann die Übersetzung ins *Esperanto* und zwar *nur* ins *Esperanto* erfolgen. Das erfordert, daß sich alle damit Befaßten die *INTERNATIONALE SPRACHE* wenigstens bis zur Fähigkeit der *rezeptiven* Verwendung aneignen. Für jemanden, der schon mindestens eine fremde Sprache gelernt hat, ist das, wenn auch vielleicht nicht ad hoc, so doch in wenigen Stunden möglich. Jeder *darf* also sprechen, wie ihm der Schnabel gewachsen ist, muß aber dafür die internationale Sprache wenigstens lesen und verstehen können. Dolmetscher wurden bisher auch benötigt, nach diesem Vorschlag sind es eben nur andere, nämlich *Esperanto*-Dolmetscher, die jeweils verantwortlich im Auftrag für diejenige Sprachgemeinschaft arbeiten, aus deren Sprache sie übersetzen. Der Vorteil bei diesem Verfahren liegt in der Aufhebung jeglicher sprachlicher Diskriminierung und, durch das Übergewicht, das der Internationalen Sprache hierbei mit der Zeit zunehmend zufällt, in der Anbahnung einer gemein-europäischen Verwaltungssprache. Das wäre im wesentlichen schon alles. Würde außerdem noch jeder Staat mindestens an einer Universität einen Lehrstuhl für *Esperanto* einrichten (bis jetzt gibt es meines Wissens nur einen solchen in La Laguna, Tenerife, Spanien), so wären damit die Weichen richtig gestellt. *(Esperanto)*-Lektorate an Universitäten gibt es eine ganze Reihe, in Deutschland: in Hamburg und Saarbrücken.)

Ich habe Ihr vorbildliches Engagement erlebt, und ich kenne den mühevollen Einsatz der Esperantisten, um den Wust von Vorurteilen und Trägheit zu überwinden, der der Einführung der Internationalen Sprache entgegensteht. Beide Bewegungen, die Europabewegung und, was Prof. Dr. Frank vom Europaklub in Paderborn die „sprachgrenzübergreifende europäische Verständigung" nennt, sind geradezu berufen, einander gegenseitig zu tragen und zu fördern.

Da ich aber nicht die geringste Ahnung habe, ob ich nicht mit meinen Zeilen bei Ihnen offene Türen einrenne und Sie selbst schon bestens informiert sind oder aber, das wäre das andere Extrem, ich in Ihren Augen als Utopist dastehe, lasse ich es bei diesen Andeutungen bewenden und begrüße Sie in der Gewißheit, Ihnen wenigstens in der Humanitas der Zielsetzung verbunden zu sein.

II.

Sie haben mir nicht nur geantwortet, Sie haben mir sehr freundlich geantwortet. Haben Sie Dank dafür!
Die Sprachenfrage ist, nicht zuletzt auch für Ihre eigenen Bestrebungen, zu wichtig, als daß ich nun, da ich weiß, wie Sie zu ihr stehen, es fertig brächte, sie auf sich beruhen zu lassen. Eigentlich bin ich ja nun überhaupt erst in der Lage, Ihnen richtig schreiben zu können über das, was mir Herzenssache ist und Ihnen nicht gleichgültig sein kann.
Erlauben Sie mir, auf die einzelnen Punkte Ihres Briefes ausführlich und so genau, wie ich es vermag, einzugehen!
Jedes Kind, meinen Sie, sollte drei Sprachen lernen (einschließlich der Muttersprache? oder drei Fremdsprachen?) und das zumindest. Da erwarten Sie etwas, wofür die durchschnittliche Begabung der Schüler einfach nicht ausreicht. Man muß - ich bin Gymnasiallehrer a. D. - es erlebt haben, wie kümmerlich im Grunde noch nach 9 oder 10 Jahren bei wöchentlich mehrstündigem Unterricht die Kenntnisse selbst in der sogenannten ersten Fremdsprache sind, sei diese nun Englisch oder Französisch. Dabei bringt es doch nur ein verhältnismäßig kleiner Teil aller Schüler überhaupt bis zum Abitur. Nirgendwo steht wohl der unerhörte Aufwand an Kraft, Zeit und schließlich auch an Geld weniger in einem vernünftigen Verhältnis als gerade beim Sprachenlernen. Ja, jeder möge drei Sprachen sprechen, nämlich die Sprache seiner engeren Heimat, seine Mundart (die lebt abgeschwächt selbst in großstädtischen Familien noch weiter), seine Nationalsprache (die, das wird so leicht übersehen, das Gros der Volksschüler auch noch erst mühsam erwerben muß) und schließlich die Internationale Sprache als Verständigungsmittel mit jedermann. Nun, Sie meinen es anders, wenn Sie sagen: „Wer drei Sprachen spricht, ist nirgends verloren." Verloren ist man heute auch mit einer Sprache nirgends. Es gibt immer irgendeine Instanz, die einen auffischt, und der griechische oder türkische Gastarbeiter wurschtelt sich auch ohne Sprachkenntnisse durch. Lassen Sie uns einmal annehmen, es wäre geschafft: Da sitzen nun ein künftiger dreisprachiger Europäer, ein Grieche, der Italienisch und Türkisch gelernt hat, und ein ebensolcher, diesmal ein Spanier, der Deutsch und Französisch gelernt hat, einander im Eisenbahnabteil gegenüber. Sie können ... einander freundlich anlächeln! Aber selbst, wenn sie beide englische Sprachkennt-

nisse hätten, wäre das wirklich eine passable Lösung? Aber darum ist es Ihnen und mir ja letzten Endes gar nicht zu tun. Was es zu schaffen gilt, ist ein europäisches Bewußtsein, und dazu bedarf es einer, ich bediene mich Ihres Ausdrucks, „europatragenden" Sprache. Und diesen Stier, der die freilich nicht mehr sehr jugendliche, aber immer noch scharmante Dame tragen soll, gilt es, bei den Hörnern zu packen!

Sie zählen mehrere Möglichkeiten auf, von denen Sie selbst die meisten wieder ausscheiden, um schließlich im Französischen die Lösung zu sehen. Hierbei ist es vielleicht richtig, sich zu fragen, was diese „Verkehrssprache jenseits der einzelnen Sprachen" leisten soll. Soll sie Diplomatensprache, Verhandlungssprache im Europa-Parlament, oder soll sie Allgemeingut aller Europäer werden? Wir streben doch wohl das letztere an. Kann man aber der Sprache selbst einer befreundeten Nation freiwillig einen so weitreichenden kulturellen Einfluß einräumen? Die europäische Verkehrssprache müßte doch als übernationale Sprache für alle und überall eingesetzt werden, wo es zweckmäßig wäre: Hinweise in Bahnhofshallen, Postämtern, Reisebüros, Hotels, Museen u. a. Würde man sich in der Bundesrepublik nicht wie in einer französischen Kolonie vorkommen, wenn da stünde: Eingang/Entrée, Ausgang/Sortie, Wartesaal/Salle d'attente usw. Wie hübsch aber, wenn man von Deutschland her gewohnt ist, zu lesen: Eingang/Enirejo, Ausgang/Elirejo, Wartesaal/Atendejo und kommt dann nach Paris und liest dort Entrée/Enirejo, Ausgang/Elirejo und Salle d'attente (oder salle des pas perdus)/Atendejo! Nur *Esperanto* besitzt die erforderliche Neutralität, die es jedem erlaubt, es als seine *eigene* Sprache anzusehen. Vor allen Dingen aber ist Französisch viel zu schwer erlernbar um auf breiter (demokratischer) Basis für internationale Zwecke eingesetzt werden zu können. Und selbst sprachbegabte Menschen werden auch noch nach jahrelangem Studium, wenn es sich nicht nur um „small talk", sondern um schwerwiegende politische, wirtschaftliche, wissenschaftliche oder sonstige Erörterungen handelt, von einem leisen Gefühl der Unterlegenheit, der Benachteiligung, nicht ganz frei sein, wenn sie sich mit französischen „Muttersprachlern" auseinandersetzen sollen. Auch sollte man beim Französischen nicht übersehen, daß wir es da mit zwei Sprachen zu tun haben, nämlich der gesprochenen und der geschriebenen, die viel unterschiedlicher sind, als es uns die Suggestion, daß es eine und dieselbe sei, erkennen läßt. Daß die französische Sprache besonders klar sei, ist ein überkommenes Vorurteil von nur relativer Gültigkeit. Der im Verlaufe der romanischen Sprachentwicklung verlorengegangene Akkusativ ist ein schwerer Nachteil dieser Sprache. Ich gebe Ihnen hier ein paar Beispiele*), die sämtlich zweideutig sind:

M. de Talleyrand le reçut en prince.
Je vous aime comme un frère.
Il insulta le président plus violemment encore que l'orateur précédent.
Je n'ai pas d'autre appui que vous.
... comme si le temps, ainsi que le vin, rendait les poésies meilleures.
Je trouvais ce fruit délicieux au cours de mes longues promenades.
J'estime l'Essai sur l'Homme, de Pope, le premier des poèmes philosophiques.
Fidèle ou non, il l'aimait.
François-Joseph télégraphia à l'archiduc Rodolphe qu'il le recevrait seul.
Il aimait son fils, ce vainqueur.
Je t'aimais inconstant, qu'aurais-je fait fidèle.
On ne savait pas alors quel poète étouffait en lui le savant.
Il avait dans la terre une somme enfouie.

Sie weisen darauf hin, daß Französisch eine lebende Sprache ist, und wollen damit sagen, wenn ich Sie richtig verstehe, daß *Esperanto* es nicht sei. Das ist ein verbreiteter Irrtum, aber eben ein Irrtum. Zunächst: Die Zahl der Repräsentanten einer Sprache ist kein Kriterium für die Lebendigkeit. Es gibt Eingeborenensprachen, die kaum von ein paar Hundert Stammesangehörigen gesprochen werden. Dennoch, die Zahl der sich der Internationalen Sprache bedienenden Menschen, wiewohl es schier unmöglich ist, sie einigermaßen exakt zu bestimmen, dürfte die Millionengrenze überschritten haben. Sie können sich als Außenstehender kaum eine Vorstellung davon machen, wie ungeheuer lebendig *Esperanto* ist. Es gibt heute bereits Familien, in denen Kinder (und Kindeskinder!) seit

---

*) G. Waringhien, *Lingvo kaj vivo,* La Laguna 1959, S. 135 f.

frühester Kindheit mit *Esperanto* aufwachsen oder aufgewachsen sind, es nicht weniger natürlich sprechen als Kinder eben ihre Muttersprache zu sprechen pflegen. Ich habe allein in den letzten drei Monaten Briefe gewechselt mit einem Finnen, einem Engländer, einem Dänen, einer Holländerin, einer Belgierin (gebürtige Polin), einem Italiener und (das geht nun bereits über das Europäische hinaus) mit zwei Japanern, immer nur auf Esperanto, obwohl ich mich auch anderer Sprachen hätte bedienen können. Das war keine unverbindliche Unterhaltungskorrespondenz, sondern es waren ausführliche Briefe aus konkreten Anlässen über zumeist literarische Gegenstände. Das ist doch gelebtes Leben! Es gibt eine beachtliche *Esperanto*-Literatur, Weltliteratur in Übersetzungen, originale Belletristik, Wissenschaftliches (viel Linguistik), eine nicht mehr zu übersehende Fülle von *Esperanto*-Zeitschriften und selbstverständlich auch Schallplatten. Das *Esperanto*-Volk ist ungeheuer lebendig, nur: es lebt in der Diaspora, und manchmal im Ghetto. Eigentlich ist es merkwürdig, daß Sie, der Sie die europäische Integration anstreben, noch nicht auf dieses Phänomen gestoßen sind, daß zwar weithin verstreut, aber doch mitten unter uns, langsam ein Völkchen entsteht, das ein echt europäisches Bewußtsein und Zusammengehörigkeitsgefühl entwickelt.

Nun habe ich nur noch auf einen Punkt zu antworten, den Sie ansprechen, nämlich, es habe bezüglich des *Esperanto* „der mangelnde Erfolg bis jetzt den Eindruck verstärkt, daß es irgendwie nicht vorwärts geht." Zunächst: Seit 1905 gab es, mit den kriegsbedingten Unterbrechungen, sechzig imponierende *Esperanto*-Weltkongresse, 1924 wurde *Esperanto* auf Empfehlung des Völkerbundes von der „Union Télégraphique Internationale" als offene Sprache im Telegraphenverkehr zugelassen, 1954 wurde der *Esperanto*-Weltbund in den Status einer mit der UNESCO zusammenarbeitenden Organisation berufen und 1962 dem Roten Kreuz gleichgestellt und dadurch vor allen anderen privaten internationalen Organisationen ausgezeichnet. Sind das keine Erfolge? Was erwarten Sie? Sie sagen „man möge endlich einmal die Programme in den Volksschulen derart umändern, daß jedes Kind mindestens drei Sprachen lernen könne". Ich sage, man möge endlich einmal den Sprachunterricht in nur einer Sprache um zwei Jahre kürzen und die Kinder dafür zwei Jahre lang Esperanto lernen lassen. Dann hätten sie wenigstens eine Sprache, die sie wirklich beherrschten. Was hilft's? Wissen Sie den Weg, die Behörden dahin zu bringen? Man kann zwar mit einiger Rührigkeit von heute auf morgen eine Bürgerinitiative gegen ein zu errichtendes Atomkraftwerk auf die Beine bringen, aber man kann nicht von heut auf morgen Esperantisten schaffen. Dazu braucht man Lehr- und Wörterbücher. Um diese zu schaffen, braucht man wiederum Esperantisten, und zwar solche mit Fachkenntnissen, Geduld und Idealismus. Dann braucht man risikomutige Verleger, und dann wieder Kursusleiter, interessierte Volkshochschulen, und schließlich noch Mittel zur Werbung von Interessenten. Und ist es dann soweit, und da sitzen 25 Lernwillige, dann sind es am Ende des Kursus nur noch fünf, die machen noch eine Zeitlang in irgendeiner Form weiter, bis drei von ihnen auch erlahmen und von nun an dem Esperanto böse sind, weil es ihre Erwartungen enttäuscht hat und noch immer nicht alle Welt Esperanto spricht, nur zwei schließlich, vielleicht, die bleiben dabei um ... Briefmarken oder Ansichtskarten zu sammeln. Aus! Und die Bewegung ist praktisch um keinen Schritt weiter. Im Grunde ist es ein Wunder, daß das bald neunzigjährige Esperanto nicht allein noch existiert, sondern, allem Anschein zum Trotz, zwar langsame, aber stetige und beachtliche Fortschritte macht. Man darf auch nicht übersehen, was alles diese Bewegung durchgemacht hat: Der Zusammenbruch des Volapük, der die Idee einer internationalen Hilfssprache auf lange Zeit in den Augen der Öffentlichkeit diskreditierte, in den ersten zwei bis drei Jahrzehnten die unablässigen internen Auseinandersetzungen mit den Reformisten, die politischen Verfolgungen unter dem Zarenregime, unter Hitler, unter Stalin, die Verhöhnungen durch die ewig Gestrigen, und schließlich, rational überhaupt nicht zu begreifen, die gegenwärtige Tabuisierung des Esperanto in Deutschland. *Esperanto* steht heute konkurrenzlos und gefestigt da und erfreut sich in aller Welt einer wachsenden Anhängerschaft. Ich weiß nicht, ob es richtig ist, da von mangelndem Erfolg zu sprechen, nur weil er vorauseilenden Erwartungen nicht entspricht. Wenn es, wie Sie meinen, mit *Esperanto* nicht recht vorwärts geht, so liegt das, überspitzt gesagt, nur daran, weil S i e nicht mitmachen. Denn, wenn die aktiven und vorausschauenden Europäer nicht einmal dabei sind, ja, wer in aller Welt soll es denn dann tun? Die pensionierten Volksschullehrerinnen? Versuchen Sie doch einmal, eine Bewegung ins Leben zu rufen, die alle Europäer dazu bringen soll, Französisch zu lernen! Ob die wohl rascher zum Ziel kommt? Vielleicht sogar ja, aber dann nur, weil die französische Regierung diese Bewegung mit recht hübschen Geldsummen stützen würde. *Esperanto* aber lebt nur aus privatem Einsatz, allem Spott und allen Verfolgungen zum Trotz. Es muß schon etwas daran sein.

Europäische Integration und Esperantismus hätten zusammen nicht doppelte, sondern mindestens vierfache Stoßkraft. Die erstere ohne *Esperanto* bliebe eine elitäre Angelegenheit ohne echte Resonanz, ohne Fundament, der Esperantismus ohne die erstere ist zu weit gespannt, zu idealistisch in der Vorstellung. Beides zusammen aber rückt einen durch die Zeitumstände dringend erforderlichen Schritt in greifbare Nähe: ein einheitliches Europa, eine gemeinsame Sprache. Ich glaube, das könnte die stumpfen Gemüter erhitzen und zu einer die Grenzen Europas (ich meine die inneren) überspringenden Volksbewegung werden.

„Die Idee wird zur materiellen Gewalt, wenn sie die Massen ergreift." Damit zogen in den zwanziger und frühen dreißiger Jahren die Kommunisten auf die Straße. Ohne ein geeintes Europa, ohne Überwindung dieser unzeitgemäßen, rückständigen europäischen Kleinstaaterei könnte es in einer vielleicht nicht einmal so fernen Zeit dahin kommen, daß wir, weil wir *Esperanto* verschmähten, russisch oder gar chinesisch akzeptieren müssen. Ohne eine gemeinsame Sprache gibt es kein europäisches Bewußtsein, jedenfalls nicht bei den europäischen Völkern. Daß ihre Regierungen es vielleicht haben, genügt nicht.

Achtundzwanzigstes Kapitel / *Dudek-oka ĉapitro*

# Die Heilige Cäcilie oder
# Die Gewalt der Musik
*La sankta Cecilino aŭ*
*La potenco de la muziko*

Eine Legende von Heinrich von Kleist / *Legendo de Henriko de Klajsto*

Als Abschluß gebe ich Ihnen nochmals die Übersetzung einer Kleistschen Novelle. Ich empfehle Ihnen, das eingangs Kapitel 20 Gesagte nachzulesen. Wenn Sie diesen letzten Text des Buches bewältigen, haben Sie den Ehrentitel eines rezeptiven Esperantisten verdient. Sie haben dann die Vorstufe erklommen zum Esperantosprechenkönnen, zu seiner Beherrschung in Wort und Schrift. Selbst dann sollten Sie sich nicht zur Ruhe setzen – Leben ist Bewegung – sondern als *aktivulo* mithelfen, die geplagte Menschheit voranzubringen auf ihrem geheimnisvollen Weg in die Zukunft. Vorerst aber seien Sie bedankt, daß Sie mir bis hierher gefolgt sind.

*Je la fino de la deksesa jarcento, kiam la ikon-detruantismo furiozis en Nederlando, tri fratoj, junaj en Vitenbergo studantaj homoj, rendevuis kun kvara, kiu en Antverpo estis instalata kiel predikisto, en la urbo Aĥeno. En ĉi tiu urbo ili intencis postuli heredaĵon, kiun ili estis ricevontaj flanke de maljuna, al ili ĉiuj nekonata onklo, kaj gastiĝis en hotelo, ĉar neniu estis en la loko, al kiu ili estis povintaj sin direkti. Post kelkaj tagoj, kiujn ili estis pasigintaj kun aŭskultado al la predikisto pri la strangaj scenoj, kiuj okazis en Nederlando, troviĝis, ke la tago de l'Korpo de Kristo solene estis festota de la monaĥinoj en la de la sankta Cecilino monaĥejo, kiu tiame situis antaŭ la pordegoj de tiu urbo, tiamaniere, ke la kvar fratoj, ekzaltataj per ekstazeco, juneco kaj la ekzemplo de la nederlandanoj, decidis, doni ankaŭ al la urbo Aĥeno la spektaklon de ikon-detruantado. La predikisto, kiu jam pli ol unufoje estis gvidintaj tiajn entreprenojn, kunvenigis, dum la antaŭa vespero, aron da junaj, al la nova kredo sindonintaj komercistfiloj kaj studentoj, kiuj, en la gastejo, ĉe vino kaj manĝaĵoj, kun malbenoj al la papeco, pasigis la nokton; kaj kiam la tago super la murdentojn de la urbo leviĝinta, ili proviziĝis kun hakiloj kaj ĉiuspecaj detruiloj, por komenci sian senbridan aferon. Ili ĝojege antaŭdecidis signalon, laŭ kiu ili komencus disĵeti la fenestrajn vitrojn, pentratajn kun bibliaj rakontoj; kaj sendubemaj pri granda sekvantaro, kiun ili trovus inter la popolo, ili iris, je la horo, kiam la sonoriloj sonoradis, en la katedralon, decidataj, lasi nenian ŝtonon sur alia. La abatino, kiu, jam ĉe l'ekiĝo de la tago, estis avertata de amiko pri la danĝero, en kiu la monaĥejo estis, senutile vokigis, ĉiam denove, la imperiestran oficiron, kiu komandis en la urbo, kaj postuletis, por la defendo de l' monaĥejo, gardon; la oficiro, kiu mem malamiko de la papeco, kaj kiel tia, almenaŭ kaŝe, estis sindonema al la nova kredo, sukcesis rifuzi al ŝi la gardon, sub la politika preteksto, ke ŝi vidas spiritulojn kaj por sia monaĥejo ne ekzistas eĉ la ombro de danĝero. Dume ekis la horo, kiam la solenaĵoj estis komencotaj, kaj la monaĥinoj ekkomencis la meson, kun timo kaj preĝado kaj mizerplena atendo de la aferoj, kiuj estis okazontaj. Neniu ŝirmis ilin, krom maljuna, sepdekjara monaĥeja administristo, kiu sin lokis kun kelkaj armitaj trajnsoldatoj ĉe la enirejo de la preĝejo. En la inaj monaĥejoj la monaĥinoj, ekzercitaj por la ludo de ĉiuspecaj instrumentoj, konate, mem prezentas siajn muzikaĵojn; ofte kun precizeco, sento kaj senco, kiujn oni en viraj orkestroj (eble pro la ina sekseco de ĉi tiu mistera arto) ne trovas. Nun okazis, por duobligo de la premego, ke la muzikestrino, fratino Antonin', kiu kutimis direkti la muzikon sur la orkestrejo, ne multaj tagoj antaŭe, akute malsaniĝis pro nerva febro; tiamaniere, ke ne kalkulante la kvar blasfemaj fratoj, kiujn oni jam, envolvataj en iliaj manteloj, ekvidis ĉe la kolonoj de la preĝejo, la monaĥejo, ankaŭ pro reprezentado de konvena muzikaĵo, ageme embarasiĝis. La abatino, kiu en la vespero de la antaŭa tago ordonis, ke malnovega, de nekonata majstro verkita, itala meso estu prezentota, per kiu la orkestro jam multfoje, pro speciala sankteco kaj gloro, laŭ kiu ĝi estis komponita, estigis la plej grandaj efektoj, informpetigis malsupren, pli ol iam ajn obstinanta en sia volo, ankoraŭ unufoje pri la fratino Antonin', por sciiĝi, kiel ŝi fartas; sed la monaĥino, kiu prenis sur sin ĉi tiun komision, revenis kun la informo, ke la fratino kuŝas en lito en komplete senkonscia farto, kaj ke neniamaniere estas penseble al ŝia direktadpreno pri la intencata muziko. Dume en la katedralo, en kiu iom post iom pli ol cent, kun hakiloj kaj rompstangoj provizitaj blasfemuloj, el ĉiuj kastoj kaj aĝoj, estis alvenintaj, la plej timigaj scenoj jam estis okazintaj; oni estis en la plej maldeca maniero incitinta kelkajn trajnanojn, kiuj staris ĉe la portaloj, kaj permesinta al si la plej malrespektajn kaj senhontajn rimarkojn kontraŭ la monaĥinoj, kiuj kelkafoje, pro piaj funkcioj, unuope aperis en la haloj: tiamaniere, ke la monaĥeja administristo iris en la sakristion, kaj surgenue petegis la abatinon, ĉesigi la feston kaj iri en la urbon, sub la protekton de la komandanto. Sed la abatino neĉanceleble insistis pri tio, ke la pro la gloro de la pleja Dio organizita festo estas solenota; ŝi memorigis la administriston pri lia devo, ŝirmi per korpo kaj vivo la meson kaj la solenan procesion, kiu estis farota en la katedralo; kaj ordonis, ĉar la sonorilo ĵus eksonis, al la monaĥinoj, kiuj, kun tremado kaj preĝado, ĉirkaŭis ŝin, preni oratorion, indiferente kian kaj de kia indo ĝi estas, kaj komenciĝi per ties prezentado.*

*Ĵus la monaĥinoj sur la altano de la orgeno ekfaris tion; la partituro de muzikaĵo, kiun jam oni ofte prezentis, estis distribuata, violonoj, hobojoj kaj basviolonoj ekzamenataj kaj agordataj, kiam neatendite fratino Antonin' vigla kaj sana, iomete pala en la vizaĝo, alaperis de la ŝtuparo; ŝi portis la partituron de la malnovega, itala meso, pri ties prezentado la abatino tiom obstine estis insistinta, sub la brako. Al la mira demando de la monaĥinoj: de kie ŝi venas? kaj kiel ŝi subite tiom estis refortigita? ŝi respondis: „Indiferente, amikinoj, indiferente!" distribuis la partituron, kiun ŝi estis portanta kun si, kaj ardante pro entuziasmo, eksidis mem antaŭ la orgenon, por preni sur sin la direktadon de la bonega muzikaĵo. Pro tio eniĝis kiel admirinda, ĉiela konsolo en la korojn de la piaj inoj; ili tuj ekstarigis sin kun siaj instrumentoj antaŭ la pupitroj; la angoreco eĉ, en kiu ili troviĝis, helpis, por gvidi iliajn animojn, kiel sur flugiloj, tra ĉiuj ĉieloj de l' harmonio, la oratorio estis efektivigata kun la plej alta kaj la plej majesta muzika brilego; ne movis sin, dum la tuta prezentado, ian ajn spiro en la haloj kaj benkoj; precipe dum la „gracon al vi, reĝino", kaj ankoraŭ pli dum la „gloro en altoj", estis, kvazaŭ la tuta popolanaro de la preĝejo estis malviva tiamaniere, ke, spite al la kvar malbenegataj fratoj kaj ilia fipartianaro, eĉ la polvo sur la planko ne estis disblovata, kaj la monaĥejo ankoraŭ ĝis la fino de la tridekjara milito ekzistanta estis, en kiu tempo oni, pro paragrafo laŭ vestfala paco, tamen sekularizis ĝin.*

*Ses jarojn poste, kiam ĉi tiu okazintaĵo jam delonge forgesita estis, la patrino de ĉi tiuj kvar junuloj venis de Hago kaj, sub la aflikta diro, ke ili tute estis malaperintaj, ĉe la magistrato en*

*Aĥeno, juĝe enketis pri la vojo, kiun ili povus esti irintaj de ĉi tie. La lastaj sciigoj, kiujn oni estis havintaj de ili en Nederlando, kie verdire estis ilia hejmo, estis, kiel ŝi raportis, antaŭ la indikita intertempo, dum la antaŭvespero de soleno de l' Korpo de Kristo, skribata letero de la predikisto, al ŝia amiko, lernestro en Antverpo, en kiu li al tiu ĉi, kun multa gajeco aŭ pli vere petoleco, kontraŭ la monaĥejo de la sankta Cecilin' projektitan entreprenon, sed pri kiu la patrino ne volis pli detale paroli, per kvar dense skribitaj paĝoj ĝis plue informis. Post diversaj sensukcesaj klopodoj, ektrovi la personojn, kiujn ĉi tiu maljoja virino serĉis, oni fine memoris, ke jam de antaŭ vico da jaroj, kiu proksimume konformis al la deklaro, kvar junaj uloj, kies patrujo kaj deveno estas nekonataj, troviĝis en la pro la prizorgo de l' imperiestro antaŭ nelonge fondita frenezulejo de la urbo. Sed ĉar ili malsanis per la ekstravaganco de religia ideo, kaj sia konduto, kiel la tribunalo opiniis malklare esti aŭdinta, estis ekstreme malgaja kaj melankolia, tiele tio konformis maltro je la, al la patrino nur bedaŭrinde tro bone konata humoro de siaj filoj, ol ke tiun ĉi anoncon, precipe ĉar preskaŭ konatiĝis, kvazaŭ la homoj estas katolikaj, ŝi multe estis valoratribuinta. Tamen, per diversaj karakterizoj, kun kiuj oni priskribis ilin, mirige konsternita, iun tagon kune kun juĝa servisto ŝi iris en la frenezulejon, kaj petis de la direktoroj la komplezon, permesi al ŝi provan aliron al la kvar malfeliĉaj, sence konfuzitaj homoj, kiujn oni tie gardas. Sed kiu priskribas la teruron de la kompatinda virino, kiam ŝi jam per la unua rigardo, tuj kiam ŝi eniris la pordon, ekkonis siajn filojn: ili sidis, en longaj nigraj talaroj, ĉirkaŭ tablo, sur kiu staris krucifikson, kaj ŝajnis, kun interfingritaj manoj silente apogitaj sur la plato, ĝin adori. Al la demando de la virino, kiu, senigita de siaj fortoj, estis malleviĝinta sur seĝon, kion ili tie faras, la direktoroj respondis al ŝi: ke ili nur estas gloriĝantaj la Savinton, pri kiu ili, laŭ ilia diro, pli multe ol aliaj, kredas kompreni, ke li estas la senduba filo de l' unika Dio. Ili plue diris, ke la junuloj de antaŭ nun jam ses jaroj tiel fantomece vivas; ke ili malmulte dormas kaj malmulte manĝas; ke nenia sono transiĝas iliajn lipojn; ke ili nur en la noktmeza horo unufoje leviĝas de siaj sidoj; kaj ke ili tiam, per voĉo, kiu krevigas la fenestrojn, ekkantas je la „gloro en alto". La direktoroj finis kun la aserto, ke la junaj viroj krom tio perfekte sanas, ke oni eĉ ne povus malatribui al ili certan, kvankam tre seriozan kaj solenan gajecon; ke ili, se oni deklaras ilin frenezaj, suprentirus la ŝultrojn, kaj ke ili jam pli ol unu fojon diris, se la bona urbo Aĥeno scius, kion ili, ĝi forlasus siajn aferojn, kaj same ekgenuus, por elkantado de la „gloro", ĉirkaŭ la krucifikson de la sinjoro.*

La virino, kiu ne havis la forton elteni la teruran aspekton de ĉi tiuj malfeliĉuloj kaj baldaŭ poste, kun ŝanceligaj genuoj, estis lasinta konduki sin domen, iris, por havigi al si informon pri la instigo de tiu skandala okazaĵo, en la mateno de la sekvanta tago, al sinjoro Fajto Gothelfo, fama drapkomercisto de la urbo; ĉar ĉi tiun personon menciis la letero skribita de la predikantisto, kaj montriĝis el ĝi, ke tiu fervore partoprenis la intencon, detrui en la tago de la soleno de l' Korpo de Kristo la monaĥejon de la sankta Cecilin'. Fajto Gothelfo, la drapkomercisto, kiu dume edziĝis, plurajn infanojn generis, kaj pri la konsiderinda negocejo de sia patro ekzorginta estis, ricevis tre afablege la fremdulinon; kaj kiam li aŭdis, kia afero direktis ŝin al si, tiam li riglis la pordon, kaj, siddeviginta ŝin sur seĝon, jene igis sin informi: „Mia kara virino! Se vi ne volas impliki min, kiu interrilatis kun viaj filoj antaŭ ses jaroj, en enketo pro tio, mi konfesos al vi sincere kaj senreserve: jes, ni havis la intencon, kiun la letero mencias! Pro kio tiu faro, por kies efektivigo ĉio, en plej zorgema maniero, organizita estis, malsukcesis, al mi nekompreneble estas; la ĉielo mem ŝajnas esti sankte protektinta la monaĥejon de la piaj inoj. Do sciu, ke viaj filoj, kiel uverturo de pli decidigaj scenoj, jam estis permesintaj al si plurajn petolajn, la diservon ĝenantajn fiŝercaĵojn: pli ol tricent, kun hakiloj kaj peĉringoj provizitaj malbonuloj, el inter la muroj de nia tiame erarigita urbo, atendis nenion ol la signalon, kiun la predikisto faronta estis, por ebenigi ĝis la tero la katedralon. Kontraŭe, ĉe ekaŭdiĝo de la muziko, viaj filoj ne atendite, per koincida gesto, kaj en maniero nin frapanta, deprenas siajn ĉapelojn; ili metas, iom post iom, kiel kun profunda, nedirebla emocio, la manojn antaŭ sia klinata vizaĝo, kaj la predikantisto, post emociiga paŭzo, subite turnante sin, vokas al ni ĉiuj per laŭta, terura voĉo, same nudigi niajn kapojn! Sensukcese kelkaj kunuloj flustre invitas lin, frivole ekpuŝante lin per siaj brakoj, doni la signalon por la ikondetruado; la predikantisto, anstataŭ respondi, kun kruce sur la bruston kuŝigitaj manoj, genuen mallevas sin kaj elmurmuras, kun la fratoj, fervore malsupren en la polvon premanta la frunton, la tutan serion da preĝoj ankoraŭ ĵus de li mokitaj. Per tiu aspekto profunde en la plej interno konfuzita, jen la aro de la mizeraj fanatuloj staras, senigita de siaj instigintoj, en heziteco kaj senageco, ĝis la fino de la* *admirinde de la altano malsupren flubruanta oratorio, kaj ĉar, laŭ komando de la komandanto, en tiu sama momento pluraj arestadoj ordonataj, kaj kelkaj blasfemuloj, kiuj permesis sin konfuzigojn, de gardo ekkaptataj kaj forkondukataj estis, al la mizerularo restis nenion, ol tuj, favorate de la interpreme ekforiranta amaso, el la preĝejo foriri. Vespere, en la gastejo vane plurajn fojojn demandinte pri viaj filoj, kiuj revenintaj ne estis, mi denove, iras, en plej terura malkvieteco, kun kelkaj amikoj eksteren al la monahejo, por informi min pri ili ĉe la pordistoj, kiuj la imperiestran gardon helpeme asistintaj estis. Sed kiel mi vortpentru al vi mian teruron, nobla virino, kiam ĉi tiujn kvar virojn, poste kiel antaŭe, kun interfingritaj manoj, kisante la teron per brusto kaj vertoj, kvazaŭ ili estus ŝtoniĝintaj, pro arda fer voro malsupren etendatajn kuŝi mi vidas antaŭ la altaro de la preĝejo! Vane invitas ilin la monaĥeja administristo, kiu en ĵus tiu momento alvenas, al ili tirante la mantelon kaj skuante la brakojn, eliri el la katedralo, en kiu jam tute mallumiĝas, kaj neniu homo plu restadas; ili, reveme duonstarigante, pli frue ne obeas lin, ol ĝis li lasas ilin preni sub la brako per siaj servistoj kaj konduki eksteren antaŭ la pordegon, kie ili fine sekvas nin al la urbo, kvankam kun ekĝemoj kaj ofta korŝira returnvido al la katedralo, kiu post ni admirinde trembrilis en radiado de l' suno. La amikoj kaj mi, ni demandas ilin, je ripetitaj fojoj, karese kaj amriĉe dum la returnirado, kio al ili nurege terura, pova, tiome renversi ilian internan ecaron, okazinta estas; ili premas al ni, afable rigardante nin, la manojn, vidas pensplene suben al la tero kaj viŝas al si – ho! de tempo al tempo, kun esprimo, kiu al mi ankoraŭ nun fendas la koron, la larmojn el la okuloj. Poste, alvenintaj en siaj loĝejoj, ili al si genie kaj gracie kuneligas krucon el betulbranĉetoj, kaj starigas ĝin, enpremata al malgranda monteto el vakso, inter du kandeloj, kun kiuj la servistino aperas, sur la grandan tablon en la centro de la ĉambro, kaj dum la amikoj, kies aro pligrandiĝas de horo al horo, mantordante ĉestaras, kaj en disaj grupoj, senparolaj pro ĉagreno, alrigardas ilian malbruan, fantomspecan faradon, ili sin sidigas, same kvazaŭ iliaj sencoj estus fermitaj, ĉirkaŭ la tablo, kaj silente kun interfingritaj manoj ekas sin al la adorado. Nek la manĝaĵojn ili avidas, kiujn al ili, kiel regalo por la kunuloj, laŭ ilia matena ordono, la servistino portas, nek poste, kiam noktiĝas, la kuŝaĵaron, kiun ŝi por ili, ĉar ili ŝajnas lacaj, en la apuda ĉambro amasiginta estas; la amikoj, por ne eksciti la indignon de l' hotelestro, kiun ĉi tiu kon-*

duto malagrablas, devas sidigi sin ĉe flanke riĉege aranĝita tablo, kaj manĝi la por multenombra kunveno pretigitajn aĵojn, spicitajn per la salo de iliaj maldolĉaj larmoj. Nun subite eksonas la horo de l' meznokto; viaj kvar filoj, ekaŭskultinte dum momento al la obtuza sonorilado, subite suprenlevas sin, kun koincida movado, de siaj sidoj; kaj dum ni, ĉe kuŝigitaj tablotukoj, al ili transvidas, plenaj je zorga atendo, kio sekvos post tiu stranga kaj frapa ekado, ili komencas, per terura kaj malbelega voĉo, kanti je la „gloro en altoj". Tiele lupoj kaj leopardoj eble aŭskultigus sin, kiam ili, dum glacia vintro, alblekas la firmamenton; la apogiloj de la domo, mi certigas vin, ekskuiĝis, kaj la fenestroj, frapitaj de la de iliaj pulmoj videbla spiro, estis tinte, kvazaŭ oni ĵetus plenmanojn da peza sablo kontraŭ siaj platoj, frakasiĝontaj. Pro ĉi tiu timegiga sceno ni senkonscie, kun hirtiĝantaj haroj disĵetegiĝas; ni disigas nin, mantelojn kaj ĉapelojn lasante, tra la ĉirkaŭaj stratoj, kiuj baldaŭ, anstataŭ de ni, de pli ol cent, ekeldormigitaj homoj estis plenigataj, la homamaso premas sin, perforte malfermante la dompordon, trans la ŝtupareto al la halo, por elserĉi la devenon de ĉi tiu abomena kaj indigniga blekego, kiu, kiel el la lipoj de eterne kondamnitaj pekuloj, el la pleja profundejo de la flamplena infero, veplende pri kompato al de Dio oreloj supreniĝas. Fine, je la eksono de la horo unu, ne aŭskultinte la koleradon de l' hotelestro, nek la emociajn ekkriojn de la ilin ĉirkaŭanta homamaso, ili fermas la buŝon; for de siaj fruntoj ili viŝas per tuko la ŝviton, kiu grandperliĝe gutas sur iliajn mentonojn kaj brustojn; kaj sternas siajn mantelojn, kaj kuŝigas sin, por ripozi dum horo de tiaj turmentaj aferoj, sur la pargeton de l' planko. La hotelestro, kiu indulgas ilin, signas, tuj kiam li vidas ilin ekdormi, krucon super ili; kaj ĝoja, esti liberigita dum la momento de tia mizero, li decidigas, sub la aserto, ke la mateno kreos sanigan aliiĝon, la viramason, kiu ĉeestas kaj kiu mistere intermurmuras, lasi la ĉambron. Sed ho ve! jam je la unua krio de la koko, la malfeliĉuloj sin relevas, por rekomenci, kontraŭ la sur la tablo troviĝanta kruco, la saman tedan, fantomspecan monaĥejan vivon, kiun interrompi dum momento nur elĉerpiĝo devigis ilin. Ili akceptas de la hotelestro, kies koron ilia mizerplena aspekto kompatigas, neniun admonon, neniun helpon; ili petas lin, afablege, malakcepti la amikojn, kiuj alie regule en la mateno de ĉiu tago ĉe ili kunvenadis; ili postulas nenion de li, ol akvon kaj panon, kaj kuŝpajlaĵon, se eblas, por la nokto; tiamaniere, ke tiu ĉi homo, kiu alie tiris multan monon el ilia gajeco, devis sciigi la tutan okazintaĵon al la juĝistaro kaj peti ilin, forigi el sia domo ĉi tiujn kvar homojn, en kiu agas sendube la demono. Post kiam, laŭ ordono de la urbestraro, ili kuraciste estis ekzamenitaj, kaj, ĉar oni juĝis ilin frenezaj, kiel vi scias, loĝigitaj en la ĉelaroj de la frenezulejo, kiun la mildeco de la laste mortinta imperiestro, pro la bono de ĉi tiaj malfeliĉuloj, interne de la muroj de nia urbo fondis." Tion kaj krome alion diris Fajto Gothelfo, la drapisto, kion ni ĉi tie subpremas, ĉar ni opinias esti sufiĉe dirintaj por la kompreno pri l' interna interrilato de l' afero; kaj li denove invitis la virinon, neniel, se oni esploras ĉi tiun okazintaĵon, impliki lin kun ĝi.

Tri tagojn poste, kiam la virino, emociita profunde en la plejinterno per ĉi tiu sciigo, ĉe la brako de amikino estis irinta eksteren al la monaĥejo, en la melankolia intenco, en promenado, ĉar ĵus la vetero belis, inspekti la teruran scenejon, kie Dio pereigis kiel per nevideblaj fulmoj ŝiajn filojn, la inoj trovis la katedralon, ĉar oni ĵus konstruadis, ĉe la enirejo per tabulaĵo barata, kaj povis percepti, se ili streĉe levis sin, tra la malfermaĵoj de la tabuloj, el la internejo nenion, ol la pompe brilegantan rozfenestron en la fono de l' preĝejo. Multaj centoj da metiistoj, kiuj kantis gajajn lidojn, estis okupitaj sur flekseblaj, multoble interplektitaj trabaroj, plialtigi la turojn je pli ol triono, kaj meti sur ties tegmentojn kaj murdentojn, ĝis nun nur per ardezo kovritajn, dikan, helan, en la sunradiadon brilantan kupron. Samtempe fulmotondro, mallume nigra, kun orumataj borderoj, troviĝis en la fono trans la konstruaĵo; ĝi jam sattondris super la regiono de Aĥeno, kaj ĵeteginte plu kelkajn senfortajn fulmojn al la direkto, kie la katedralo staris, ĝi subeniĝis, nebulaĵe disiĝinta, malkontente tondretanta orienten. Okazis, ke, kiam la virinoj de sur la ŝtuparo de la vasta monaĥeja loĝdomo, pensdiverse absorbataj, rigardis tiun duoblan spektaklon, monaĥeja fratino, kiu preterpasis, hazarde sciiĝis, kiu estis la virino staranta sub la portalo; tiamaniere, ke la abatino, kiu aŭdis pri la solenon de l' Korpo de Kristo rilatanta letero, kiun tiu portis kun si, tuj poste sendis al ŝi suben la fratinon, kaj igis peti la nederlandan virinon, suprenveni al ŝi. La nederlandanino, kvankam momenton konsternata per tio, tamen respektplene ekobeis la ordonon, kiun oni al ŝi estis sciiginta; kaj dum la amikino, laŭ invito de la monaĥino, foriris en flankan ĉambron tute apude al la enirejo troviĝintan, oni malfermis al la fremdulino, kiu devis supreniri la ŝtuparon, la dupartan pordon de l' bele formata altano mem. Tie ŝi trovis la abatinon, kiu estis *nobla virino, de kvieta aspekto, sidis sur apogseĝo, la piedon subtenata sur benketo, kiu staris per drakungegoj; ĉe ŝia flanko, sur horpupitro, kuŝis la partituro de muzikaĵo. La abatino, ordoninta lokigi seĝon al la fremdulino, malkaŝis al ŝi, ke ŝi jam per la urbestro aŭdis pri ŝia alveno en la urbo; kaj filantrope informpetinte pri la farto de ŝiaj malfeliĉaj filoj, ankaŭ ŝtimuletinte ŝin, plej eble trankviliĝi pri la fatalo, kiu trafinta ilin, ĉar ŝanĝi oni ja ne povas ĝin, ŝi sciigis la deziron al ŝi, vidi la leteron, kiun la predikisto estis skribinta al sia amiko, la lernejestro en Antverpo. La virino, kiu havis sufiĉe da sperto, por kompreni, kian ĉion povus kuntreni ĉi tiu paŝo, sin sentis pro tio por momento embarasata; sed ĉar la respektinda vizaĝo de la sinjorino postulis nepran fidon, kaj neniel decis kredi, ke ŝia intenco povus esti, ties enhavon publike apliki; tial ŝi prenis, post mallonga hezito, la leteron de ĉe sia brusto kaj prezentis ĝin, kun arda kiso sur ŝia mano, al la princa sinjorino. La virino, dum la abatino tralegis la leteron, nun ĵetis rigardon sur la partituron malzorge super la pupitron malfermitan; kaj ĉar ŝi, per la raporto de l'drapisto, ekkaptinta estis la ideon, ke la potenco de la tonoj ja certe estas estinte tiu, kiu, en tiu terura tago, ruinanta kaj konfuzanta estis la menson de ŝiaj bedaŭrindaj filoj, tial ŝi demandis la monaĥejan fratinon, kiu staris post ŝia seĝo, turnante sin al ŝi, ĝeniĝe, ĉu tiu ĉi estas la muzikverko, kiun oni antaŭ ses jaroj, en la mateno de tiu stranga soleno de l'Korpo de Kristo, en la katedralo prezentis. Al la respondo de la juna monaĥeja fratino: jes! ŝi memoras esti aŭdinta pri tio, kaj de tiam ĝi kuŝadas, se oni ne uzas ĝin, en la ĉambro de la plej digna sinjorina moŝto, la virino, intense emociita. leviĝis, kaj starigis sin, per diversaj pensoj ekkaptita, antaŭ la pupitron. Ŝi rigardis la nekonatajn magiajn signojn, per kiuj timinda spirito mistere ŝajnis limigi sian sferon, kaj imagis enteren malsupreniĝi, kiam ŝi trovis malfermita ĝuste la paĝon de la „gloro en altoj". Ŝajnis al ŝi, kvazaŭ la tuta terurado de la muzikarto, kiu pereiginta estis ŝiajn filojn, super ŝia kapo muĝe preterpasis; ŝi kredis, per la nura aspekto perdi sian konscion, kaj, kun senmezura eksento de humileco kaj submeto sub la dia plejpotenco, rapide preminte la folion al siaj lipoj, ŝi ree sidiĝis sur la seĝon. Dume la abatino estis finleginta la leteron kaj diris, faldante ĝin: „Dio mem estis ŝirmanta la monaĥejon, en tiu miranda tago, kontraŭ la arogeco de viaj grave devojiĝintaj filoj. Kiajn rimedojn en tio li uzas, indiferente povas esti al vi, kiu vi estas protestantino; vi ankaŭ apenaŭ komprenus tion, kion mi scius al vi diri pri ĝi. Do aŭskultu, ke nepre neniu scias, kiu efektive la verkon, kiun vi tie trovas malfermita, en la urĝo de la terurplenaj horoj, kiam la ikon-detruantismo nin estis minacanta, sentime sur la sido de la orgeno direktinta estas. Per atesto, kiu en la mateno de la sekvinta tago, en ĉeesto de la monaĥeja administristo kaj kelkaj aliaj viroj, skribata kaj en la arkivo deponata estis, evidentiĝas, ke fratino Antonin', la sola, kiu scipovis direkti la verkon, dum la tuta daŭro de ĝia prezentado, malsane, senkonscie, fakte ne estrante siajn membrojn, en la angulo de sia monaĥeja ĉelo litkuŝanta estis; monaĥeja fratino, kiu kiel natura parencino kunigita estis al ŝi por la flegado de ŝia korpo, dum la tuta antaŭtagmezo, kiam la soleno de l' Korpo de Kristo en la katedralo festata, de ŝia lito foriĝanta ne estis. Certe, fratino Antonin' nepre mem la cirkonstancon, ke ne estis ŝi, kiu, tiel strange kaj mirige, aperis sur la altano de l' orgeno, estus certiginta kaj verpruvinta, se ŝia tute malkonscia farto estus permesinta, demandi ŝin pri tio, kaj se la malsanulino ne jam estus mortinta la vesperon de tiu sama tago, pro la nerva febro, pro kiu ŝi litkuŝis, kaj kiu antaŭe neniel vivdanĝera ŝajnis. Krome la ĉefepiskopo de Triro, al kiu ĉi tiu okazintaĵo estis raportita, jam eldiris la parolon, kiu sole interpretas ĝin, sciu: ke la sankta Cecilin' mem estas plenuminta ĉi tiun kiel teruran tiel ankaŭ glorplenan miraklon; kaj de la papo mi ĵus ricevis brevon, per kiu li tion aprobas."Kaj kun tio ŝi redonis al la virino la leteron, kiun ŝi nur de ŝi estis petinta, por atingi pri tio, kion ŝi jam sciis, pli detalan informon, promesante, ke ŝi neniel aplikuzos ĝin; kaj plue demandinte ŝin, ĉu espero estas al resanigo de ŝiaj filoj, kaj ĉu eble por tio ŝi iel, per mono aŭ alia helpo, ŝi povas servi ŝin, kion la virino, kisante ŝian veston, plorante neis, ŝi afable salutis ŝin per la mano kaj adiaŭis ŝin.*

*Jen finiĝas ĉi tiu legendo. La virino, kies restado en Aĥeno tute vana estis, postlasante malgrandan kapitalon, kiun ŝi por la profito de ŝiaj kompatindaj filoj ĉe la tribunaloj deponis, revojaĝis al Hago, kie ŝi jaron poste, ege emociita per ĉi tiu okazintaĵo, revenis sub la ŝirmon de l' eklezio katolika; sed la filoj, multaĝe, serene kaj gaje mortis, finkantinte lastan fojon, laŭ ilia kutimo, je la „gloro en altoj".*

# Inhalt / *Enhavo*

Seite / *paĝo*

1. Ein Zahlenkode
   *Numerala kodo* .............................. 7
2. Beim Anblick moderner Hieroglyphen
   *Rigardante modernajn hieroglifojn* ............... 16
3. Wie man neue Wörter bildet
   *Kiel oni formas novajn vortojn* .................. 27
4. Ein Vaterunser für Esperanto
   *Patro-nia por Esperanto* ...................... 33
5. Es war einmal ...
   *Estis iam* ................................. 42
6. Rast und Rückblick
   *Ripozo kaj resumo* .......................... 51
7. Guten Abend, meine Damen und Herren ...
   *Bonan vesperon, miaj sinjorinoj kaj sinjoroj* ........ 59
8. Und die Post?
   *Kaj la poŝto?* .............................. 63
9. Natürlich und lebendig
   *Natura kaj vivanta* .......................... 71
10. Ein bißchen Poesie
    *Iomete da poezio* ........................... 80
11. Vollständige Esperanto-Grammatik
    *Plena gramatiko de Esperanto* ................. 83
12. Ein Duden-Test
    *Testo per Dudeno* ........................... 95
13. Ein Robinson im Esperantoland
    *Robinsono en Esperantujo* ................... 101
14. Etwas Systematisches
    *Io sistema* ............................... 107
15. Unter Esperantisten
    *Inter Esperantistoj* ......................... 115

Seite / *paĝo*

16. Irgendeine Sekte
 *Ia sekto* .................................. 124
17. Guten Appetit!
 *Bonan apetiton!* ........................... 131
18. Das „leichte" Esperanto
 *La „facila" Esperanto* ..................... 141
19. Wege und Irrwege
 *Vojoj kaj erarvojoj* ....................... 147
20. Ein Bettelweib mit Konsequenzen
 *Almozulino kun konsekvencoj* ............... 156
21. Nur Esperanto
 *Nur Esperanto* ............................. 163
22. Wie ich Esperantist wurde
 *Kiel mi fariĝis Esperantisto* .............. 170
23. „To take arms against a sea of troubles" (Hamlet)
 *„Sin armi kontraŭ la tuta maro da mizeroj" (Hamleto)* .. 173
24. Lili Marleen
 *Lil-Marlin'* ............................... 181
25. Kinderkrankheiten und Leitgedanke
 *Infanmalsanoj kaj interna ideo* ............ 185
26. Verschiedenes
 *Diversaĵoj* ................................ 191
27. Aus zwei Briefen an einen Europäer
 *El du leteroj al Eŭropano* ................. 196
28. Die heilige Cäcilie oder die Gewalt der Musik
 *La sankta Cecilino aŭ la potenco de la muziko* ....... 204

# Lyrik
# im Schaukelstuhl

*Herausgegeben
von Sigurd König*

*Eine Sammlung der schönsten Gedichte aus der „Fröhlichen Morgenstunde aus Heidelberg".*

Dieses Buch entstand auf Anregung vieler Hörer, die den Wunsch äußerten, das gesprochene Wort noch einmal nachlesen zu können.
Es enthält Schmunzelverse, pointierte Erzählgedichte, ironische Ansichten und gereimte Einsichten, skurrile Epigramme und kleine Weisheiten zum täglichen Gebrauch.
Fünf bekannte Autoren der „Morgenstunde" sind die Verfasser.

192 Seiten.
Erhältlich in allen Buchhandlungen
- als Taschenbuch DM 5,80
- als Leinenausgabe DM 14,80
  (Geschenkausstattung)

BLEICHER VERLAGS-KG
Holderäckerstr. 14, Postfach 70
D-7016 Gerlingen